以知为力　识见乃远

# 1723

## 世界史的
## 10扇窗

陈正国　主编

*Viewing the WORLD HISTORY*

*Through 10 Windows*

中国出版集团 东方出版中心

图书在版编目（CIP）数据

1723：世界史的10扇窗 / 陈正国主编. -- 上海：
东方出版中心, 2025.4. --ISBN 978-7-5473-2700-5

Ⅰ. K14

中国国家版本馆CIP数据核字第2025J6V006号

上海市版权局著作权合同登记： 图字09-2025-0149号

# 1723：世界史的10扇窗

主　　编　陈正国
策划/责编　王欢欢
封扉设计　赵　瑾

出 版 人　陈义望
出版发行　东方出版中心
地　　址　上海市仙霞路345号
邮政编码　200336
电　　话　021-62417400
印 刷 者　山东韵杰文化科技有限公司

开　　本　890mm×1240mm　1/32
印　　张　9
插　　页　2
字　　数　200千字
版　　次　2025年5月第1版
印　　次　2025年5月第1次印刷
定　　价　68.00元

## 推荐序一

# 1723：世代、世界观与世界史

夏伯嘉

美国宾州州立大学教授

　　陈正国先生编辑的《1723：世界史的10扇窗》一书，收集了10篇论文，分别探讨了十二位于1723年出生的历史人物。这十二人当中，有八位是欧洲人，包括三位英格兰人、四位苏格兰人与一位法国人；四位是亚洲人，分别为两位中国人、一位日本人与一位越南人。这本书的起源应该是出自陈先生多年研究苏格兰启蒙运动的心得，亦即借一个历史的巧合：苏格兰启蒙运动的三位重要人物皆生于1723年。亚当·斯密的《国富论》让后世尊为经济学之祖；亚当·弗格森，爱丁堡大学的哲学教授，书写《文明社会史论》，与大卫·休谟齐名，为18世纪思想史的重要人物；而约翰·威瑟斯庞，长老会接近加尔文严格教义的中坚人物，日后移民美洲出任新泽西学院（按：后来的普林斯顿大学）的第一任校长，于1773年支持美国英属殖民地独立，成为《美国独立宣言》签署者之一。

　　其他五位欧洲人都是18世纪文化领域的先驱：霍尔巴赫男爵是启蒙运动代表作《百科全书》的编辑者狄德罗（1713—1784）的挚

图 0-1　Chinese Jesuit. Portrait by Godfrey Kneller，1687.

图片来源：Godfrey Kneller，1687，Public domain，via Wikimedia Commons.

友，他为《百科全书》撰写了 1 000 多份条目。威廉·钱伯斯是宫廷与花园设计师，曾经旅游中国，亲身走访中国的园林；在他的设计与写作中，圆明园的皇家格局亦影响了后来伦敦万国博览会展场的设计。美术方面，1723 年出生的雷诺兹是 18 世纪英国本土画派的开创人。在他的领导下，英国美术摆脱了法意的影响而自成一派，反映了 18 世纪下半叶英国的强盛国力。雷诺兹主持了 1768 年创立的皇家艺术学院，他擅长的肖像画中有不少英国统治阶级的精英，亦包括了一幅中国人黄亚东（1776）的肖像，黄亚东肖像是继中国耶稣会士沈福宗（1657—1692）1687 年的肖像（图 0-1）后最早在西洋美术中出现的中国人。

　　在政坛上，布莱克斯通和普莱斯分别代表了保守与改革的思潮。身为牛津大学法学教授，布莱克斯通是第一位将英国普通法有系统地整理，并分析了普通法与欧陆公民法在理论上的分野，指出普通法多源性的学者。在大英帝国境内，普通法既反映了地方自治，亦维护着公民自由。布氏对宪法的解释对建国后的美利坚合众国有长远的影响。进步思想家普莱斯同样地支持着英国的自由传统，但是他的出发点是反对英国国教的新教精神。普氏支持法国大革命，和保守派埃德蒙·伯克（1729—1797）激烈舌战。作为英国女权运动的先驱，玛丽·沃斯通克拉夫特深受普氏的启发。

四位亚洲人，都是读书人。编刊《甘薯录》（1776）的陆燿为官山东运河道期间，曾编辑《山东运河备览》一书，可以说是代表了清中叶全盛时期的一名高官。这位以经世文章留名的官员与比他小一岁的纪昀年轻时为同窗，亦认识考证学的泰斗戴震（1724年生）。乾隆钦定纪昀编修《四库全书》，戴震代表了乾嘉考证学风，二人的名气远远超过陆燿。生于1723、1724年的三位中国读书人的世界观与治理知识，恰好让我们可以比较陈先生笔中苏格兰启蒙时代的三雄。

盛平鼎世的清帝国，国力达全盛之峰。在这个帝国内的汉族读书人，面对西方知识的冲击，已经备有一个平稳与完整的世界观。故此，中国知识人如戴震与陆燿只接受了西方知识的有限层面，与同时期日本的知识分子有强烈的分别。德川幕府的日本与大清中国同样是太平盛世，同样限制与外通商。可是，面对中、西文化冲击的日本读书人，可能拥有更弹性的世界观。江户时代出生的三浦梅园代表了日本开始大量接受西方知识的第一代。除了儒、佛经书，梅园亦阅读了耶稣会士的中文译著和西方医书。后者的传入，有赖于困于长崎通商的荷兰人。与梅园同年出生的前野良泽是"兰学"的先驱，着力翻译了西方解剖学《解体新书》（Ontleedkundige Tafelen）一书，接受了西方四元论代替阴阳五行说。有两件事值得我们注意：兰学的翻译西书是直接由江户幕府赞助；梅园与前野两人生长于九州的大分和中津，两地皆是以前耶稣会传教的重点。18世纪中叶的中国与日本，面对西方知识和世界观已显示了不同的反应。

3

　　放在世界史的领域，大清帝国和德川幕府在18世纪度过了黄金时代。可是，同时期的越南面对的是史无前例的大动荡：西山阮氏三兄弟（阮惠、阮岳、阮侣），不单将主顺化的阮氏击退至海外，更挥兵北上打败主政北方的郑氏与倾覆黎朝，统一大越全境，更挫南犯之清军。号称光中帝的阮惠欲以儒家思想治国，屡次征召隐修的理学家阮浃以事新朝。笃承宋明理学的阮浃被迫出任帝师，但是由他主导的文化建设"翻译儒家经典为字喃文本"，在西山阮氏政权崩溃以后，并没有存世。顺化阮氏复辟后，继续以儒家科举治国。曾经在越南历史中一度兴盛的天主教屡遭迫害，活跃于朝廷的西方传教士亦绝迹，一直到越南沦落为法国殖民地，才卷土重来。

　　通览1723年前后出生的众人生平，自然想起了世代（Generation）一词。德国社会学家卡尔·曼海姆（Karl Mannheim）在他1928年《代的问题》（*The Problem of Generations*）一文定义说："作为社会现象，代的意义只不过是一种身份的定位，包括了在一个历史与社会演变的'同年辈'。""代"这一个概念有两重涵义——生理上的定义与历史中的定位，"同时代不一定有社会学上的重要性，只有参与同样的历史与社会过程才是"。曼海姆对"世代"的定义与另一个相关的概念"世界观"（Weltanschauung），在理论上有互动的作用。"世界观"的形成经过一个复杂的过程，在某一个时空下，积累的经历、感受和知识构成一种主观的意识形态。曼海姆说："最重要的问题，是怎样在理论上，从某时代的客观事实去解释一个整体的精神、一个'世界观'。"

　　《1723》中一代人的世界观，反映的不单是同年代一辈人的生活经验，更重要的是在西欧与东亚这两个中心地域构成的空间条件下产生的意识形态。书中八位欧洲人生活在英、法、美，在北大西洋、西欧的地域中养成了他们的世界观。在他们生活的西方，

4

不单经历了快速的经济成长，更体验了大时代的政治动荡：美国独立战争与法国大革命。西欧人的世界观包含了东亚，在《国富论》中亚当·斯密指出彼时中国经济的两大特点：中国地大物博，人口众多，形成了一个相当富裕的社会；可是，中国限制国际通商，而下层民众工资低下，造成长远经济增长的隐忧。相对亚当·斯密对中国经济的负面印象，在英国的文化圈却兴起了"中国热"（chinoiserie）：在宫廷、园林、瓷器、美术方面卷起了一阵的中国风，如钱伯斯和雷诺兹的生平可见。这一阵中国风从欧洲大陆吹到英国，其发起者却是远在中国的耶稣会士。在他们的书信中，中国被标榜成文明第一大国，而耶稣会士正努力传播基督福音。当中国风吹越英伦海峡之际，在法国却兴起了反潮流。《百科全书》71 818条目中有123条有关中国，其大部分出于狄德罗和霍尔巴赫男爵的手笔。受到了狄德罗的影响，有志于技术和工艺的霍尔巴赫从早期的欣赏中国转变为负面评论中国，《百科全书》有关中国最重要的条目是狄氏书写的"中国哲学"，文章批判了儒、道、佛思想，对儒家的道德伦理有赞誉之词，却认为儒家在形而上哲学和自然哲学上毫无贡献。在一件1760年的书函中，狄氏回忆起一段对话："关于中国人，顾神父（pére. Hoop）与男爵（按：霍尔巴赫）都是仰慕者，也许描述中国人的智慧有些是真的，可是我不太相信有智慧的国家。"狄德罗的中国知识主要来自耶稣会士的书籍，但是他的怀疑态度和负面的看法正好跟比他长一代的伏尔泰形成强烈的对比。耶稣会于18世纪中后期在欧洲遭受的打击，造成了对耶稣会中国知识的整体批评。威瑟斯庞在美洲费城签署《独立宣言》那一年，耶稣会已被葡、西、法三国镇压，并于1773年被教皇解散禁会。

正当欧、美走过了启蒙运动、美洲独立与法国大革命的历史大动荡时，盛清中国、德川日本和李氏朝鲜享有100多年的太平盛世。中国的人口于乾隆一朝急速直增，境内的小动荡，如陆燿经历过的山东王伦之乱，轻易平定。在清朝鼎世，代表西方文化冲击的传教士中文译著在帝国统治与儒家思想构成的世界观中，只占有边缘的地位。西方传教士于明清之际著译的450余种书籍，只有利玛窦的几种科学著作被《四库全书总目提要》收录，其影响力尚不及"兰学"在日本的地位。西方传教士在日本、朝鲜与越南绝迹，在中国，除了在地方有少数教士秘密传教，只有在北京仍然有欧洲神父在钦天监和宫廷服务。曾经的中西文化交流先驱者，天主教传教士变成了历史潮流中的漂泊者。其中一位亦生于1723年，他是法籍耶稣会士晁俊秀（François Bourgeois，1723—1792），其生平与暮年可以代表中、西1723年一辈人的缩影，以下简单地略述他的生平，作为序言结语。

1723年，晁俊秀（又名赵进修）出生于法国东部孚日（Vosges）省的一个小镇，十七岁进耶稣会，1764年离法传教，于1767年到达广州，翌年进京任职钦天监。晁俊秀的书信记载了在乾隆宫中的见闻。他第一个将中国人口统计介绍给欧洲，指出1761年大清帝国人口已高达1.9亿。耶稣会在欧洲被解散，晁俊秀任法籍耶稣会传教团团长，记载了禁会前后的风风雨雨。

1774年，耶稣会被解散的消息传到北京，耶稣会人心惶惶。身为法籍团长，晁俊秀决定暂时不公布教皇禁令，待手令到达北京后才执行。三位法籍耶稣会士强烈反对，并要求晁氏公开传教团的账簿与分产，以确保散会后各人安生之计。晁俊秀给各人多发资助但是坚决不分产。反对派上告管理西洋人的内务府，说法王放弃了耶稣会士，已经十年没有发饷，他们服从的是大清的皇上。主管内务府的福隆安亲王下批，要求洋人自己解决分歧，让团长和反对派分别管账。传教士内讧，法、葡两国相斗，京城内天主教一团混乱，都记载在晁俊秀的笔下。在一封悲情满溢的长信中，晁俊秀描述反对派要求分产之日"是他们痛苦的开始，如悲剧的第一幕"。

教皇禁会令传到北京，葡国耶稣会士已经将产业（北京城内外229处房地产，年入120万两白银）转移到葡国的管理。法籍教团最终各人分产。后来，法国以乐善会接替北京耶稣会的事业，前耶稣会会士大部分将私产归公。乾隆朝天主教传教士在其暮年，从慌恐急躁平息为听天由命。1792年，晁俊秀卒于北京，其他的前耶稣会士亦在京城安度余生，比在西、葡两国的会友幸运。

1793年，英使马戛尔尼出使北京，请求两国建立邦交，请开放通商大门。在京的传教士多接触英使，马戛尔尼的使团日记留载了他对各人的印象。马使对法籍耶稣会士钱德明（Jean Joseph Marie Amiot）特别称赞，说他才德均超越其他在京的西洋人。只有一件事马使不同意钱德明的看法：这位老先生对中国赞誉太夸张，也许是他久居中国之故。相反，马戛尔尼看到的是清朝的弱点：封闭自守，兵备落后，海防空虚。要是不幸中、英交战，马氏判断不出三个月，皇家海军便可以控制全中国海岸，预测了四十多年后的鸦片战局。

陈正国先生主编的这本书，让读者从东至西，从中国到英国，管窥18世纪的文化、思想与政治大潮流，确实为世界史的一部佳作。

# 推荐序二

# 以历史的视角看1723年

狄宇宙（Nicola Di Cosmo）

美国普林斯顿高等研究院教授

　　生活在2023年的我们，三十年前的世界是什么样子都不太记得了，又要如何评估三百年前发生的事？1993年，美国总统乔治·布什和俄罗斯总统叶利钦签署《第二阶段削减战略武器条约》，促使冷战结束；《奥斯陆协议》签署，可望推动中东和平；欧盟正式成立，同时科学家正在制定评估气候变化影响的指引。那个时候的世界看起来多么不同，甚至还未考虑技术如何改变日常生活、资讯生产与流通发生的革命、全球化如何冲击国家和人民的经济等，不胜枚举。历史学家的任务是筛选历史的残骸，辨识意义重大的变革，探问变革为何、如何发生，以及事件的长期影响。今日的我们是见证者，见证了1993年所想象但如今许多方面未能实现的世界，以及实际取而代之的世界。既然从三十年前的世界看待未来，有许许多多的可能，便不应仅从今日的情况分析历史人物的行为。虽然我们难免通过实际的结果看待过去，并在那样的基础上寻找重要事件和转折点，然而经历那些事件的人们，他们的许多行动，无法以同样的方式理解。我们若要完全理解某个时代的意义，便不能不考虑那些事件的主角认为他们的行为将如何改变他们的现在和未来，不论后果如何。正如我们就个人的经验都会发现，合理解释"发生何事"的时候，仅仅考量结果并不是良好的做法，而在历史研究中，这样的取径也使我们容易陷入"目的论"的解释，即相信人们的行为和事件的发生都有某个目的——然而，这是历史学家的重大谬误和致命之罪。

因此，当我们反思历史，回到三百年前的世界，我们可以回顾1723年出生的人们，而不必要求一致的框架：他们认为自己对于正在经历深刻变革的世界可能作出什么贡献，他们又是如何参与当下的时代精神。自然而然地，我们便有幸从更宏观的角度看待当时发生的事，在那个概括的视野中，联结人民、国家并超越那些主角可能看到或经历的范围。本书收录的论文通过研究特定人物的传记，解释为何一个任意的日期——1723年——可以激发历史反思：关于世界观认知的改变，而这些转变既来自先前的发展，也影响未来的事件。每个时代都必须面对本身特定的问题：经济、社会、政治、精神或物质、地方或国际。诠释自己的时代，并选择如何为时代所需的变革作出（或不作出）贡献，是每个时代出生的人的责任。

18世纪是知识和政治充满激烈变革的时代，是革命、大规模社会动荡的时代，是突破贸易和探险边界的时代——但这也是剥削的时代。同时，18世纪也产生新的世界视野，一个在物质、地理和智识上不断扩展的世界。1723年大约处于光荣革命和美国革命战争的中间；而在中国，是清朝雍正元年；在法国，路易十五的统治达到繁荣太平。出生于1723年的人似乎形成一个特殊的世代。在这样的年代中，他们参与深刻的变革，觅得自由和空间，通过创造符合当时需求和渴望的新知识，提升他们为世界作出的贡献。

聚焦于同一世代、生活在不同地方的人（实际上都是男人），还带来一个空间的视角：其中有人较常旅行，能够获取更多资讯，而且可以借由正在建立或扩展的通信网络与其他人联系。另一个视角是那些成为时代典范的个人，成为在消逝的旧时代和正在崛起新时代的具体呈现。通过他们的生活，我们可以一瞥变革是多么普遍，尽管是在不同的地方、不同的文化和思想环境之中察觉。特别是欧洲人发现，人类深远的过去和历史演变并不限于欧洲及周边地区。通过贸易、外交和传教活动，相较前人，他们以截然不同的形式，开始理解并体验自然、艺术、哲学、历史。同样地，亚洲学者也以无法纳入现有思想体系的方式接触欧洲的知识。

1723 年出生的欧洲人继承古老的君主制度，同时，知识和政治的骚动预示着剧烈的变革。理查·普莱斯（Richard Price）代表一种新形态的公民——世俗、国际化，而且具备打造新时代的自由与民主观念。新的理想与从前的爱国主义和崇拜君主体制截然不同，也标志着他们与世界遥远角落的文化的交流。愈来愈多受过教育的人认为自己正在参与一场普遍的智识探索，这样的探索形塑他们对于其他文化和知识体系的理解，因此推动了许多学术研究的分支。

也许令人惊讶的是，对"1723 年的世代"作出非常特殊且巨大贡献的，是位于欧洲西北边陲的苏格兰。苏格兰的知识分子，如亚当·斯密（Adam Smith）、亚当·弗格森（Adam Ferguson）和约翰·威瑟斯庞（John Witherspoon），不仅在英国和欧洲留下深刻的印记，影响更触及美国。威瑟斯庞曾在美国主持新泽西学院（今日的普林斯顿大学），后来成为《独立宣言》的签署者之一。身为卓越的学者，亚当·弗格森是苏格兰启蒙运动的重要代表，他推崇公民社会，视技术和创新为社会变革的驱动力，因此闻名。

亚当·斯密这位知识巨擘奠定了现代经济思想的基础。不像威瑟斯庞和弗格森，斯密受的教育不以神学为主，他的著作比较不受基督教的影响。此外，当时英格兰和苏格兰的大学提供不同类型的教育，这是另一个经常被人提到的原因，或许可以解释为什么有这么多成功的苏格兰知识分子。斯密本人便曾经评论苏格兰大学的教学极为开放并充满活力。

顺带一提，当时另一位重要人物，他也针砭过牛津大学的教学，就是法学家威廉·布莱克斯通（William Blackstone），他关于英格兰普通法的著作相当闻名，并且深深影响美国宪政思想，提供了美国宪法实质的解释基础，并持续到现代。对于宪法允许的自由和权利，他的观点紧系英格兰普通法的演变，认为只能在英格兰内部应用，因此在大英帝国，甚至仅在英国内，允许多种法律体系并存。这样的系统既有一个全面的宪法秩序，同时也保留空间给从属但相对独立的法律体系，影响了当时美国的联邦宪法体制，形成了将每个州与联邦联系在一起的法律框架。

等待1723年在欧洲出生的人的新世界，也是探索大自然的世界。其他大陆的植物和动物正在被收集、记录和分类。在这个时代，这些新的知识全都急需分类，需要以科学方法组织，除了林奈（Linnaeus）实现这件事情以外，在法国，霍尔巴赫（Baron d'Holbach）也是一位主角。首先，他为狄德罗的《百科全书》贡献多篇条目；其次，在当时盛行的沙龙文化，他是出色的经理人，举办聚会，邀请具有影响力的学者和知识分子，讨论各种类别的思想。对于自然科学的百科全书，霍尔巴赫的特殊贡献在矿物学、矿业和冶金领域。霍尔巴赫从事这项严肃的科学事业期间，与许多正在世界各地进行田野工作的人进行交流，从亚洲到拉丁美洲，寻找矿物样本。

这个世代另一个结合学术和旅行的人物是威廉·B. 钱伯斯（William B. Chambers）。他的传记反映许多人在前往亚洲旅行之后找到自己生活和工作存在的理由（raison d'être）。他的求知热忱从他对自然历史、植物和花园的热爱可见一斑。从哲学和艺术诠释自然，这个方面中国的山水可谓典范，以花园的形式重现各种风貌，深深吸引欧洲人。他们试图将清代中国的园艺和造景原则融入、再现于英国本身和更广泛的欧洲美学。从学习——包括从其他文化中学习——这样根本的追求之中可以发现，这是另一种代表这个年代对世界主义与普遍主义渴望的形式。

另一种受到外国吸引，同时精进本身艺术的类似情况，也能从雷诺兹（Joshua Reynolds）的作品见得。身为皇家艺术学院的院长，也是具有影响力的画家，他以外国为主题的经典作品再次打开一扇窗，除了看到英格兰的城市和乡村，更看到更广大的人类，包括中国和其他世界民族。这些经典作品不仅代表大英帝国的全球扩张，还有英格兰与外国民族之间基于艺术兴趣的联结。

在亚洲，1723 年标志着更微妙但同样具有影响力的知识分子和历史变革，本书的多位作者通过研究三个人的生活——中国人、日本人、越南人，探索这些变革。这三个人皆代表对于当下时代的特殊回应，同时三人整体亦说明亚洲当时面临的矛盾和挑战，部分来自亚洲国家内部，部分则来自与西方的相遇。

18 世纪最动荡不安的国家是越南。阮浹的生平就是这样骚乱时期的象征。他是儒家学者、隐士、不情愿的统治者顾问和老师。他的一生反映了内战时期知识分子面临的选择。在被召见入朝后，新儒学学者阮浹必须在公共生活和私人学习上取得平衡。他在荒野中隐居的治学与教学和非他主动追求的政治权力，二者之间形成鲜明对比。即使在如此的困境中，他于解释儒家经典的成就依然卓越。在政治动荡的时代，他一心向学，代表全球转向的另一个文学面向。

正值和平繁荣的日本与越南不同。三浦梅园的人生在某种程度上悬于传统学问和西方人带给日本、所谓"兰学"的新学问之间。然而，正是三浦梅园这个世代接触到大部分的西方观念。他的思想兼容并蓄，包括新儒学、道教、佛教以及西方思想。他重新诠释中国哲学的各个面向，例如阴阳五行论，但尤为引人注目的是，包含在明末与清朝引入中国的西方知识，尤其医学和解剖学研究领域。三浦梅园的融合主义可被视为世界主义的另一个版本在地球的另一端的通行，以及兰学所代表的全球思想的流通。

与此同时，清朝继续扩张边疆，这是雍正与乾隆，尤其是乾隆的统治遗产，而帝国核心地区基本上维持和平。同样在1723年出生的陆燿，在山东担任官员，虽然不是一位特别有名的作家，却写了一篇以番薯为题具有影响力的论文。这样的著作表面上可能不如他的某些同代人（如纪昀和戴震）那么引人瞩目，但重要意义在于，这位地方官员搭上了这个时代的全球趋势。由于工作，陆燿不仅对河流管理感兴趣，也对广泛的经济问题感兴趣，这使他在行政工作中推动创新。他好奇西方进口品能为人民的生活带来什么好处，例如番薯，因此特别关注所处时代的新变化。

总结而言，我们必须热烈赞扬本书的主编陈正国教授，以及本书收录文章的所有作者。这些同样在三百年前诞生的个人，他们了不起的故事，为人类历史带来特殊的维度和丰富的视角。在这个视角中，一个时代稍纵即逝的性质，即时代的精神，尽管有着非常不同的地方特色和感知方式，在不同的大陆折射。我会主张，这种折射提高了雅克·皮雷纳（Jacques Pirenne）所谓《普遍历史的洪流》（*Les Grands Courants de L'Histoire Universelle*）的可见度，使得能够将抽象的趋势与具体、切实的生活联系在一起。

（胡诉谆译）

# 参 考 书 目

Karl Mannheim, "The Problem of Generations." In P. Kecskemeti, ed., *Essays on the Sociology of Knowledge*. London: Routledge & Kegan Paul, 1962, p. 290.

Karl Mannheim, "On the Interpretation of 'Weltanschauung'" in P. Kecskemeti, ed., *Essays on the Sociology of Knowledge*, p. 73.

Dean Buchanan Coen, *The Encyclopédie and China*. PhD dissertation, Indiana University, 1962. Univ. Microfilms, Inc., Ann Arbor, Michigan, 62-5020.

J.A.G. Roberts, "L'image de la Chine dans l'Encyclopédie." *Recherches sur Diderot et sur l'Encyclopédie* (1997) 22: 87-108.

R. Hsia, "The End of the Jesuit Mission in China," in Jeffrey Burson and Jonathan Wright, eds., *The Jesuit Suppression in Global Context: Causes, Events, and Consequences*. Cambridge: Cambridge University Press, 2015, pp. 100-116.

R. Hsia, "Jesuit Survival and Restoration in Qing China" in Robert A Maryks and Jonathan Wright, eds., *Jesuit survival and restoration: A Global*

*15*

*History 1773–1900*. Leiden：Brill，2014，pp. 245–260.

Archivvm Romanvm Societatis，jap-sin 185，"de societatis Iesu suppressione in Sinis ad PP. S. J. in Rossia."（耶稣会罗马档案馆，日本–中国185号，《有关耶稣会在中国被禁以及其他在俄罗斯的耶稣会士的文献》。）

# 从移动的微渺个人到世界历史的结构

陈正国

发现不少历史名人都出生于1723年，纯粹出于偶然。每一次的发现，都是一次小小的惊喜，直到人数累积超过十位，终于发出了惊叹。从欧亚大陆的最东缘算起，出生于此年的人物有日本儒学家、医学家、兰学者三浦梅园，日本兰学奠基者前野良泽。在清朝统治的国度有注重经世与政府管理效能的儒家官员陆燿，书法家与挂名《四库全书》副总裁的梁国治，他们也都生于1723年。著名的考证学家与思想家戴震也几乎在同一年出生（1724年1月）。在越南被称为国师的儒学者阮浃，同样出生于1723年。

欧亚大陆最西缘的地区虽然人口尚或不及中国江南，著名的1723年人物之风流与数量却丝毫不逊于东亚。苏格兰出生的画家汉弥尔顿（Gavin Hamilton），英国皇家学院首任院长与画家雷诺兹（Joshua Reynolds），英国建筑史上中国风的代表性人物钱伯斯（William Chambers），英国数学家与政治抗议分子普莱斯（Richard Price），英格兰法学家、普通法最重要的诠释者布莱克斯通（William Blackstone），出生于苏格兰的英国哲学家与政治经济学家亚当·斯密，苏格兰思想家亚当·弗格森，苏格兰长老会牧师、新泽西学院院长、美国建国之父约翰·威瑟斯庞，法国《百科全书》重要作者以及著名的无神论者霍尔巴赫男爵（Baron d'Holbach），《百科全书》作者与翻译家格林男爵（Baron von Grimm）等都出生于此年。

从人口学角度而言，1723年与1720或1730年应该没有不同；从统计学上讲，它们的出生率应该没有差别。但这一年的"名人堂"比较拥挤，自然是与历史的发展有关。简言之，这些人显然（集体）代表了一个世代，并在各自的文化中深刻地反映了他们所属的时代，所以他们留下了深刻的足迹、历史材料，同时被后代史家关注。在1750年代到1770年代，也就是1723年出生人物的青壮年期，他们是各自的民族、国家乃至世界舞台上的角儿。他们的名字与事迹，必然与这些事件和发展息息相关。在历史学相对不发达的地区，例如非洲、中东、印度甚至韩国，要寻找1723年出生的人物就相对困难。

儒学形塑了18世纪的东亚行政官员与知识人的世界观，也是他们最重要的知识来源，所以留下名字的东亚人物多与儒学有关。欧洲18世纪开始有所谓的启蒙运动，1776年前后有北美独立运动的爆发，参与其中的人也就比较容易为历史所记载。18世纪是帝国与君主制时代，所以参与帝国扩建的人物，如王公将相就容易留在史册。但历史的一项重要工作就是记载特殊，而非普遍。在普遍的东亚儒学背景中，我们发现日本、中国、越南儒者都有其区域性的特色，例如日本儒学与古学、兰学发生关系，越南遵守宋明理学的传统，中国乾嘉考据学方兴未艾，同时也有中华帝国特殊的经世之学。由于儒学的普遍性，欧洲知识分子认为儒学代表人类重要的知识成就、道德哲学的精致发展，而往往忽略儒学的区域性，反之，启蒙思想在欧洲知识人身上呈现了各自不同的风貌，就如晚清中、日在初接受欧洲启蒙思想时，往往忽略欧洲各国的差异。史学工作者的世界史写作与哲学家们的世界史写作，例如黑格尔的世界史，最大不同之处，应该就是史学工作者更在乎专门区域与国家的特色，而哲学家们只关心普遍性。这不是说，历史学者不关心普遍的现象，只是他们更在乎普遍现象中的特殊。例如儒学也曾在18世纪影响许多欧洲哲士，本书的主角之一霍尔巴赫就曾花时间研究宋明理学。他所贡献的《百科全书》虽与《四库全书》都是18世纪编纂整理知识的重大事业，但其发想、政治目的、对当时与后世的影响都极不相同。

18世纪欧洲国家权力进一步中央化，导致贵族势力没落，崛起的市民希望法律改革，法治国的呼声相当普遍。此外，手工业与对外贸易的发达，使得艺术与品味等文化资本窜起，开始与上层社会的金钱资本和社会资本产生竞合。在这些普遍的历史发展中，布莱克斯通名垂青史的习惯法笺注，雷诺兹、钱伯斯等人的艺术与品味的制度化或标准化都是对这些历史发展的特殊呼应方式。当然，18世纪是帝国的世界。蒙兀尔、大清固然是控制世界多年的庞大帝国，西欧的海洋帝国也渐次兴起。

2023年适逢这些人物的三百周年祭，我们希望能用某种方式纪念他们，于是有了这本书的构想。但我们希望除了纪念这些个别人物本身，还可以通过他们同时呈现世代、时代、世界史的多层意义。学界在阐述时代或世界史意义的时候多会使用论证的方式，讲述环绕着重大事件中的其他事件与人，论证这些事件与人的内在关系；于是这些大小事件与人就一环一环地联系起来，形成了大的历史叙述，时代叙述或具有历史影响与意义的叙述。这样的大叙述完全正当且合理，但在有限的篇幅里，延展性的论证可能不是呈现历史故事最合适的做法，于是我们采用带有编年史性质的方式，选择主人公生命中的关键时间、作品、言论，以及他所属社会、族群、国家的重要事件之间的缠卷互动，邀请读者建立起自己的世界史感受。

换句话说，本书作者们努力将每一位主人公打造成面向区域史与世界史的窗户，但是打开了其中几扇或全部窗户的读者会看见何种世界史图像，却是开放性的，甚至是不确定的。本书没有单一作者，没有单一权威，所以所谓世界史的样貌，不是在同一只手的主观下描绘出来的。强调"看"，固然是一种象征修辞；二维的文字阅读与三维的历史感知之间需要借助读者自身的想像。

当然，本书中十几位主人公都是历史大叙述下被记载下来的人物，他们并非一般百姓。我们曾试着寻找出生于1723年的凡夫俗子与平凡女性（史料中可考1723年出生的女性都是女王或公主），很可惜没有任何成果。目前介绍的人物大抵代表了三个地理空间与文化区域的重大历史面向：一是东亚的儒学与兰学；二是帝国的历史；三是欧洲的启蒙思想与政治改革。这应该也是18世纪世界历史发展的三大面向。但我们不希望用既有的儒学史、帝国史、启蒙运动、美国大革命等史学叙述来介绍这些人物。反过来，我们希望能通过对这些人物的细微描述，讲一点过往大叙述中被遗漏的私人情感、吉光片羽或历史遗迹，让更丰富、更立体的历史人物成为主角，站上世界史的舞台，而不是被大历史化约后的历史工具角色（historical agents）。

事实上，除了戴震、亚当·斯密与弗格森，本书有多位主人公从未或很少为中文世界所研究，遑论仔细研究；如三浦梅园、前野良泽、阮涑、约翰·威瑟斯庞、威廉·布莱克斯通、加文·汉弥尔顿、霍尔巴赫、理查·普莱斯等人，尽管他们在各自的国家历史中具有一定的重要性。中文世界对于乔舒亚·雷诺兹、威廉·钱伯斯、陆燿等人可能不是完全陌生，但他们的跨区域意义、比较史乃至世界史的意义，则很少被强调。细心的读者应该可以轻易发现，这些主人公所参与的知识与帝国发展，多少具有或隐或显的全球史关联；正因为如此，我们希望能在纪念这些人物时，同时通过让他们再现当时世界的动向。

没有书是完美的。本书准备过程约为两年，而作者们正式写作的时间则不及一年半。疏漏或不足之处在所难免，例如我们始终找不到朝鲜的人物，也找不到适合的史学工作者帮忙处理格林男爵等人。因为本书具有强烈的时间性与仪式性，我们只能割舍部分无法处理的历史。但以目前的呈现而论，我们深信本书已经符合当初希望通过人物观察区域互动或世界史动向的初衷；而本书也很可能是世上唯一以1723年为主题出版的书籍。

非常感谢联经出版公司总编辑涂丰恩博士的成全，让这本具有实验性质的集体创作可以与读者见面。感谢陈胤慧编辑帮忙处理地图、年表的制作与图像授权的繁琐工作；没有她的协助，本书必然减色不少。感谢夏伯嘉教授以及狄宇宙（Nicola Di Cosmo）教授拨冗为本书撰写极为精彩的序言，使本书增添许多光辉。事实上，夏教授所述晁俊秀的故事，既深富价值更是神来一笔，直可以视为本书的外章。原本答应为本书序跋的王汎森教授最终慷慨贡献了本书第3章，为本书添加重要的视角，其高义同样令人动容，在此一并致上最深谢忱。

本书出版前夕得知历史学家娜塔莉·戴维斯教授（Natalie Zemon Davis，1928—2023）于10月21日过世，享耆寿九十五岁。2001年本书作者之一王汎森教授支持"中央研究院"举办世界史经典研习营，由本书的推荐序作者夏伯嘉教授担任总召集人与顾问，使得台湾世界史研究进入新的纪元。在夏伯嘉教授的推荐下，研习营于2004年邀请戴维斯访台担任主讲人，正好由笔者担任联络人，安排她的访台行程。戴维斯教授致力于书写历史非主流人物，尤其是流动于不同文化中的边缘人物的奇特历史经验。戴维斯教授曾面告笔者，她理想中的历史书写是可以让读者获得勇气的历史故事。其文笔清畅而人物虽平凡却卓然而立，正如教授本人举止异常优雅而性格百般坚毅。戴维斯教授曾经在台湾的世界史研究中留下鲜明而重要的足迹，我想本书的所有作者都不会反对笔者将此集体著作作为对戴维斯教授的致敬以及志念。

# 目 录

# 一、三浦梅园与18世纪日本思想史：西方知识的接受与阴阳五行说

蓝弘岳

## 前言

日本在17世纪前期进入所谓锁国的时代。虽然在此之后，日本人不再远航他国，但朝鲜王朝和琉球的使节团会进入日本，同时来自中国和荷兰的商船也可以至日本进行贸易。他们不仅带来货物，也带来许多在明清中国和欧洲出版的书籍。就西方知识如何在江户日本展开的这个问题而言，除兰学之外，明清时期中国翻译的许多西学书籍也输往日本，然而因为禁教的政策，许多书籍成为禁书。不过，在18世纪中期以后，相对于中国的耶稣会士离开中国，进入知识锁国时期；江户日本则虽在政治上采取锁国政策，但在知识上已为开放的状态。不仅兰学发展，且许多明清西学方面的禁书也开始被传阅。而这一差异进而影响19世纪日、中两国面对西方军事和知识冲击的应对方式。在此短文中，让我们来一窥在德川中期这一看似封闭的时代与社会，德川知识人如何看待西方与传统中国的知识及如何思考天地自然。

众所周知，近代西方哲学大家康德（Immanuel Kant，1724—1804）有"三批判书"（《纯粹理性批判》《实践理性批判》《判断力批判》）。早康德一年出生的本文主角三浦梅园（1723—1789）也被认为具强韧的思考能力。在日本思想史上创造出其他人几乎无法比拟之精致体系的思想家，亦有代表著作"三语"（《玄语》《敢语》《赘语》，后述）。这或可谓18世纪东西方哲人大家之学相互应照。只是较之康德之学对近现代哲学无远弗届的影响力，三浦梅园之学其实难以被后世之人理解。这与西方国家在近代政治、经济、学术等领域全面碾压东方国家，现今我们的知识已大幅西化有关外，也与德川日本这一特殊的社会、国家及三浦梅园个人的个性和生长环境等相关。

若从日本知识史、思想史来看，1723年前后出生的人可谓日本开始大量接受西方知识的第一世代。本文以出生于1723年的三浦梅园为主展开论述，同时也会论及同样出生于1723年的兰学开创者前野良泽（1723—1803）。这两人皆否定立基于阴阳五行说的自然观与身体观，并且接受兰学所带来的知识冲击。以下，我们将以这两位在1723年诞生的人物对阴阳五行说的看法为主干，论述阴阳五行说在江户日本受到的批评与运用之情况及他们对西方知识（包括兰学与明清西学）的接受等问题。进而，本论文也将比较约同时期诞生的中国思想家戴震（1724—1777）之思想与明清西学和阴阳五行说的关系，以说明1723年以后18世纪日本思想史的特色。

## 三浦梅园的生平、学问与相关研究

三浦梅园于1723年生于丰后国（大分县）一个医生之家。讳名为晋，字安贞，梅园为其号。梅园之祖父辈开始业医，梅园也向其父学习医术。就其学术经历来说，在其青少年时期，曾受教于杵筑藩的侍读绫部绅斋（1676—1750）和中津藩的侍读藤田敬所（1698—1776）。这两人皆曾在伊藤东涯（1670—1736）的门下学习，故就师承说的话，或可说三浦梅园属于以伊藤仁斋（1627—1705）为首的堀川派古学（古义学）系统。不过，许多研究者皆指出，不应以其师承体系来理解其学。梅园主要以深思、独学方式成就其学。

三浦梅园博览群书，从其留下的《浦子手记》读书笔记，可得知他曾阅读《左传》《史记》等中国史书，《甲阳军舰》等日本兵书，《译文筌蹄》等辞典，《六祖坛经》《参同契》《神代卷私说》等佛教、道教和日本神道方面的经典，《理学类编》《辨名》等儒学思想方面的书籍；还有《北山医案》《素问马注》《二火辨妄》等中医类书籍，《政谈》《经济录》等政策论方面书籍，《大东世语》等文学著作，及《天经或问》《历学答问》《历学疑问》《物理小识》等明清西学相关著作。从现代学术的角度来说，包括史学、语学、哲学、天文学、医学、政治学和文学等领域著作。三浦梅园可谓是位全方位的学者。

其主要著作《玄语》有十万余言、160多张图，从宝历三年（1753）历经22年，到安永四年（1775）为止，共换稿23次。其中，书名也从《玄论》换为《元气论》《垂纶子》，再到《玄语》。在此期间，梅园于宝历十三年（1763）完成《赘语》《敢语》。《敢语》先于安永二年（1773）出版，《赘语》也经胁兰室（1764—1814）等人的努力，于江户时代陆续出版了部分内容，但《玄语》则直到近代，才收录于大正时代出版的《梅园全集》。梅园在生前出版的著作，除《敢语》、《赘语》（天地册）之外，还有《梅园丛书》（1773）、《梅园诗集》（1787）、《诗辙》（1786）。在江户时代，三浦梅园应只是一位地区型学者。在日本其他地区，他很可能只被认为汉诗文评论家。

一直到明治时期以后，三浦梅园才被"支那学"大家内藤湖南（1866—1934）注意到，在1896年《大阪朝日新闻》连载的《关西文运论》（后收入《近世文学史论》）中，将其"三语"与富永仲基（1715—1746）《出定后语》和山片蟠桃（1748—1821）《梦之代》共称为江户时代具"创见发明之说"的著作。其后，其著作《敢语》《赘语》等也被收入井上哲次郎和蟹江义丸编的《日本伦理汇篇》"独立学派"一册之中，促进了梅园之学的传播。

但梅园之所以被认为是代表日本的思想家，首先，是因为受到河上肇（1879—1946）这位马克思主义经济学代表学者的影响。河上肇在1905年发表《三浦梅园的〈价原〉及本居宣长的〈玉胜间〉别本中所见的货币论》一文，主张梅园发现如同Gresham's law的法则，并论述梅园重视货币作为交换使用工具的意义。他在后来收录该文的《经济学研究》（1912）一书序文中，就注意到三浦梅园与亚当·斯密（Adam Smith，1723—1790）同年出生，并认为三浦梅园可谓日本"经济学之祖"。

其次，近代日本非常具代表性的唯物论哲学家三枝博音（1892—1963）则是使三浦梅园哲学广被认知的重要推手。他主编过《日本哲学全书》《日本科学古典全书》等与日本哲学和科学思想相关的丛书。他在《三浦梅园的哲学》（1941）中，主张梅园在日本独自发明并运用辩证法逻辑。我们可看到，河上肇和三枝博音皆通过经济学、哲学等近代西方学术来强调梅园之学的意义，且其说引领了近代日本学者对于三浦梅园的认识与评价。然他们对于梅园的评价应有些言过其实，且过度去历史脉络性。不过，也正因为如此，三浦梅园的思想才得以重新获得现代学者的注意与研究。

前述"三语"无疑是三浦梅园的代表作。《玄语》为自然哲学方面的著作，《赘语》则可谓《玄语》的注释，《敢语》则是伦理学、政治经济学方面的作品。其中《玄语》更是代表作中的代表作。但是，该书被山田庆儿评为"几乎令人绝望地难解"。因为《玄语》以汉文书写，且完全没有引用其他汉文典籍，充满其独创的术语，故非常难以理解。相较之下，《赘语》则引用梅园在思索《玄语》时所阅读过的许多书籍段落及其评论等，可被视为阅读《玄语》的参考书。

总之，人们并不容易理解三浦梅园独创性极强的思想体系。不可否认地，其体系之建构，除受中国和日本之儒学、传统中医等东亚传统知识影响外，也与他从明清西学和兰学著作所得到的西方知识有关。以下，我们将主要参照山田庆儿论述三浦梅园之学的代表作《晦涩言语的场域：三浦梅园的自然哲学》（东京：中央公论社，1988年），以三浦梅园对西方知识的接受和阴阳五行说的理解与批判为主，以探析其思想。

## 三浦梅园的思想与阴阳五行说：与古学派、古方派医学的关联

三浦梅园的最重要的代表作是《玄语》。"玄"是梅园哲学的重要概念，表面意义为带有赤色的黑色，意谓世界根源性的存在，源于道家思想。梅园在《玄语》中的哲学思想虽具道家色彩，实继承宋明理学的气论、自然学。以朱熹（1130—1200）哲学为代表的宋明理学，基本上也承继汉代以来的气论，并以阴阳五行说为架构解释世界的源起与发展。阴阳五行说大抵完成于汉代，但

"阴阳"与"五行"各自的起源并不相同。在和《易经》相关的书籍中，"阴阳"初始与"刚柔"等概念并用以解释对待关系，后发展为解释宇宙生成原理之思想，建构出中国式的二元论及易数思想等等。相较之下，《书经·洪范》九畴中之第一畴为"五行"（水、火、木、金、土）。《书经》中的"五行"意指民用之五种材料，然五材后来在其原理化的过程中，统合其他思想，确立五行体系。在《礼记·月令》等著作中，五行开始与四季、方位、五色等具体的现象联结。

"阴阳"与"五行"如何结合？这实是中国思想史中极为复杂且重要的问题。简单地说，"阴阳"后来发展为对待和循环的思想原理与系统，接着"阴阳"系统再收摄"五行"系统。然后，在阴阳说和五行说合体的过程中，依据天圆地方的宇宙构造说，又吸收"天之六气、地之五行"这种数的观念。特别在汉代以《黄帝内经》为首所谓"五运六气"的医学理论中，将之对应于人体的五脏六腑等等，形成天人感应的自然观与身体观，以阴阳、五行、六气（阴、阳、风、雨、晦、明）说明事物的作用和变化，并从方位和季节等的对应关系来解释身体的病因等等。其后，阴阳五行说再结合"太极"，形成一→二→五的思想体系。这一思想体系，在宋代理学中，再与"理""气"等概念结合。

以理学理论而言，宇宙最初是太极（理），太极动静使阴阳之"气"发生、展开，形成五行之材质。接着，阴阳、五行交感形成万物，而人乃其中最灵者。人之身体也对应于天地自然之气，而"气"所形成的事物之中又有各种"理"的存在。在理学体系中，"理"既是究极的存在根源，同时也为事物间的法则。这一理论模型进而成为中国儒学思想家解释自然和身体的基础理论。其后，不论是理气二元论还是一元论，或理本论还是气本论皆依赖"太极→阴阳→五行"这一思想架构。总之，太极、阴阳、五行、六气等，构成可称为术数学的身体观与自然观，主宰着传统中国乃至东亚的天文、医学、音乐等各种学术领域。

上述这种术数学观点是三浦梅园构建其思想的前提。然他又受到其他儒学学派、古方派医学和兰学等西方知识的启发与刺激，而有其独创的思想展开。如三浦梅园在其代表作《玄语》说：

> 一一者，阴阳也。之为条理，气物分，性体合，故合者，合乎分中，而气则阴阳、物则天地。……五行自《洪范》以来数千百年汗牛充栋之书，皆为之羽翼。则因循熏蒸，何与臭人之臭、屠人之膻异。虽然彼失征于天地，则仰观俯察之久，不能不生疑焉，于是世稍有议五家之妄者，知妄未遇真。

由这段引文，可见到三浦梅园批评并且不信任"五行"，认为"五行"并非"天地"间自然的理数，且早有人知其错误。相对之，他则拥护"阴阳"，要以之来理解世界的"条理"。

其实，梅园在其著作多处展开对"五行"论的批判。例如，在《赘语》中，在《五行第六》中，对各种五行配对展开批判。在另一处，他说：

> 夫儒者以通三才而自负，到观人之形骸，让之于医典而不察。医人无识，不知素、灵，周季佞者之妄言，意若有造物者为之面授口诀，至若五行配当，则最能糊人之耳目。人身有气、液、骨、肉，何必有木、火、土、金、水焉，而于佗之四行则一之，于火则分君、相，以为造化之枢要，无用之辩。（《梅园拾叶·再答多贺墨卿》）

7

梅园批判中国古代医书以"五行"来解释人体，并批评医书中特别将"火"分"君相"（"君火"与"相火"）来解释的问题，认为那是"无用之辩"。但梅园的此一见解并非其独创思想。如前述，梅园读过芳村恂益（生卒年不详）所写的《二火辨妄》。该书实际上据《黄帝内经》（《素问》《灵枢》）、《难经》之原文，批判宋元以后的"君火""相火"论。特别是该书批评宋代以后四大家（刘完素、张从正、李杲、朱震亨）等中国传统医学，且具有复古的医学思想倾向。

其实，对于金元医学的批评为江户时代古方派医学思想共有的知识倾向，而且大多数古方派医师也不信任阴阳五行说。如后藤艮山（1659—1733）认为近世中国医学取用的阴阳五行之说"有害而不取也"（《师说笔记》）。其弟子香川修庵（1683—1755）不仅不信阴阳五行之说，甚至视中国传统医学之全体为邪说（《一本堂行余医言》）。其中，最为著名的古方派医师吉益东洞（1702—1773）也曾说："五脏六腑，四肢百骸之论，诸书各异。要之，其旨皆以理推之。论说之辞也。盖五脏六腑，四肢百骸九窍，皆造化之所为，而非人之所为也。医家率以阴阳五行之理论之，疗之无寸效矣。"（《古书医言》）然而，如吉益东洞等18世纪后期的古方派医师，大抵上皆受古学派代表儒者荻生徂徕（1666—1728）的思想影响。其所谓"以理推之"之批判，应源于徂徕之理学批判。

荻生徂徕也曾为《二火辨妄》写序：一方面徂来赞成芳村对宋元医学的批判；另一方面对其过于尊信《素问》等经书原文有所批判。在此基础上，徂徕在《辨名》中，也对其中"五行""五运六气"等概念展开反驳。徂徕说："五行者，圣人所立以为万物之纪者也。……如医书五运六气，借干支以明天地之气感人生疾耳。

声色臭味，亦借五行以为脏腑之纪耳，故医之拘五行者，不能疗病。"对徂徕而言，"阴阳"或"五行"等是古代中国圣人认识世界的记号、知识范畴，而非自然本身。医书中所谓"五运六气"之论主要是在强调人之身体疾病的发生会受环境影响。过度拘泥于"五行"等框架会导致无法治病。

整体来说，在18世纪的日本，徂徕等古学派儒者和古方派医师拒绝依据阴阳五行说的传统中医理论，虽重视亲自试验的技术方法，但并不积极建构医学理论，也不同于近代科学。不过，获生徂徕和古方派医师们对阴阳五行、五运六气说所构成之术数的自然观和身体观的批判与不满，应对三浦梅园的思想建构有所启发。更重要的是，他们对于传统中国医学的批评进而影响了江户后期以后日本知识人对于兰方医学的接受。

## 三浦梅园与兰学、明清西学

1771年荷兰商馆长到江户，其所带的兰书中有 *Ontleedkundige Tafelen*（德文原著 *Anatomische Tabellen*）一书。而杉田玄白（1733—1817）在藩的援助下买到该书。同年，杉田与前野良泽等人一同获得见学解剖现场的许可，两人在见学时皆将 *Ontleedkundige Tafelen* 带到现场，并约定要翻译该书。他们在筑地铁炮洲中津藩的藩邸开始翻译工作，并将该书翻为《解体新书》出版，开肇了日本兰学研究。福泽谕吉更称该书的翻译为"我大日本国文明开化之元始"。

这件事影响江户时代兰学的发展，也使得实际验证人体的解剖学知识开始为人们所接受。兰学者同样不信任阴阳五行之说。例如，和梅园同为1723年出生的兰学开创者前野良泽也批评五行说。前野在《管蠡秘言》中的《戏论五行》一文比较了四元说和五行说。他说：

> 夫五行之说仅支那一区之私言，异于四元浑天浑地之公言也。……夫水、火、木、金、土本来只是水、火、木、金、土而已。然强调天地间无数之事物，悉配当之。所谓阴阳五行、数之成百、成千，只随人所言也，岂得本然哉。

前野认为"五行之说"是仅行于"支那一区之私言"。在他看来，兰学中的四元论，即强调土（earth）、水（water）、火（fire）、气（air）是物质构成要素的理论才是普遍真理。前野良泽和三浦梅园皆属兰学之第一世代。前野的"五行"批判不同于先前的荻生徂徕和其他古方派医师，已更进一步将之对比于兰学中之四元说，并更相信四元说。

相对之下，三浦梅园也接触兰学，曾阅读《解体新书》，甚至也解剖过老鼠等动物。他对于兰学中的解剖学知识相当感兴趣，著有《造物余谭》一书，抄录根来东麟所持有的"连骨图"（人身连骨真形图）等与解剖学相关的知识。根据这些对解剖学的知识，他在《赘语》中说："西人之学，务验诸实，加以机巧，丝分缕析，殊于汉人之冥搜也。"在此判断下，也说"汉人之冥搜，则我恶之；西人之亲试，则吾弗及"，更正面地肯定重视亲自实验的兰学知识。在梅园看来，中国传统医学运用阴阳五行说展现较强的想象力，而在面对实验的态度与理论分析方面，则不若兰学。

不过，三浦梅园不仅学习兰学，也接受明清的西学知识。如在《赘语》中，他引用《物理小识》《天经或问》等明清西学方面的著作以描写"造化"（天地自然）。并且，梅园在该知识脉络中，展开他对传统中国医学思想和五行说的看法。就其对于明清西学的"五行"批判问题来说，我们知道传教士高一志（Alfonso Vagnone，1568—1640）在《空际格致》（1633）中介绍亚里士多德的自然哲学，说明亚里士多德著作中的"四元行"（火、气、水、土）论，并且批判了中国传统的"五行"思想，否定"金"与"木"为"元行"之一。相对之下，熟知西学的方以智（1611—1671）虽知道西方知识中的"四元行"论，然并不因之批评传统的五行说，而是试图调和两种说法。

游艺在《天经或问》也论及"四行"与"五行"差异的问题。游艺承认"四元行结成之理亦诚然"的同时，也说："五行因世间可见之五材，而隐表其五气之行以谓之五也。然气分，其气以凝为形，而形与气为对待。是一之而用二也。"然后说："故西国舍金、木，而专言气与水、火、土并举者，指其未凝形之气。"亦即游艺从"气"与"形"乃一而为二的逻辑，来解释其实"四行"说中的水、火和土皆是"气"也是"形"，而其所谓的"气"是特指"未凝形之气"，并从此角度企图融通"四行"与"五行"之说，即可从这个角度来理解"四元行"所无的金、木。他说："然就气以格物之质理，举其所以为气者，以格物之通理，亦二而一也。费而象数，隐而条理，亦二而一也。若知二在一中，则错综变化无不可为者，自非神明，难析至理。"游艺企图以"二而一"的逻辑展开调和之论。在其论述中，不论是"四行"或是"五行"中的元素，皆是"气"或"形"，但"四行"和"五行"本身可理解为不同的知识框架。

正是在此明清西学知识基础上，三浦梅园在《归山录》中说：

> 《天经或问》《坤舆外纪》等也说西洋四行之事，也有四元行。汉之木、火、土、金、水，天竺之地、水、火、风、空，西洋之四行水、火、土、气，其说虽不同，毕竟皆说造化之具，同一日之谭也。

比起前野良泽，三浦梅园明显受明清以汉文书写的西学相关书籍影响。梅园似乎也仅是将四元说等西学知识视为另一种知识框架，并不特别认为其更具普遍性。也就是说，对于梅园而言，不管是"五行""四行"，还是印度佛教的"地、水、火、风、空"之说，皆只是一种解释"造化"（天地自然）的人造知识框架。而他所要追求的是，解析和理解"造化"之"条理"。

如岛田虔次在《三浦梅园的哲学——从远东儒学思想史的视角考察》一文所指出的，梅园思想中最具本质特色的乃是依据地圆说模型展开的思维。梅园经常以圆形图来表现该体系，即天地万物是由"条理"所构成的球形世界，他以各种球体图形来表现其思想。前述游艺《天经或问》、方以智《物理小识》，乃至梅文鼎的《历学疑问》等明清西学相关著作皆有言及地圆之论。梅园在这些明清西学书籍的知识基础上，以地圆说为准，展开其对天地自然的哲学思考。

## 三浦梅园的自然学："阴阳"与"条理"

三浦梅园虽不信任并批评五行说，但依旧试图据"阴阳"架构来建构其思想体系，探析天地自然中之"条理"。他说：

> 儒祖、佛祖皆人也。人而为人立道有所忧，而有尔为。自
> 天地观之，亦人之私也。故欲于天地大观则须立身于悉陀太子
> 未托胎于净饭王宫，太昊氏未点河图之一画之前，以取条理。
> （《梅园文集·与净圆律师书》）

从此段引文可知，三浦梅园不若获生徂徕等古学派，不以古代人
类历史上的教祖（或说圣人）所造的教法（如"圣人之道"）等
为准则，而是欲探究古代先圣想象、创立各种人类教法前的"条
理"。在另一文中，梅园视儒家圣人和佛陀为"讲求讨论之友"，
而以"天地"为师（《梅园拾叶·答多贺墨卿》）。由此方面，可以
说梅园不拘泥于儒、佛二家，而以理解天地自然的"条理"为学
问目标。就这点来说，梅园具继承理学思想的一面。然不同于理
学，他排斥"五行"这一知识框架。他曾在《赘语》中说："五家
之说一成，为造化之枢纽、天下此之由，宋儒最不信汉儒，于说
五行则依违因袭。"对梅园而言，宋儒之学虽不同于汉儒，但依然
援用五行之说来解释天地自然。

因此，三浦梅园在批判理学的江户日本之古学思想基础上，企
图再提出一套解释天地自然的新思想体系。如他在《赘语》所说
"吾宁失于好古，勿失诸天地"等等。这显示出梅园不再依据旧有
的知识框架，而希望以己"智"探究"天地"。他说：

> 观天地有二忌。忌以己意逆在彼者，忌执旧见闻，不征其
> 实。阴阳也者，条理也。条理也者，取义于草木之理也。……
> 其气从理而运……从理布气，布气成物。（《赘语》）

在梅园看来，观察天地之时，除了不可过度涉入主观意见外，更

不可"执旧见闻"。这无疑是批判理学家执"五行"之说理解天地。

重要的是，三浦梅园虽批判"五行"，但依然选择以"阴阳"为基轴展开其思想体系的构建，解释这自然界的"条理"。不过，梅园说"世之说天地、说阴阳，皆隔痒于靴"，即认为过去的思想家讨论天地自然和阴阳的论述，皆不到位，故陆续写了《玄语》《赘语》《敢语》。他说：

> 以天地观阴阳，天中又具阴阳，地中亦具阴阳。以阴阳观天地，阴中亦具天地，阳中亦具天地。分合之道无适不然也。（《玄语》）
>
> 夫条理者，一一也。一一之为阴阳。一一者，阴阳之未有各名也。阴阳者，一一之各有定名也。（《赘语·附录·复高伯起书》）

三浦梅园以"阴阳"来解释、分析这天地间的"条理"。首先，他在《玄语》说："经纬者，条理之大纲。"其所谓"条理"是一元气的分化、统合作用所构成的经纬关系。其次，又在《赘语》说："夫一者，一气也。二者，阴阳也。一而二，二而一。一即无数。"即他从二分法的思考来构筑其思想体系，以一即全部、一一（二）即部分。故其所谓"条理"乃将全部与部分的关系，从阴阳分合的角度，以一种二分法为基础展开思考，构筑一种对称概念关系群。

回到三浦梅园的医学思想来看，他在《自生余谭》中说：

> 天地者，一气一形也。气形于人为身生，气形之分为气、

液、骨、肉也。气分温、动，而温外为卫，内为营，动外为息，内为脉。液分膏、血，而膏外为脂，内为髓，血外为津，内为血。骨分筋、骨，而筋外为外筋，内为内筋。肉分为脏、腑，而脏外为外脏，内为内脏，腑外为外腑，内为内腑。

即梅园依然以一种二分法方式来建构概念的金字塔形阶层结构，以解释天地，乃至人体构造。因此，梅园虽同古方派一样拒绝"五行"之论，与兰方医学者一样重视实验，但他并不是一位经验论者，而是欲理解世界中之"条理"的理性论者。就这个意义来说，他依然在理学思想史的脉络中进行思考。而且，梅园所主张的"天地者，一气一形也"，应与前述《天经或问》的作者游艺从"气"与"形"乃一而为二的逻辑展开的论述有关。因此，我们大致可看出三浦梅园是在理学、古方派医学乃至兰学和明清西学等以汉字、汉学为媒介的西方知识基础上展开其思考的。也因为如此，梅园虽然受到西学之刺激，然是以汉字、汉学为媒介进行理解，故其学依然属于汉字、汉学的思想体系，并展现为一种气的理论。

## 结语：三浦梅园与戴震的比较

三浦梅园的思想建构，实也与明清西学密切相关。从东亚的科学史而言，利玛窦（Matteo Ricco，1552—1610）等耶稣会教士至中国传教时，也带来当时的西方科学知识。他们结合神学与哲学、科学，并且融合儒学的方式进行传教，故将许多当时的天文学、数学乃至医学等方面的书籍翻译为汉文。其后，梅文鼎区别西教与西学，并以西学中源说和援用理学概念装置的方式展开西学研究。其他如方以智、游艺等人一方面接受西学影响，另一方面也主张以中国的术数学来融通，并同时对抗之。

到了清代以后，在经学上批判宋明理学并主张复古的考据学逐渐兴起，同时西学也刺激考据学者从西学中源的角度探究数学，如戴震便著有《勾股割圆记》等著作。就中国思想史来说，与三浦梅园约同时期出生的戴震，也同样受理学和明清西学影响，且在批判理学的同时，展开气一元论的哲学思考。在这一方面，戴震与三浦的思想比较也颇具意义。日本学者高田真治就注意到这两人的相似性，主张他们皆重视条理（理在气中），讲述一元气论，并认为两人之学与近世之科学研究精神相通。然实际上，如戴震虽也主张一元气论排击宋明理学的理气说，依照在阴阳五行说支持的世界观中进行人性论与宇宙论的思考。在《孟子字义疏证》中，戴震说：

> 性者，分于阴阳五行以为血气、心知、品物，区以别焉……天道，阴阳五行而已矣；人物之性，咸分于道，成其各殊者而已矣。
>
> 《易》、《论语》、《孟子》之书，其言性也，咸就其分于阴阳五行以成性为言……凡有生，即不隔于天地之气化。阴阳五行之运而不已，天地之气化也，人物之生生本乎是，由其分而有之不齐，是以成性各殊。

戴震不仅以阴阳五行来解释天道，更以之解释人性。相较之下，三浦梅园的哲学依然属于元气元论的范畴，但留用"阴阳"，批判"五行"概念，及"阴阳"和"五行"结合在一起的阴阳五行

16

论。值得一提的是，三浦梅园后来将"阴阳"改为其古字、异体字"陰昜"。这或许是他有意识地要去除传统中国思想中阴阳概念所具的意义，强调其与传统中国哲学的断绝关系、非连续性。

也就是说，从与阴阳五行说的关系而言，戴震依然内在于其说之中，在该框架中展开思考。相较之下，三浦梅园则在前述江户日本之古学派儒者、古方派医学及兰学以来对于"五行"的批判脉络中展开思考。再者，虽然戴震如近代科学家，重视数学的确实性，然其方法却没有导致新知识体系的建构，而是从西学中源的思维，导入其经学体系。这或与清朝中国是个科举社会，读书人容易固守经学至上观念，及其以汉译西学书籍接受西学知识等原因有关。而江户后期的日本非科举社会，且兰学者已开始解读荷兰原文书，三浦梅园在兰学基础上，已走出传统经学研究的束缚，且似乎更进一步建构出独特的理论体系。只是该体系依然为非近代的，依然是根据汉字和汉学而展开。其学即不同于明清中国儒学（不管是气学还是理学），也不同于江户儒学中的古学及源于西方知识的兰学，而是在融通既有的不同理论体系后，所建构的独创体系。故其学虽具致密的体系结构，然最终也难以为他人所理解乃至继承。

不只三浦梅园，其实从上所述，我们可知1723年前后出生的日本知识人世代一方面不受科举制度约束，另一方面在汉学和汉译明清西学基础上，开始以日文翻译近代西方知识相关著作，从而获得更新的西方科学知识。因此，他们更容易脱离阴阳五行等汉学传统知识的制约。但是，他们对于西学的接受依然相当片面，使得他们建构的知识或有间接影响近代西方知识传播的意义，然也是非近代的。过度从现代性视角理解、批评其学并不恰当。岛田虔次在前述的文章中，也认为三浦梅园之学显然并不是近代科学思想的胎动，但可谓是"儒教风格自然哲学最后且最好的成果"。其实，不只有三浦梅园，梅园以后的日本思想人物，如帆足万里（1778—1852）、山片蟠桃等人皆同时受儒学与西学影响，也皆在自然哲学与科学方面有精彩的思想展现。

最后，就日本思想史而言，除上述自然哲学、科学方面之外，在史学、文学、佛学乃至医学等各方面，其实皆有许多重要的人物与思想值得我们探究，如前述的古方派的医师吉益东洞等人，乃至本文未能论及的国学者本居宣长（1730—1801）、平田笃胤（1776—1843），还有写《九山八海解嘲论》批判《天经或问》并展开佛教天文学思想的文雄（1700—1763）等人。许多与本文相关的18世纪日本思想史人物皆相当值得探究。他们皆在兰学兴起后，一方面学习过儒学与兰学等方面的相关知识，但另一方面又展开全然不同之学。因此，该如何理解1723年以后的18世纪日本思想史呢？或许我们需要的是：全球史的视野及同时深入由汉学（包括汉译明清西学）、兰学和国学、佛学所构成的——江户日本重层的在地知识脉络。在全球史视野中，我们将看到西方知识借由明清西学书籍和兰学等多种管道进入江户日本。在直视并深入汉学、兰学和国学、佛学所构成的重层、混杂的在地知识脉络后，我们将会发现日本异于同时代中国的思想史特色。1723年之后的日本思想史多彩多姿，静待各方学子挖掘。

# 参考书目

## 1. 传统文献

三浦梅园：《梅园全集（上卷）》，梅园会编，东京：名著刊行会，1978年。

三浦梅园：《梅园全集（下卷）》，梅园会编，东京：名著刊行会，1970年。

三浦梅园：《浦子笔记》，收入阿部隆一编：《三浦梅园自笔稿本并旧藏书解题》，大分县：三浦梅园文化财保存会，1979年。

方以智：《物理小识》，出版地不明：出版者不明，早稻田图书馆藏本，1664年。

吉益东洞：《古书医言》，收入艺备医学会编《东洞全集》，京都：思文阁，1980年。

芳村恂益，《二火辨妄》，京都：锦山堂，1715年。

前野良泽：《管蠡秘言》，收入《洋学（上） 日本思想大系64》，东京：岩波书店，1976年。

后藤艮山：《师说笔记》，收入《近世科学思想（下） 日本思想大系63》，东京：岩波书店，1971年。

香川修庵：《一本堂行余医言》，收入《香川修庵（一） 近世汉方医学书集成65》，东京：名著出版，1982年。

荻生徂徕：《辨名》，收入《荻生徂徕 日本思想大系36》，东京：岩波书店，1973年。

游艺：《天经或问》，西川正休训点，江户：松叶轩，1730年（早稻田大学图书馆藏本）。

戴震：《孟子字义疏证》，收入张岱年主编：《戴震全书（六）》，合肥：黄山书社，1995年。

## 2. 近人论著

三枝博音：《三浦梅園の哲學》，收入《三枝博音著作集（第五卷）》，东京：中央公论社，1972年。

山田庆儿:《日本の科学：近代への道しるべ》，东京：藤原书店，2017年。

山田庆儿:《黒い言葉の空間：三浦梅園の自然哲学》，东京：中央公论社，1988年。

川原秀城:《西欧学術の東漸と中国・朝鮮・日本》，《西学東漸と東アジア》，东京：岩波书店，2015年。

内藤湖南:《近世文学史论》，东京：政教社，1897年。

田口正治:《〈玄語〉稿本について》，收入《三浦梅园　日本思想大系41》，东京：岩波书店，1982年。

吉田忠:《"天経或問"の受容》，《科学史研究（Ⅱ）》第24期，1985年。

武田时昌:《術数学の思考：交叉する科学と占術》，京都：临川书店，2018年。

河上肇:《三浦梅園の価原及び本居宣長の玉くしげ別本に見られる貨幣論》，《经济学研究》，东京：博文馆，1912年。

岛田虔次:《三浦梅園の哲学——極東儒学思想史の見地から——》，收入《三浦梅园　日本思想大系41》，东京：岩波书店，1982年。

高田真治:《三浦梅園と戴東原》，《东洋研究》第2、3号，1962年。

张永堂:《明末清初理学与科学关系再论》，台北：台湾学生书局，1994年。

鸟井裕美子:《前野良沢：生涯一日のごとく》，京都：思文阁，2015年。

福泽谕吉:《蘭化堂設立の目論見書》，收入《福泽谕吉全集（第二十卷）》，东京：岩波书店，1971年。

蓝弘岳:《漢文圏における荻生徂徠——医学・兵学・儒学》，东京：东京大学出版会，2017年。

蓝弘岳:《"文献学"与本居宣长研究：从国文学、日本思想史学到中国学》，《"中央研究院"历史语言研究所集刊》第94本第2分，2023年。

Benjamin Elman，*On Their Own Terms: Science in China, 1550–1900*，Cambridge：Harvard University Press，2005.

# 二、《四库全书》与清代官方意识形态

王汎森

## 前言

  《四库全书》是与法国《百科全书》约略同一时代（稍迟）的，这两部大书确实可以产生比较丰富的对照性。《四库全书》的馆臣之一梁国治出生于1723年，编纂的核心人物纪昀、戴震则都出生于1724年，大概符合本书选题的标准。

  有关《四库全书》的书籍、文章已经浩如烟海，有兴趣的读者可以非常方便地得到足够的参考资料，所以本文主要是集中在有对照性的两点：第一，《百科全书》是知识人凭借自己的力量而成，其特色之一是批评政府，那么《四库全书》呢？第二，《百科全书》印刷一纸风行，成为历经数百年不衰的知识传统，直到网络时代来临才逐渐式微。《四库全书》因为卷帙浩繁，所以只抄了七部分贮各处，那么这七部抄本发生了什么实际的影响？

## 《四库全书》与官方的意识形态

讨论《四库全书》的著作真的已经到了汗牛充栋的地步，所以本文除了在一开始对相关史实做几点一般性的介绍之外，主要是想讨论两个问题。第一，在将古往今来的文化遗产放置于《四库全书》之下时，如何创造了一个官方认可的"中国文化"应有的内容与格局，尤其是着重讨论乾隆皇帝在这一出大戏中的关键性角色。第二，因为一般有关《四库全书》的研究大多集中在《四库全书》的编纂本身，故我想从各种零星材料中勾勒出它对士人社会的影响。

编纂《四库全书》的原因甚多，譬如周永年重提"儒藏"的构想，他认为佛教有"佛藏"，道教有"道藏"，儒家也应有将古今要籍汇整在一起的"儒藏"。朱筠等奏请校办《永乐大典》，主张从中辑出散佚各书，也是一个重要的契机。而乾隆广大教化的野心及个人的好胜心，则欲借重集遗书成古今最大的官书。除此之外，寓禁于征，借这个大规模的征书运动将明清时期易代的历史、种族意识方面酌意之书搜缴禁毁。

《四库全书》从乾隆三十八年（1773）开始编修，到乾隆四十七年（1782）抄成第一套，历时十年。自第一部书成，历任馆职者360人，前面提到1723年出生的梁国治曾任副总裁，至于1724年出生的纪昀是总纂官，戴震则是校勘《永乐大典》的纂修官。其中纪昀任馆职十三年，全书体例皆其所定，而实际负责编纂全书的是陆锡熊、陆费墀。所以以下我引用于敏中手札讨论修纂《四库全书》的经过，这批信主要便是写给陆锡熊的。《四库全书》的书有几种来源，政府固有的藏书（敕撰本、内府本），分为各省采进本、私人进献本、通行本，以及由《永乐大典》中辑成之书。《永乐大典》本，周永年贡献最多。

四库馆将古今图书分成四等处理："刊刻、著录、存目、禁毁"，等于是对古今典籍进行等第之分。《四库全书》所著录之书，共收书 3 503 种、79 337 卷，近 10 亿字。《总目》中仅存书名，而未收其书者，凡 6 793 种、93 551 卷，即"存目"之数。此外，尚有"禁毁"书约 3 100 种，据统计在禁书过程中有 40 多起文字狱。《四库全书》每份装订 36 000 册，共 6 752 函。

《四库全书》的编纂工作从一开始便是君王与官员们联手谱成的一部大戏，君王的政治政策及思想、文化品味在其中发挥了很重要的角色。编纂《四库全书》表面上只是将古往今来的典籍加以"重置"，但在编纂、"重置"的过程中，却形成了皇帝及大臣所刻意建构的一种新的文化格局，是乾隆广大教化政策中的一环，它试图回答"中国文化"应该是什么或中国的"正统文化"应该是什么这个重大的问题。

本文的前半部便是在勾勒皇帝作为这一出大戏的导演，如何重置、编修这些典籍，使它们成为君臣同意的官方意识形态。如果我们披览《纂修四库全书档案》，便可以发现当时君臣是依若干原则在编订古今图书，重新品评它们的等第与高下。同时，借由《四库全书总目提要》《四库简明目录》中的种种处理与评论，重置之后的文本可以构筑一个新的价值层级。这个新的价值层级指导原则，是办理四库时各种文书中所经常出现的"要于世道人心有益""要有裨实用"或"为万世臣子植纲常"。但是，乾隆君臣认为"于世道人心有益"的东西，与古往今来所认定的有极大不同，而且涵盖的领域极大，知识、道德、价值、品味等无不包含在里面。此外，还有许许多多的细节要求——譬如要在编纂中突显君亲的独断性地位，要在历史中突显一套忠烈的系谱等，不一而足。

除上述之外，"于世道人心无益""无裨实用"或不能"植万古纲常"的，包括的范围也相当广，有些涉及皇家（皇帝本身、宫闱、宗室），有的涉及政治党派，有的涉及种族（胡虏夷狄），或宣传明朝政治的过恶、贬斥明代思潮，对于所谓"明季恶习""晚明人书"，无所不用其极地打击，或为了高扬清朝，"欲表扬清朝之盛大，使无关轻重之文字，亦得与古人并存而不朽"（任松如《四库全书答问》），或是重点打击历史上文字"诞妄"、文章"媟狎"之风，甚至要求将古今文籍中"美人八咏"之类的文字一律撤出。总之，四库馆臣抽换、删改的内容各色各样，没办法在这里尽述。经过"突出"表扬及形形色色的"贬抑"两个方面的处理之后，"中国正统文化"的格局拥有了一个特定的轮廓。

尤有甚者，乾隆君臣还担任古今文人的总考官，他们参与古今文人的著作世界中判断其对错，对于错的部分，往往试着要加以改正。譬如在办理《四库全书》的档案中有一件讨论明代杨伦的《琴谱》，馆臣评论说："所载琴谱指法尚无错误。"（《四库全书总目提要·子部·小说家类二》卷一四一）《四库全书总目提要》中，也经常出现考官批改卷子的口吻。这一类的评论满布在整部《四库全书总目提要》中。既然名为"钦定"，便在相当程度上与闻其事，只要我们详读相关的上谕、档案（早已经编成《纂修四库全书档案》），便也可以看到皇帝的许多身影。而且许多后来纳入禁毁目录的书名上，往往有皇帝的朱批，表示皇帝亲身参与其事，这方面的例证尚多，此处不一一列举。

包括皇帝也对《千百年眼》《焚书》等敏感书籍感到好奇，并有要求索阅的记录。在本文中，我并不从告谕、档案来看《四库全书》编纂过程中君王的角色，而是以于文敏手札或王济华日记这种"私人性文件"（private document）来看时人记录中皇帝在《四库全书》编纂过程中的积极角色。

于敏中在《四库全书》编纂工作中的地位独特，戴震有一篇歌颂他的文章，特别提到他对《四库全书》的卓越贡献，而《于文襄公手札》则是早期编纂《四库全书》过程中对乾隆实际角色、行为的一流实况报道。乾隆皇帝醉心于诗文，且所喜欢的诗文有一些偏向，于敏中书信中有一些这方面的材料，譬如他说为皇帝准备诗料时以《杜诗》中与农事有关的优先，可见乾隆日常关心之所在。为了找诗料或解决皇帝不时提出的学问上的问题，于敏中经常要从皇帝驻在的承德避暑山庄驰函京师请教有学问的人。

于敏中侍乾隆于热河的时间甚长，故每每要替在北京的四库馆臣趁皇帝有空或心情较好时，请示某些书的内容应该如何处理，特定违碍书籍的定夺也每每要送请皇帝过目。乾隆本人对四库编辑的某些书也特别表示关注，如《五代史辑本》即甚受乾隆重视。乾隆对于种族问题相当敏感。他曾经慎重地问于敏中，金章宗何以用薛居正的《五代史》而不用欧阳修的《五代史》，是不是因为欧史讲华夷之辨不便于金的皇帝？

皇帝的心理感受、文化品味对《四库全书》的编纂带有指导性。首先《四库全书》要办得堂皇、办得漂亮，于敏中云："此时所重在抄本足充四库及书名列目足满万种方妥也。"《四库全书》中所选的书也要以皇帝喜闻乐见为主，如《文选》究竟采六臣注还是汲古阁本，端看皇帝读的是哪一个版本，而不敢以内容之优劣作决定。由于于敏中注意到皇帝日常读的是汲古阁本，所以四库中将汲古阁本与六臣注本并列，由于办理四库要处处考量这些非专业的问题，故于敏中每每私下告诉朋友某书与其官办不如私办。

在君王的指导下，四库馆臣扮演起古今"大判官"的角色。除了表现在选书之外，也特别表现在《四库全书总目提要》内容的定夺。在《提要》中不只要描述某书的内容，而且也要能指出该书内容是否有错误不妥之处，如于敏中有信指责陆锡熊对《金君卿集》及《北湖集》称誉过度。而且对于某书是要定为"应刻""应抄""著录""存目""不收"，还是"禁毁"都有详细而审慎的区分。一般来说，凡有益世道人心者刊刻，凡有裨实用者录存，其书虽关系世道人心、有裨实用，但其中有俚浅诡谬之言，则只存目。但是上述标准也只是一个大概，其内情很复杂，往往随不同馆臣及纂修进程而有所变化。此外，道德评判要施及于古今的书籍，如金氏文集中的《忠义堂记》收入扬雄，于敏中便说"其是非尤未能得当"，大概是说像扬雄这样"剧秦美新"的贰臣与忠义是沾不上边的。

对明末清初之书，作为总裁的于敏中在信中明白表示要馆臣"宁严勿宽"，而且还在这四字下加注"最好要领"。于敏中再三告诫馆臣，对于晚明的文集不能因其文笔稍好而有所姑容、轻轻放过，这也多少说明了《四库禁毁书目》中，对于明末清初的文集禁得如此无情的缘故了。

大体而言，乾隆晚年对文字忌讳的处理比早年严格，"禁毁""抽毁"的工作分量很重，由于这方面的论著甚多，此处不拟细述。但是只要注意到《纂修四库全书档案》中有一份文件，要求"各省将抽挖纸片送京"，便可以防止"有害"思想扩散，到了"滴水不漏"的地步。

四库馆臣的心、态度与帝王是一样的，四库馆臣在选书、签、提要上皆有一套礼教的标准。但从纂修官开始，一关又一关，中间曲折甚多，"或付钞刻，或改存目，撤出增入，变动情况十分复杂"，所以水很深，很难一概而论。各纂修官意思亦不一，如翁方纲定为"拟抄者"，总裁李友棠每改为"存目"；有的翁方纲认为应"存目"的，却被注为"毁"（吴格《翁方纲纂四库提要稿》前言）。

雍正、乾隆均禁止在刊写书籍时将胡虏夷狄字作空白或改易形声，违者照大不敬律治罪，而辑前史馆臣大改，"欲以一手掩盖天下目者，其视清朝之心实与明季诸人无异也。不过一则阳斥之，一则阴指之而已。呜呼！四库馆之开，清之据中国百三十年矣！士大夫之心理仍若此，此其故亦耐人寻思哉！"（刘乃和《陈垣年谱配图长编》）陈垣之所以说馆臣在辑《五代史》时，刻意掩去夷狄字样，即表示其心中仍在乎且仍有自我检查机制，否则不必冒犯法律刻意回避。愈刻意回避，表示其心中愈在乎，表示其自我防御机制更深。

从以上讨论可以看出在《四库全书》编纂的过程中皇帝扮演角色的重要性，不只是检讨、挑错而已。所以《四库全书》在相当程度上，反映了君臣协作所建构的官方意识形态，这与法国《百科全书》的形成非常的不同。

《四库全书》纂成之后，并未全数刊刻，而是抄了七份存贮在几个重要的地方。如果它们只是被存放，而未曾以各种方式使用、传布，则它们参与塑造时代思想、学术走向的可能性便很小。所以如果要谈《四库全书》与官方意识形态的形塑，不但要考虑在它修纂的过程中，君王与臣下的意识形态影响之实况，同时也要试着了解它修成之后，如何被阅读，如何被依样刊刻，如何成为学术文化界的标杆、指导。因为只有稍稍梳理上述诸点，才能了解官方意识形态如何发挥实际影响。然而，处理这个问题有一定的难度：一方面是之前极少有人入手梳理；另一方面是因为这是一个史料极为零散的问题。以下是我以多年搜集的材料，试图拼凑成的图像。

## 《四库全书》影响力的扩散

一般讨论《四库全书》时，通常止于全书编成、分抄七份以及各种总目提要，很少对《四库全书》纂成之后在广大士大夫间造成何种影响作一估量。在这里，我则准备讨论如下几点。第一，乾隆所确立下来的一套褒贬取舍历史文化的标准并非只是口头说说而已，它发挥了实际的作用。譬如，乾隆上谕中的各种评论，事实上成为此后知识界严守的标准。我们可以随处发现清代中期以后有名的读书人，其实都相当注意乾隆上谕中对曾静案中被牵入的吕留良案中相关各人的评判态度与口气，以曾静案中的吕留良为例，乾隆一旦作出对吕留良的重谴，连后来的全谢山也顺着乾隆的口气说"石门（吕留良）之学一败涂地"，其他各处的零星评论，便不在此详举。

第二，《四库全书》修成之后，乾隆下诏准许士子登阁阅读四库，而四库中有许多此前不易见的唐宋文籍，现在既集中又方便阅读，对鼓励学风产生莫大的影响。道光十二年（1832），在中国的燕行使金景善在《燕辕直指》卷三《留馆录上》中讲到，乾隆四十七年（1782）编辑既讫，特建文渊、文溯、文津、文澜四阁以资藏庋，准许力学好古之士读书其间，使得江浙士子得之以就近观摩使用时说："观此则非但经籍之富远迈前代，分贮各处，以资士子就观，规模之广亦可见。"

当时人的欢欣满意，认为文澜阁等处的书使用甚为便利，而且是一大宝库，可以下述诸例为证。如嘉庆五年（1800）间李调元《答赵云崧观察书》中所言："家有万卷楼，皆在通永道任所抄《四库全书》副本"。又如曾国藩在《圣哲画像记》中所说："及为文澜阁直阁校理，每岁二月，侍从宣宗皇帝入阁，得观《四库全书》，其富过于前代所藏远甚。"

不过依照另一位乾隆年间的燕行使柳得恭（1748—？）在《燕台再游录》中的实际观察，除非是有功名的士人，一般人是不可以登阁阅读的，他说："问诸生，此处文溯阁可登否？答：禁地，非有功名人不能也。"因为文宗阁等"江浙三阁"的建成，使东南士人得以就近赴阁阅读、校抄秘籍，所以社会上出现了一种"传抄阁本"。

"传抄阁本"往往被当作珍贵的文籍收藏，如江苏著名藏书家、常熟铁琴铜剑楼主瞿绍基、瞿镛父子和长洲（今苏州市东北）顾氏的艺海楼。谢国桢《明清笔记谈丛》中形容《泾川丛书》时说，"此书所收皆四库秘抄……每书之后，皆附四库提要，其无提要者，并撰跋尾。"晚清著名藏书楼嘉业堂等，在当时都以收藏传抄阁本闻名于世。这些书不只被藏书家收藏，而且还有的被照样刊发。如赵绍祖编的《泾川丛书》所收多四库秘抄，《守山阁丛书》亦从文澜阁抄出（谢国桢《明清笔记谈丛》）。四库本或"抄阁本"成为权威的版本，当时常见"覆四库全书原本"之类的字眼，尤其是宋人著作（如清代张海鹏编纂的《墨海金壶》）。而这些传抄阁本便延续了四库馆臣对书本内容的整理或删改。

乾隆本人对知识的好奇，也穿插在《四库全书》编纂的工作中，譬如他借机会询问《通志堂经解》真正的编者究竟是纳兰容若还是徐乾学？譬如他想知道黄河的源头究竟在何处？

此外，乾隆也决定将《四库全书》中一些特别有价值的，刊为《武英殿聚珍版丛书》，书成之后只印300部，在北京销售一空，因人们欲再购，而活字版已撤，不能再印。后因江南士人之请，遂将聚珍版排印各书发给江南等五省翻刻通行（黄爱平《四库全书纂修研究》第八章）。"武英殿聚珍版"便因着翻刻出版而化身千百，成为许多读书人的读本。

发卖与翻刻的影响不能小看，其中也有若干武英殿删节过的本子，因为翻刻之故，影响后来的读者。如殿本颁行东南五省，准其仿照翻印，此影响是不可小看的。陈垣在《通鉴胡注表微·边事篇第十五》中说："唐武宗会昌二年，安西、北庭鞑靼等五部落"条，胡注曰："李心传曰：'达靼之先，与女真同种，靺鞨之后也。其居阴山者，自号为达靼。达靼之人，皆勇悍善战，其近汉地者谓之熟鞑靼，尚能种秫稷，以平底瓦釜煮而食之；其远者谓之生鞑靼，以射猎为生，无器甲，矢贯骨镞而已'。"陈垣云：在这一条，胡三省似不满意于李心传，但事实上是故意贬之以避时忌。李心传的话见于《建炎以来朝野杂记》。陈垣说，胡三省所引的李心传，仍是宋本，而"今武英殿刊本于此条即多所删节"。由于清代武英殿聚珍本的《杂记》对于种族敏感之处作了删节，以致后人读了一头雾水。

《四库全书总目提要》对书本的评论有相当的影响力，如陆心源及此后不少人以《四库全书》为去取的依据，即使阮元致力于编纂《四库未收书提要》，事实上仍是以《四库全书》为其标杆。《四库全书》所确立的去取标准，何者收入，何者不收，在《四库全书总目》中是属于何种范畴，每每代表着官方对书本价值的评价。即如清代后期影响非常大的一部书《经解入门》（旧题江藩撰），全书中凡提到与《四库全书》相关者一定空格以示尊崇，在《科场解经程式第五十二》所说："国朝人所著各书收入 四库者，可以引用……其未入 四库，而已现行者，但称或说可也。"

《四库全书总目》即是一种新的权力与知识配置。此后《四库全书总目提要》展现了巨大的规范力量，在士人世界中，除了少数例外（如陆心源），大多力主一切知识应以《四库全书总目提要》为准。譬如龚自珍，在各种文字中一再强调要以《四库全书总目提要》为准。又如清代平步青在《樵隐昔寱》中讨论各种著作，每依提要对各书进行评价。清末藏书家叶昌炽在《藏书纪事诗》中表示，他拼命聚书，是为下一次再修四库时献书之用。我这里要举一个生动的例子，进一步说明《四库全书总目》的威力。李兆洛一生为许多人整集书稿或刊书，而其中有几部禁书。最早的一部刊于1813年，那是李氏在纂辑地方艺文志时。在李兆洛刊印遗献的过程中，我们可以看到《四库全书》及《四库全书总目》之威力。当时一般士人几乎是以见之于其中者为一切，如谋刻瞿式耜之遗集时："《瞿忠宣公式耜集》十卷，以事涉本朝，国初未敢行世，故四库书中不著其目。秋八月，常熟许伯缄延诰来暨阳言及之。先生曰：'圣朝宽大，如《熊襄愍之集》，乾隆中奉旨进御，命其子孙刊行之，则是集安可以不传世？'许乃悉所藏送暨阳。"又如刊胡承诺《绎志》，先是四川龙燮堂观察过访，龙氏有活字版，喜刻书，向李兆洛索未见书之值得刊行者。李氏告以莫若刊胡氏《绎志》，"龙意以不见四库书目疑之，予谓：'此书出较后，收四库者不及收耳'"，龙氏显然不相信，所以后来一再迁延未刻。（蒋彤编《李申耆年谱》）这些书虽然最终都因道光年间政治控制力逐渐松弛而刊出（有的暗中仍有删节），但从一再犹豫考量的过程中也可以看出四库的威力了。

如前所述，不入四库的清朝经学著述，科考不应直接引用，或四库未著录的书不敢径信其内容。此后看到的个别书籍，有时也依《四库全书总目》的记载判断版本的真伪与优劣（见《黄丕烈藏书题跋集》）。遭《四库全书》摒弃者，往往从此湮没，校刻家每每不敢过问，以《天学初函》"理编"为例，《陈垣年谱配图长编》中记陈垣的话说："《天学初函》在明季流传极广，翻板者数本，故'守山阁'诸家均获见之。惟'理编'自遭《四库》屏黜以来，校刻家不敢过问。……然吾人今之所以能知有是书者，实赖《四库》此一斥，《四库》明谓'特存其目，以著之藻左袒异端之罪也'，今反以是唤起吾人之注意，岂纪昀等所及料哉！"

从另一面看，进入《四库全书》者也成为最常被传续的文本，巩固了收入《四库全书》书本的"再生产"条件，此后许多书在刊刻时，往往将《四库全书总目提要》冠于书首，表示自己的权威，也作为保护。一直到清末，编纂《大清国史艺文志》（五卷，内府朱丝栏写本，台北故宫）时，也仍口口声声表示自己是承续《四库全书》说，"《钦定四库全书》告成，炳炳麟麟，辉映册府，今将书目内已入文渊阁著录者，悉皆登载，其见于存目者，亦均酌采增入"，而且编辑去取，也宣称一依《四库全书总目》。

《胜朝殉节诸臣录》犹如官方提供的保护伞。一本书是否被收入四库，会影响清代士人对这本书的评价，若是未收入，则接着看是否载入《明史》与《胜朝殉节诸臣录》。《陈子龙文集》是一个很好的例子，所以在王昶《春融堂集》中，为《陈子龙文集》所写的序文先说明《陈子龙文集》为何未入四库，然后再以《明史》与《胜朝殉节诸臣录》增加时人的信心，加上朝廷有赐谥、立祠的动作，所以陈子龙的诗文遂应时而出。另一个例子同样是王昶为夏完淳的文集作序，据序文可知在陈子龙的文集刻成后，接着又着手刻夏完淳的文集。陈、夏二人是几社中最以忠节著称的两位，他们的书原先或入禁书目录，或是久伏不出。但因为《明史》《胜朝殉节诸臣录》中表扬他们的忠节，所以清代中期的王昶认为应该去掉忌讳，出版他们的书。

## 结语

本文分为两部分。第一部分是《四库全书》的编纂与知识创造，从种种迹象可以看到皇帝及臣下合力塑造一种正统文化的努力。一种在乾隆看来更符合儒家仁民爱物、严明整肃、忠孝节义的正统规范知识，在《四库全书》中得到集中、强力的呈现，并且将逸离这个正统的东西尽可能地加以删抑。如果可能的话，希望对整个帝国的言语文化产生净化、指导的作用，使得整个帝国可以变得更合乎他们君臣心目中所谓的儒家理想。

《四库全书》是古今文献少有的一次大汇整，其中许多文本（尤其宋元）是世所稀见或不便获得的，此时汇整在一起，且抄成七部，分贮南北，对读书人造成了极大的便利，所以欢呼赞叹的人非常之多，而且有许多人因为入阁抄写，因而积攒一大笔藏书，或是得以入阁校对自己有的书。而广泛刊行的《四库全书总目》也带来了许多方便。王重民在《论四库全书总目》中，曾对此有过讨论，不过他重视的是《四库全书总目》对此后目录学实践的深刻影响，或是此后士人们借《四库全书总目》作为进入学问世界的门径（如龚自珍、周中孚、张之洞），以上观察当然都是正确的。

从另一方面看，由于《四库全书》对任何牵涉种族意识的内容给予最严格的处理，即使是皇帝信誓旦旦表示并不一定要将"夷""狄"等字眼全部删去，但是人们仍然小心翼翼地加以删除了。乾隆四十三年（1778）颁下的《查办违碍书籍条款》中一再强调，违碍之处只需签出、抽毁，不必全毁。但是一旦发现有违碍之处，人们往往自动扩大办理，就像一颗石头丢入湖心，它的涟漪瞬即在湖面扩散开来，有时连累整部书，有时甚至连累同一作者的其他著作。加上《四库全书》中对于略涉异端或相比于儒家正统有些出格的言论，或不忠不孝的行迹，一概加以查禁、删削或作各种奇特的处理，所以当这些净化过的版本被大量抄写、刊刻之后，对后来一百三四十年间的士人是相当有影响的。

同时，由于《四库全书》审查的力度很大，给士人们隐隐带来一种错误的安全感，认为没有被查禁、没有删节的部分是安全的。而这种不再追问的、认为安全的感觉，使得知识与意识有一种不同的意味，发展出一种知识的保守性倾向、信仰性、不可变易性。

此外，另一个影响重大的是作为对古今图书作出"刊刻""著录""存目""不收""禁毁"的评断，等于是重新配置"中国文化"的知识格局，而它们像官方发布的一套文化指标，在此后一百多年内，某种程度上引导着知识世界的走向，使得"中国文化"是什么，正统"中国文化"所看重的、所排斥的是一些什么，有了一个轮廓。它们形成了几条不同的沟渠，某种程度上左右着知识界的流行，形成一个相对稳固的文化格局。

当然这个"文化格局"的配置，也随着整个时代氛围的改变而有不同的看法。譬如到了后来，人们往往是由《四库全书总目》内容中注意到某些书中有"异端性"的内容，进而对该书感兴趣（如前述《天学初函》），或是正因某书列入"禁毁"或"存目"，反而大发利市。

　　本文第二部分便是讨论《四库全书》修成之后，《四库全书》及《四库全书总目提要》所确定下来的文化格局，如何发挥社会影响力，即人们如何阅读、再制。

　　陈垣在《〈旧五代史〉辑本发覆》中有一段话说得很好。他说由于四库馆臣不断删改《旧五代史》，被删去的胡虏夷狄之类的敏感字眼不计其数，以至"一百五十年来，学者承诵引据，以为薛史真本如此，信奉不疑"。在150年之间，人们往往必须比较各种版本之后才恍然大悟，原来自己"日用而不自知"的不是原来的版本。近人在比较《菽园杂记》的各种版本后，才发现覆刻四库本的"守山阁本"为"最下"，因它暗中删去书中忌讳的夷狄胡虏字眼。上述种种必须对《四库全书》修成之后的后续传布有所观察才能把握。

　　不过我们也不应过度夸大这种"文化格局"的垄断性。从我个人正在进行的一些研究：嘉、道、咸以降的地下书写，仍然可以见到许多相对于《四库全书》属于"异质性"的文本在传抄、刻印、流通着。因此，我们可以说此后的文化世界，大略可以分成"显"（visible web）与"隐"（invisible web）两层。本文所述是那一个"显"的世界，而我目前仍在进行的工作，便是要揭显"隐"的那个书写世界。

## 参考书目

［清］于敏中：《于文襄公手札》，北京：国家图书馆出版社，2012年。

［清］王昶：《春融堂集》，清嘉庆十二年塾南书社刻本。

［清］永瑢等撰：《四库全书总目提要》，台北：台湾商务印书馆，1965年。

［清］翁方纲：《翁方纲纂四库提要稿》，上海：上海科学技术文献出版社，2005年。

［清］黄丕烈:《黄丕烈藏书题跋集》，上海：上海古籍出版社，2013年。

任松如:《四库全书答问》，上海：上海书店，1992年。

成均馆大学校大东文化研究院编:《燕行录选辑》，首尔：成均馆大学校，1962年。

陈垣:《通鉴胡注表微》，沈阳：辽宁教育出版社，1997年。

黄爱平:《四库全书纂修研究》，北京：中国人民大学出版社，1989年。

刘乃和:《陈垣年谱配图长编》，沈阳：辽海出版社，2000年。

蒋彤编:《李申耆年谱》，台北：广文书局，1971年。

谢国桢:《明清笔记谈丛》，上海：上海书店，2004年。

# 三、甘薯与经世：
# 陆燿与盛清时期的治理知识

李仁渊

## 前言

　　18世纪的中国本土可说是在"盛清"（High Qing）或"满洲和平"（Pax Manjurica）的统治之下，而这篇文章选取的人物是此统治体制中的一名文官。选择文官的原因首先是中华帝国晚期的选官制度让文职官员及其候选者成为社会中具有文字能力的主要成员，因此留下较多的文字资料。其次是经由文职官员留下的文字线索，我们可以观察到帝国统治的一面，或许可以彰显这个时代的特色。

　　这位官员是祖籍在苏州但长期在北方活动的陆燿（1723—1785）。在众多的盛清官员中陆燿的官位不是最高，著作不是最多，声名也非最显赫。选择他的原因除了他与本书其他主人翁一样在1723年出生之外，另一个原因是他所编纂的《切问斋文钞》让他被后人视为"经世传统"的代表。这篇文章尝试从陆燿留下的有限文字中，分别从事功与学术出发，观察一名地方官员眼中的世界。究竟他反映了哪些地方治理的常态，可以让我们看到盛清帝国统治的情状，以及反映了哪些非常之处，让后人可在他身上看到所谓的经世精神。

## 盛世下的甘薯

乾隆四十一年（1776），久在山东任官的陆燿于按察使任内编了一本小书叫《甘薯录》。这本十页的册子可说是甘薯的实用小百科。这本小册子的开头是"辨类"，叙述甘薯是什么样的植物，长成什么样子。接着是"劝功"，说明甘薯入地即活，高地沙地皆宜，最适合种来救荒。接着"取种""藏实"，关于甘薯的种植与储存，而"制用"则是甘薯各种食用方式，可煨煮、蒸食，亦可生食，可切片煮粥、磨粉作丸，叶可作蔬、根可造酒。最后结尾是"卫生"，列举甘薯的药效。他编这本书是为了在山东推广甘薯，主要对象是中下层的官僚，"冀僚属中留意民瘼者广为劝导"。

甘薯是来自美洲的植物。已经有许多学者讨论15世纪以来新旧大陆的物种交换对其后人类文明的发展有很大的影响，包括旧大陆的病毒细菌进入美洲造成人口绝灭，以及美洲的植物，如玉米、番薯、花生、烟草、辣椒、南瓜等进入旧大陆，改变人类饮食的样态。这些植物在16、17世纪辗转进入中国本土，成为餐桌上的食用作物，不仅是中国农业史，也是人口史、社会史与文化史的重要课题。

不过在18世纪下半叶陆燿出版《甘薯录》前，甘薯，或者写作番薯，就已经进入中国本土。一般认为万历十年（1582）广东东莞的陈益从安南以及万历二十一年（1593）福建长乐陈振龙从吕宋引进番薯，是番薯进入中国的最早纪录。叶向高（1559—1627）曾写了一首《番薯颂》赞颂这个新作物。在《番薯颂》的前言中，叶向高追溯十多年前到吕宋做生意的福建商人截取几许番薯的茎蔓，从夷人手中把番薯带到中国。这个作物"不与五谷争地，凡瘠卤沙岗皆可以长"。由于便宜好种，所以不管老人小孩、"行道鬻乞之人"都可以吃，甚至"下至鸡犬皆食之"。叶向高因此写了这首颂，以欢快的语气盛赞番薯的德性。而即使当时如他们这种有钱人家因为番薯低贱而不敢吃，叶向高也要为这拯救世人的作物辩护。

　　然而这个时候番薯主要在福建、广东流行，这也是为何约两百年后陆燿还要从头说起，向山东人介绍这个作物。其实陆燿也不是唯一这么做的人，在18世纪中晚期，有不少官员都在当地推广种番薯。如活跃年代比陆燿更早的名宦陈宏谋（1696—1771），他在乾隆十年（1745）任陕西巡抚时，就曾在陕西推广种甘薯。他刷印了两千张《劝种甘薯示》，整理栽种甘薯的方法，向底下的府厅州县与士人民众等分发，并要官员向外省购觅薯种，教导省民栽种。根据学者收集，乾隆年间最少有二十余次各级地方官员劝种甘薯的纪录。连陆燿的《甘薯录》开头也说在他之前的山东布政使李渭（1685—1754）也曾在山东推广甘薯。著名的《金薯传习录》便收录了李渭在乾隆十七年（1752）所刊行的《种植红薯法则十二条》。

　　甚至《甘薯录》这本册子，也不是出自陆燿本人的亲身经验。这本书撷取了《群芳谱》《金薯传习录》等书的文字，分类重组。唯一来自陆燿的意见是他认为甘薯从吕宋来的说法是"考证之疏"，在《异物志》《南方草木状》等汉宋时期的文字中即有甘薯的记载。

　　不过陆燿的《甘薯录》之所以值得一提，并不在它的时代或内容，而是在这本书是经过乾隆皇帝认可，谕令刊行的书。乾隆五十年（1785），山东巡抚明兴向皇帝上奏，说他们省刊刻了陆燿的《甘薯录》，颁行各府州县，成效不错。乾隆皇帝看了这本书，也觉得此书"颇为详晰"。这个时候的河南因为连年收成不佳闹饥荒，之前皇帝就已经谕令推广甘薯。读了此书后，皇帝遂令立刻抄录此书，寄交直隶总督刘峨（1723—1795）与河南巡抚毕沅（1730—1797），让他们广为散布传抄。有了皇帝的加持，《甘薯录》成为官方推行种植甘薯的首选，如乾隆五十二年（1787），江西巡抚何裕城（1726—1790）便在江西重刊《甘薯录》。道光二十四年（1844），沈懋德续编重刊的《昭代丛书》中，又将《甘薯录》收入新增的壬集当中，让《昭代丛书》本的《甘薯录》成为现在最广为通行的版本。

　　如果我们回到陆燿所在的时代，《甘薯录》这本小书触发的问题是，番薯这样好种的美洲作物早在16世纪末就已经传入中国，为什么在18世纪出现这么多次的宣导引介？或许其中一个方向是回到本书作者，作为一个帝国官员，他的处境以及需要思考的问题。

　　虽然晚明甘薯的引进与推广也有官员的身影，但乾隆时期的这一系列活动更强烈的特色是官员在其中扮演的角色。在18世纪的盛清时代，清帝国的处境是中国本土在长期大抵和平之下人口的增长，同时政府体制也日趋成熟完备。自从明清易代以来，在南方尚有如三藩之乱等大型乱事，然而在华北陆燿开始当官的时候，可以说已经维持了超过一百年的和平。在秩序稳定与人口增长之下，接着所遭遇的便是环境利用与资源分配的问题。

　　在官员的眼中，容易种植的甘薯是救荒最佳的作物，而研究者也指出，甘薯在山东等地的推广，也与灾荒息息相关。《金薯传习

录》的作者，福建商人陈世元在山东胶州经商。他在乾隆十四年
（1749）将甘薯引种山东，便是因为"东省旱涝，蝗蝻三载为灾"。
陈世元的活动尚属民间，更多甘薯的推广活动是来自地方官员，特
别是南方出生的官员（如陈宏谋、陆燿），面临北方的灾荒问题，
解决方法之一就是将南方普及的甘薯引进辖地。灾荒可能有很多原
因，而人口增长引起的生产与分配失衡或许是其中之一。气候等固
然是直接的因素，然而产能不足与环境的高度负载，也减低了灾难
来临时应对的弹性。在乱世时政府亦无力解决，然而在盛世，政府
官员有更多的余力介入灾荒的处理。而对陆燿与其他官员来说，推
广甘薯、增加替代粮食的生产，是解决资源危机的方式之一。

　　陆燿的《甘薯录》与其他诸书不同是因为被乾隆皇帝看到，也
就是说地方官推动甘薯的行动，这一次上升到国家层级。乾隆五十
年（1785）前后，华北正经历严重的旱灾，特别是河南一带，因此
受到皇帝的关注。即使陆燿在这一年过世，这本几年前出版的小册
子正好传到皇帝的眼下，因此传播的层级从山东一省的僚属到全国
各地，并且收录在丛书当中流传后世。尽管由地方官员编写刊印的
宣传小册并不少见，但只有陆燿的《甘薯录》得到如此注目。

　　因此，《甘薯录》这本小书的意义并不是在它摘抄自其他书籍
的重复内容，而是要考虑它生产与流传的背景。刊行《甘薯录》
是盛清一名地方官员为了解决资源问题所采取的方法，这个方法
是耕地与产能不足之下，推广可突破这些限制的新作物。这个问
题的由来是因为长期政治稳定、人口增加，致使环境失衡。尽管
本书引用《本草纲目》与《群芳谱》，并在如《丛书集成》等丛书
中与其他谱录并列，这本小书并不是博物学般的观察与展现，也
不是如叶向高《番薯颂》般的文学表达，而是一名帝国底下的官
员想传播一种特定的知识来解决施政所遭遇的问题。

## 定位：从事功到学术

在帝国的众多官僚中，陆燿的仕途可谓顺遂。陆燿虽然祖籍是苏州，但他的父亲陆瓒一直在北京讨生活，以书法见长。到了五十多岁，他父亲才以誊录三礼馆议叙授山西保德州吏目，接着又在山西北部各县任吏目，八年后以老疾辞后不久便过世。陆燿则是乾隆十七年（1752）近三十岁时中举，乾隆十九年（1754）考授内阁中书，后入直军机处，随后擢户部郎中等职。乾隆三十五年（1770）先后任山东登州知府、济南知府，乾隆三十七年（1772）任山东运河道。接着，他一路升上山东按察使、山东布政使。乾隆四十三年（1778）因母病辞职，乾隆四十八年（1783）又因为河工专长，先后署、任山东布政使。隔年，升任湖南巡抚，然任职一年便去世，年六十三岁。虽然他任官时年纪较大，生涯有时因事被降调，但大抵很快就升回来。从乾隆三十五年（1770）后，他主要的官职是在山东任地方官员，从知府一路到布政使。因此，从陆燿的著述与生涯，我们可以看到的是一个盛清时期地方官员的所思所见。

对陆燿这样层级的官员，我们可以从别人对他的描写（如墓志铭、传记、文章与书信中对他的评价等）、他自己的著述以及与他相关的文件来了解他。其中著述或许最能展现他的想法，但对于著述的范围必须稍微讨论。我们通常会把著述当成个人创作的文字，然而在许多历史人物的生涯当中，编纂与出版也是展现思想的重要部分。对陆燿来说，除了前面提到的《甘薯录》是他编纂的小册子之外，他生前为人所知的几乎都是编纂与出版的产品，如《山东运河备览》与收集清初至今经世文章的《切问斋文钞》。

而他创作的文字，一如许多人物，是在过世后才由后人集结出版，即《切问斋集》。这些结集当然也会有所选择，混合作者传世的作品，以及后世编者选择呈现他的样貌。

墓志铭、神道碑等个人传记中，传达的是传主当下要流传后世的理想形象，这些叙述通常会有套路，但也各自有强调的地方。一如多数的传记，陆燿留下孝亲的形象，的确他的仕途也曾因奉养母疾而有所转折，包括辞去山东布政使的职务。不过最值得提的还是在任地方官的诸多成就，像是在山东运河道任上遭遇寿张王伦民变，沉着应对守住济宁城，或是任湖南巡抚时拒绝盐务陋规，抑制高腾的盐价等。尽管这些谀美的传记强调他的政绩，但对他的学术或思想就不太有着墨。金学诗为他写的行状说他："生平不立讲学之名，不设同异之见。"袁枚（1716—1797）为他写的神道碑虽然也列出他的著作，但并没有进一步的评价，仅在最后附的铭文中说他："从来巨儒，行不迁拘。真嗜诗书，体用必俱。"他来往的许多著名学者官宦，如纪昀（1724—1805）、赵翼（1729—1814）等，日后回忆他的时候，可能称赞他的人品，但鲜少提及他的学问。在时人的眼中，陆燿让人记住的形象是严谨实在的地方官员。

然而到了19世纪，陆燿的定位有了不小的转变，而被视为经世思想的前驱。这当然是因为他所编纂的《切问斋文钞》，以及道光以来思想的转变。道光五年（1825），时任江苏布政使的贺长龄（1785—1848）与魏源（1794—1857）编成《皇朝经世文编》一百二十卷，分门别类收录了清初至道光初年有关国家治理的经世文章。晚明有编纂经世文集的风潮，其中又以陈子龙（1608—1647）的《皇明经世文编》声名最著。《皇朝经世文编》书名便仿效《皇明经世文编》，但不同于《皇明经世文编》以文章作者次序编排，《皇朝经世文编》以文章性质将收录的文章分成各个类目，涵盖经世的各个方面。同样收录经世性质的文章，又同样分门别类编排，因此时人认为陆燿《切问斋文钞》是《皇朝经世文编》的先声，后者在体例上仿自《切问斋文钞》。如方东树（1772—1851）在《〈切问斋文钞〉书后》说此书"辑近代诸贤之作，建类相比，以备经世之略"，而之后"贺方伯耦耕（即贺长龄）为《经世文编》，则搜采益富，体例益备，要陆氏实为之嚆矢云"。

《皇朝经世文编》的风行开启了晚清连串"经世文编"的出版活动，反映且增强了19世纪以来所谓"经世之学"的流风。论者认为，这是在道光以来清朝局势内外交逼之下，士人转向实学救世的思想转折，从空言论道或文字考据转向更实际、更入世的治术讨论。在这样的风气底下，《切问斋文钞》被追为开启经世之学的重要著作，而陆燿也与顾炎武（1613—1682）等人并列。如陈文述（1771？—1843？）在道光年间为一个在华亭县服务的能干胥吏作传，说他在举业之外，特别喜欢读真德秀（1178—1235）、丘浚（1421—1495）、陆世仪（1611—1672）、顾炎武等人的书，而对《切问斋文钞》"尤所究心"，因此对水利、救灾等"经世之务"特别擅长，"持论皆有本末"。而在道光、同治年间，《切问斋文钞》被重新刊刻，甚至其中一个版本改名为《皇朝经世文钞》。也就是说到了19世纪中叶，陆燿的《切问斋文钞》已成为对经世之务有志向者的必读书目之一。

与经世之学风行的同时是对经世思想谱系的重建，这样的行动从19世纪便已展开。如在晚清被视为治学门径的《书目答问》（1876年初刻），其后附的"国朝著述诸家姓名略"，便把陆燿归为"经济家"内。这个"经济家"的列表以黄宗羲（1610—1695）、顾炎武开始，而以魏源作结，并且说明这里列出的是"著述者"，

**44**

然而国朝许多名臣的奏议公牍即是其著述。这些名臣的著述除了个人文集之外，也可在《切问斋文钞》与《经世文编》找到。而在思想史的研究中，中国"经世思想"也一直是吸引研究者探索的题目。特别是1980年代以来，隐含着"从中国传统思想内部找到变革根源"的目标，学者再次展开对"经世思想传统"的讨论。在探讨经世思想传统的流衍中，18世纪的陆燿便成为联结晚明清初之顾炎武等人与晚清魏源等改革维新者的关键，在乾嘉考证之学与清廷高压统治之下承先启后，延续了儒家经世思想的传统。

## 治国与资讯

确实我们从陆燿留下的著述中看到这位盛清时的官僚最在意的事情、遭遇的各种情况以及解决方式。除了编纂他人著作的三十卷《切问斋文钞》以外，他死后由儿子收集、后辈张玉树所校刊的十六卷《切问斋集》，集合他留下的各种文字；此外，他还编辑与刊印包括《甘薯录》在内的数本书籍。

从这些文字中来看，他的官僚生涯中着力最多的是治水的问题。乾隆三十七年（1772），已经担任过山东登州知府与济南知府的陆燿升任甘肃西宁道，但因为路途遥远、母亲老迈，陆燿恳请给假一个月，待送母亲到北京后再赴任。这时的山东巡抚徐绩（1726—1811）认为陆燿久在山东任官，地方事务熟练，因此上奏，特准他留在山东补用，而最后补上了山东通省运河兵备道。山东运河道治所在济宁，是乾隆五年（1740）才新设的职位。在此之前是在雍正十二年（1734）设立，从山东曹东道改来的山东管河道，专管山东省运河与黄河的相关事务。但由于运河加上黄河事务繁多，因此在乾隆五年（1740）将山东管河道改为山东运河道，而黄河事务改由山东兖沂曹道兼任。专管山东运河新职位的设立，或许显示的是乾隆以来运河事务更为重要与繁重。这个工作不仅专管运河一切蓄泄疏浚闸坝事宜与河库事务，也要负责东省沿河二十六州县卫所、有泉之十二州县中与运河泉源修浚相关的工程。

陆耀在山东运河道这个职位四年，显然表现得很杰出。他上任没多久便向他的上级，山东按察使兼河东河道总督姚立德（？—1783）奏请清浚兖泰两府的泉渠，并且平安度过王伦乱事。随后，他又请修河渠志，主导了《山东运河备览》的纂修。十二卷的《山东运河备览》在乾隆四十一年（1776）修成，虽不如《切问斋文钞》出名，但其实是陆耀主纂的书中最复杂的：有图、有表、有河道各部的地理描述、有河工事宜、有治河名臣的传记，还有过去关于治河、河防、漕运等各种河政的讨论。

陆耀对治河的用心展现在他的官途与留下来的文字当中。除了从山东运河道随后升任至山东按察使外，在他因与巡抚不合辞职与母丧丁忧之后，乾隆四十八年（1783）因为山东修筑河堤的需求，重新请有治河经验的他回任山东布政使。在他的《切问斋集》中有许多关于河政的文章，如卷八的几篇运河图说、卷十数则治河名臣小传，卷十二与十三数则关于疏浚、堤工等禀议。这些都是他纂修《山东运河备览》与从事河政的副产品。而他修纂的《切问斋文钞》，更是不合比例地在三十卷中收录了六卷的"河防"，其中包含了四卷的汪份（1655—1721）《黄河考》。河防在陆耀生涯中如此重要，当然是因为他任职山东，沟通南北的大运河可说是清帝国的命脉。随着经济发达、人口增加，运河事务势必更加复杂。人工在自然界开凿的运河面对的不仅是人事的问题，更有如何与自然对抗协调的长期工作。

陆燿的工作当然不仅是河防，他所留下来的文字反映了清代地方官员所需要处理的各项工作，从仓储、词讼、书院到地方治安。如果要从这些看似寻常又千头万绪的工作中理出一些线索的话，其中一个观察的点是陆燿对资讯的管理与运用特别留意。

如同文章最一开始所说的，陆燿留下的著述之一是《甘薯录》。这是一本他整理自各种资料的甘薯小百科，发散给全省僚属推广种植想象中可解决资源问题的新作物，并且又流传到皇帝手中而向全国推送。值得注意的是，这本书推行的乾隆四十一年（1776）陆燿是山东按察使，并不管民政，推广种薯并不是他的工作范围。也就是说，相较于陕西巡抚陈宏谋刷印《劝种甘薯示》或山东布政使李渭的《种植红薯法则十二条》是以官方的力量推行劝种资讯，陆燿刻印《甘薯录》是身为官员但在职权之外的个人行为。

《甘薯录》只是陆燿刊行推广的书籍之一。乾隆四十年（1775），甫上任山东按察使的陆燿便重刊了《急救方》。这本书原由胡季堂（1729—1800）所辑，收集了数种轻生急救的方法，是民间友人寄给他的。他在当济南知府时便知道山东民情多以口角事故轻生，旁人坐视其死不知如何救，因此他刊刻此书以让民命获全。另外，他在山东与湖南任官时，都重刊了《洗冤录节要》这本方便了解仵作验尸技术的小册子。他的目的是把这本书"刊发各属，使于下乡相验之时，舆中覆览一二遍，到场即如法施行，人人称便"。如果想到陆燿到湖南任巡抚仅一年，便马上开雕分发此书，可见得他对让官吏与民众都可以掌握相关知识这件事非常重视。刊印善书或药方固然是绅官会做的事情，然而陆燿至少在《甘薯录》与《洗冤录节要》的刊行中，尚有让中下层官吏简捷快速地获得相关知识、让政事运作更顺畅的目的。

在传播知识之外，陆燿也注重资讯的累积与更新。他将他在济南知府任内处理的案件选辑为《济南谳牍》。这些谳牍"事过即已，往往散轶"，但其"引律比例"不无参考价值。他读了张伯行（1651—1725）任职山东济宁道时的治水心得《居济一得》后颇有收获，但"今昔情形不同，前后设施互异。或彼时未便而今享其利，或往日所重赖而兹转为梗，其不可直陈方而求实效也"。旧法虽然可参考，但现实情况千变万化，需要随时应变。因此，他也把自己施政的心得随时记录，汇为一本《任城漫录》。

陆燿并不是自恋地以为自己的施政痕迹如此重要，他对于施政知识需要记录与随时更新的倾向，表现在任山东运河道不久即提出的庞大计划。在说服上级重修河渠志时，他说："黄、运两河有每岁经营之迹，无百年不变之形。昔人所编河渠诸书，止就彼时事势而言，阅历年岁，遂多歧异。不及今厘为一书，则后人考镜无资。"特别是黄河迁徙多变，形势差异甚多，而案卷又分散各处，难以参考。最近的《全河备考》《治河方略》《行水金鉴》等书，记载只到康熙年间，故亟须有一本全盘而即时的参考书，以帮助当下的施政。而他最后花费三年编成的《山东运河备览》确实是花了许多文书的功夫，整理出的最新治河全览。卷前的引用书目有八页之多，纲举张目，图表兼备，可为当时河政的参考。

陆燿编辑《切问斋文钞》，也是出于类似的目的：从治水扩大到经世，搜集国朝论政的精华文章，让有为者可以参考。与许多重视古人的论说不同，《切问斋文钞》不避时人，甚至不怕互相标榜之嫌，一切以有用为标准，也收入时人〔如戴震（1724—1777）论历法、刘大櫆（1698—1779）论婚俗〕的文章。陆燿以自己熟悉的治河来解释："况事固有与古相违而于道适合者，譬诸河焉。碣石其入海之路也，自屡徙而南，今在怀卫徐邳以下矣。言道而必执古人之说，不犹入海而必循碣石之踪乎？"无论是以治河为譬或是治河经验的体会，作为实际做事的官僚，陆燿主张从近人的经验学习。

陆燿的《切问斋文钞》"择积十余年"在乾隆四十一年（1776）刊印（与《甘薯录》《山东运河备览》同一年！）。书尚在刻印时，他便与朋友通信讨论书中内容，并曾送已是大学者的戴震指教。陆燿确实认为此书可作施政的参考。当同是山东济东泰武道章棠（1734？—1777）问他关于保甲的事情，回答之外，陆燿还送给他黄六鸿的《福惠全书》、于成龙（1617—1684）的《于清端政书》与自己的《切问斋文钞》"以备采择"。他认为这样的选集需要持续扩充，甚至接受读者反馈。即使已经刊印出版，他仍在例言中说"成书不免挂漏之讥。除现在寻访增订外，仍希四方同志陆续邮寄，补所不逮"。

从需要补充更新的施政参考，可看出地方官员在盛世中仍然遇到许多挑战。在陆燿碰到的诸多问题中，其中一项是如何在膨大的人口与治理体系中获得真确的资讯。如在前述保甲的讨论中，重要的问题是要掌握人口资讯，让奸宄无从藏身。清楚知道辖区各种资讯是官员的责任："令一州一县之山川险易、民风土俗，如指掌纹者，有司之责也。一道之官吏贤否，民情向背，如烛照数计，丝毫不得道隐者，监司之责也。"让被统治者可以清晰被看见、管理是现代国家的目标。而对一个长久繁荣但治理技术有限的前现代国家来说，愈趋复杂的社会与人口流动让其子民更难掌握，特别是政府规模较小的清帝国。

在《论回民禀》中，陆燿遭遇的问题是在运河沿线、水陆交通要道的商业城镇中，聚集了回民等外来人口。而回民"多寡向无案卷可稽，近年编查保甲，亦未将回民分别造报"，因此这些编外之人成为想象中的治安隐忧。《严禁私铸挽用小钱示》则是湖南山区巡逻未周的矿区与钱局退役工匠勾结私铸小钱，而此问题的来源是人口空间与经济规模扩大，然国家难以管制。《严禁在配军流违例私押示》则是清朝对犯人有军流，即流刑充军。这些被流配到他地的犯人本来应该交由地方单位管束，但人数多且地方单位管照不及，竟有人带钱来流放的地方做生意，乃至经营获利而开始放高利贷，甚至要人抵押物品。这些问题起因于社会愈来愈扩大、愈来愈复杂，而政府掌握不及。解决方式除了严禁犯行外，便是加强资讯掌握，以控制这些新问题。

将整理过的资讯传达给下属与民众、结集更新的资讯以备施政参考、掌握正确的统治资讯，陆燿的这些活动可以说都涉及在日益庞大的统治系统有效管理资讯中，以应对更复杂的国家与社会。

## 切问：最重要的问题是什么？

陆燿以事功见长，若从学术思想上来说，他最常称引的是顾炎武，并且尊崇张伯行、陆陇其（1630—1692）等理学名家。在任济南知府的时候，陆燿立蒿庵书院，崇祀出身济南的张尔岐（1612—1678），亦是因为他"独守程朱说不少变"。陆燿欲提升张尔岐的地位，让他上承山东汉宋儒者，又接续国朝的理学传统，甚至在《切问斋文钞》收录的第一篇文章即是张尔岐的《辨志》。

尽管继承理学，陆燿认为朱陆、朱王的论辩没有意义，"近世尤多聚讼，其讼者皆在毫厘影响之间"。在回复戴震的信中，他认为"理悬于虚，事征于实；虚者易冒，实者难欺"，因此谈理必须有事证。就算是朱熹、陆九渊、王阳明等"理学之真儒"，陆燿重视的是他们在家国社会中的实绩，如"朱子之行社仓，复水利，蠲税银；与象山之孝友于家，惠爱于民；阳明之经济事功彪炳"，而不是文字间的争执。

在《切问斋文钞》的序中，他更是直接批评了考证、心学与词章这三种为学的方式。他认为承载道理的经典经过历来的讨论已经清楚明白，现在的文字考证沦为挑剔细节，只是为了满足个人的嗜好，舍本逐末：

> 夫经者，常也。道之常者，讵待解释？既有汉之笺故、唐之义疏、宋之章句，微言大义，已可无憾，而复捫扯细琐、抉剔幽隐，人各一编，家著一集。承学之士，意在博观，玩其枝叶，忘其本文，纷如聚讼，无益毫毛，此何为者也？

而心学更是空虚的论辩，最后彼此争执不休，背离真道：

> 道犹路也，路有实径，适越者必南辕，之燕者必北辙……今舍而不由，闭户而谈天道，高座而说明心。学案、语录之书，日出而不穷；异同宗旨之辨，相攻而不已。高明者堕入禅宗，笃实者窘于应务。此又何为者也？

至于文学词章则只是让人了解事理，不需要专研。那些专研词章的人目的并不在求道："驰骛词章，揣摩应举，因循卑陋，又不待言。方将由文以见道，而乃耗费精神。"不仅如此，他在例言七条中的前三条都在强调收录不注重文辞字句，"有文者瑰词丽句，纵极功巧，盖以无用不录""重本不在文""有为浅人说法，不必求

51

功于字句"。陆燿如此不重文的态度，即如方东树也不能赞成。

然而对于经学，他认为"道备于经，详于史""读经而知鹄之所在，读史而知射者之得失"。读经可以知道道理，但读史才可知道如何实践这个道理。然而"鹄有定也，所以置鹄之地无定也"，因此虽然有正道，但由于古今时势不同，通往正道的方法不一。因此在他的文钞中，他重视的是过去的人们实践的方法。即使是研究经典，目的也是要致用。如他的凡例说："说经之文，惟切于婚丧诸礼，可即遵行者，始为采录。若于经似有发明，而于事不免迂远，既有专集行事，此可从略。"除非对经的讨论是在决定日常礼仪如何实行，否则也不是他觉得至要的资讯。

在这样实用的原则底下，《切问斋文钞》可说是在理学的框架底下构建社会治理的指南。三十卷中最首三卷仍是"学术"，提倡读书为学。其次的"风俗"有五卷之多，讲究婚丧葬祭等各种礼仪。陆燿本身亦非常重视家庭礼仪，他留下来的书信中有数封与人讨论礼仪细节。"风俗"后是两卷"教家"，主要是教育子弟与治理家庭。"教家"之后为一卷"服官"，为进入仕途后的教导。以上十一卷，即前三分之一，可说是跟随着修身、齐家到治国的路径。接下来三分之二，是关于国家治理的政策。首先是三卷"选举"，涉及取士与用人。接着四卷"财赋"、两卷"荒政"、一卷"保甲"、一卷"兵制"、一卷"刑法"、一卷"时宪"与六卷"河防"，则是任官时需要处理的各种问题。

如同《甘薯录》或《洗冤录节要》，《切问斋文钞》可以说是一本整理最新资料、供官员施政参考的册子。如果我们仔细看它的选文，可以发现在实用不泥古的原则底下，其所选取的文章参差不齐。如前所述其选取作者不避时人，有些甚至是与陆燿有所往来的熟人。这些文章是前人对各种政事的讨论，但没有一致的观点。陆燿收集他觉得切于实用的文章，但对国家治理并没有要构筑什么样的理论。

一般我们讨论陆燿与他的《切问斋文钞》时，较常站在中国思想史的角度，讨论他作为中国经世传统承先启后的角色。然而如果我们从全球史或比较史的角度思考的话，是不是可以把陆燿与他的尝试看成是"国家建设"（state-building）中官员或学者对治理技术与知识的追求？无论是盛清或是同时期的欧洲，学者与官员似乎都需要面对政府如何统治、政治如何运作，乃至于资源如何分配等政治经济（political economy）的问题。这样的问题会引起亚当·斯密的关注，同样也会引起清朝知识精英的关注，然而在不同的政治与社会环境、不一样的知识生产体制之下，他们对这问题有不一样的解答，或者更关键的是，有不一样的解答方式。

罗威廉（William T. Rowe）二十余年前的 *Saving the World: Chen Hongmou and Elite Consciousness in Eighteenth-Century China*（《救世：陈宏谋与十八世纪中国的精英意识》），从陈宏谋的著作讨论他作为一个清朝官员，认为国家如何治理、世界如何运作的看法。比起陆燿，陈宏谋的生涯更长、官途更成功，而且留下了远比陆燿更丰富的著述，光是收集他当官时的公牍、檄文之《培远堂偶存稿》便有四十八卷之多。陈宏谋与陆燿遭遇类似的治理问题，而且他也与陆燿一样热心于编纂对士民有益的书籍，如《养正遗规》《教女遗规》等各种教育小册。陈宏谋与陆燿一样注意留下施政记录，范围比陆燿更广，然而他并没有跟陆燿一样留下一本编辑他人施政纪录的《切问斋文钞》，因此即使他是更有名，可能也是更干练的官员，但很少被放在"经世思想传统"的谱系。

陈宏谋、陆燿与其他许多盛清时的官员，他们都面对在一个人口更多、流动性更大的社会，政府要如何保持秩序、分配资源的问题。或许是敏感或责任感让陆燿认识到这些新问题无法靠旧方法解决，而儒家经典带来的助益也有限。然而跟欧洲不同的一点，或许是清帝国经由科举的任用制度让其官员同时具有学者的身份，这些"官员—学者"（official-scholar）是以儒家经典为标准挑选出来。在这样的前提之下，陆燿与陈宏谋都必须在儒家的框架底下寻找解决现实统治问题的方针。陆燿的特别之处是他具有称得上的实证的精神，并不认为古代经典可以解决现实问题，而转向近人的经验。这样的倾向或许可说是承继自顾炎武等人的"思想"，但也可说是他身为实务官僚、经历施政上的挑战后的认识，而这样的认识可以在晚明清初的这些思想家当中找到资源。更进一步说，或许所有官员都会碰到国家行政管理的问题，然而在不同时代政治体制遇到的问题不同，而不同时代也有不同的思想资源。广义地来说，这些"官员—学者"对于国家治理知识的思考与著述都可以放在所谓"经世"的范围底下。

若与同时期欧洲的政治或经济学者比较，陆燿对国家治理的回应是跳过古制与经典，从国朝前贤中的文字中寻找经验，尽管比起许多同僚务实许多，但这样的知识生产体制并没有让他产生更新颖的"理论"来经世济民。陆燿是官僚与理学学者，而不是经济或政治学家。然而他尊崇抽象的道与理但搁置不论，专注以实际经验解决当下问题的趋向，在某种程度上是以实证为基础讨论国家社会的问题，已经在治理问题中更接近现代的技术官僚。虽然陆燿所处的体制之下尚不足以让他如启蒙思想家般挑战思想与政治上的权威，但这种针对当下治理问题的务实倾向，已经让他与以往言必称三代、孔孟的路径大有不同。

## 结语

以上是从陆燿留下来的著述看一名盛清官员的知识世界，在"满洲和平"体制之下的所见所思。不过，这里也同时要提出的是陆燿是其中一种类型的知识人，而在他的时期知识人有不同的偏好、知识有不同的运作方式。如晚陆燿一年出生的戴震在科举路途上不比陆燿顺遂，没有像陆燿一样成为清帝国的地方官员。然而身为难得的"博学者"（polymath），戴震百科全书式的知识探索远远超过国家治理的范围。同样晚陆燿一年出生的纪昀又是另外一种典型，他同时有好的官途与好的学问，并且在清廷《四库全书》计划中扮演重要的角色。纪昀的生涯碰触到知识与帝国的另一面：帝国统整知识的野心。他们没有成为这篇文章的主角，只是因为他们比陆燿晚出生了几个月。然而陆燿、戴震与纪昀，这三位出生在雍正皇帝即位及后一年的人物，似乎可代表当时三种不同典型的知识人。

这些不同命运、不同禀赋的知识人在同一个时代生存，并且彼此来往，且或许互相影响。如前所述，陆燿曾与戴震通信讨论学问，虽然他们未必有同样的焦点，也未必同意彼此。而纪昀与陆燿不仅认识，还曾同在董邦达（1699—1769）处读书。在陆燿死后，纪昀看到陆燿儿子辑来的陆燿家书，回忆起年轻时一起读书的时光。在这篇颇具真情的文章中纪昀说当时在一起的读书的青年才俊大家意气飞扬、不可一世，只有陆燿落落穆穆，不与人较长短。当时纪昀比较顽皮，常常戏侮陆燿。陆燿不生气，而跟别人说"晓岚易喜易怒，其浅处在此，其真处亦在此也"，让纪昀更引陆燿为知己。后来大家陆续中举，仕宦显达，唯有陆燿是以"清操劲节"为世人称重。这则轶事或者不能说明两人思想或学术的走向，但想要提醒的是这些人不仅只是"思想"，也是在同一个世界中生活着的人。

同时，从"经世"讨论陆燿也只是一个层面。举例来说，甘薯并不是陆燿唯一记录过的美洲作物。在《烟谱》这本小册中，陆燿分"生产""制造""器具""好尚""宜忌"等五个方面叙述这个同样从吕宋传入的作物，接着还附了两首《烟草歌》。相较于《甘薯录》的内容从其他诸书辑纂，《烟谱》的部分内容可能来自陆燿本身的观察，包括烟筒长什么样子、什么时候适合吃烟。而相较于《甘薯录》目的在推广甘薯种植，《烟谱》似乎意不在推广，也跟施政没有关联。陆燿在什么情况下写下这本《烟谱》呢？是出自个人的嗜好，还是他也有博物的兴趣？

陆燿对于国计民生之外的知识也不是漠不关心，甚至也引用各种不同的知识来源。如他讨论十二生肖时也提到宝瓶、魔羯等十二宫的说法，讨论测量天地时引用来自朝鲜的《东医宝鉴》，讨论气的时候引用了传教士熊三拔（Sabatino de Ursis，1575—1620）的说法，提到记性与脑的功能时也是以"天方书"来讨论。尽管这些知识在他整体的著述来说较单薄，也较分散，但也显现出陆燿对天地自然的兴趣，而不仅限于官僚知识。只是从这些片断的记述，我们较难回溯陆燿的知识来源。然而我们不能忘记陆燿与戴震、纪昀等生活在同一个时代，他们分享相似的资源，也会思考类似的问题。身为研究者往往急于寻找历史人物的定位，为他们贴上诸如经世、革命或启蒙的标志，而忽略他们也是各有际遇、有复杂思考的人。

除了个人、微观的层次之外，另外一种可能的视角是从世界史、比较史来看陆燿与其同时代的人。欧洲从17到18世纪经历了专制主义（absolutism）的体制演变，权力更加集中的国家亦要面对诸如财政等治理问题。然而相较于专制王权的历史更加长久、统治范围更加广大的清帝国，两者治理知识生产的方式又很不同。欧洲的官僚与学者要对抗的是宗教权威而将权力归于世俗君主，乃至于更抽象的公民；清帝国的官僚与学者面对的是所谓"外族"君主要运用儒家传统巩固统治的正当性。欧洲的官僚与学者面对的是相对多样且彼此争竞的世俗政权；清帝国的官僚与学者则是在庞大而相对集中稳定、由"天子"领导的帝国中生活。欧洲的官僚与学者来自具有文化基础的贵族以及新兴中产阶级；清帝国的官僚与学者则多数不是可以经由血统继承的贵族，多数经由科举制度进入官僚系统。两边的知识阶层面对不同政治与社会的条件，在不同的基础上解决各自遭遇的问题。

而如同本论文集所尝试的，将两边的知识阶层并列，或许可以带来一些启示。他们可能思考着类似的问题，诸如世界如何构成，国家如何治理，社会秩序如何维持，人性的本质是什么，个人与集体之间应该有怎样的关系等等。可以进一步讨论的是，让陆燿、戴震与纪昀，与同时期的亚当·斯密、霍尔巴赫男爵（Baron d'Holbach，1723—1789）或威廉·布莱克斯通（William Blackstone，1723—1780），对这些问题有不同回答方式的原因是什么。承继的不同思想资源以及政治与社会条件下不同的知识生产体制，都为他们搭建了思考的框架，如同务实的陆燿仍从儒家开始思考，自然地扮演帝国管理者的角色。而这些个别的人物之所以突出，则是因为他们从不同的层面超越这些框架，将历史向前推进了一步。

# 参考书目

《世宗宪皇帝实录》。

《高宗纯皇帝实录》。

Rowe，William T.，*Saving the World: Chen Hongmou and Elite Consciousness in Eighteenth-Century China*（Stanford: Stanford University Press，2001）.

方东树：《考槃集文录》，清光绪二十年（1894）刻本。

王保宁：《乾隆年间山东的灾荒与番薯引种：对番薯种植的再讨论》，《中国农史》2013年第3期，第9—26页。

丘为君、张运宗：《战后台湾学界对经世问题的探讨与反省》，《新史学》第7卷第2期，1996年，第181—231页。

李桓辑：《国朝耆献类征初编》，台北：明文书局，1985年。

金学诗：《播琴堂文集》，清乾隆五十五年（1790）刻本。

纪昀：《纪文达公遗集》，清嘉庆十七年（1812）刻本。

范希增编：《书目答问补正》，上海：上海古籍出版社，1983年。

张文述：《颐道堂文钞》清嘉庆十二年（1807）刻道光增修本。

曹树基：《玉米和番薯传入中国路线新探》，《中国社会经济史研究》1988年第4期，第62—66、74页。

郭松义：《玉米、番薯在中国传播中的一些问题》，《清史论丛》第7辑，北京：中华书局，1986年。

陈世元：《金薯传习录》，收入于《续修四库全书》，上海：上海古籍出版社，1997年。

陈宏谋：《培远堂偶存稿》，上海：上海古籍出版社，2010年。

陆燿：《烟谱》，收入于《昭代丛书》丁集。

陆燿：《切问斋文钞》，清乾隆四十年（1775）吴门刘万传局刊本。

陆燿：《切问斋集》，清乾隆五十七年（1792）晖吉堂刊本。

陆燿：《甘薯录》，收入于《丛书集成续编》应用科学类第86册，台北：新文丰，1989年。

陆燿编:《山东运河备览》，台北：文海出版社，1969年。

黄克武:《理学与经世：清初〈切问斋文钞〉学术立场之分析》，《"中央研究
    院"近代史研究所集刊》第16期，1987年，第37—65页。

叶向高:《闽书》，福州：福建人民出版社，1995年。

解扬:《近三十年来有关中国近世"经世思想"研究述评》，《新史学》第19卷
    第4期，2008年，第121—151页。

刘广京、周启荣:《〈皇朝经世文编〉关于经世之学的理论》，《"中央研究院"
    近代史研究所集刊》第15期，1986年，第33—99页。

韩承桦:《评介两岸学界近十年有关〈经世文编〉的研究》，《史原》第23期，
    2011年，第205—238页。

# 四、从隐士到帝师：
# 18世纪越南理学家阮浹与西山阮惠之关系

郑永常

## 前言

　　越南理学家阮浹（Nguyen Thiep）生活的年代正是越南经历动荡不安的18世纪下半叶，当时南北中不同势力相互争战，又借助外国兵力介入内部战争中。这位出生于1723年醉心儒学的读书人阮浹，因个人原因辞官隐居乂安笠峰山上，耕读自足，饱读儒家《性理四书大全》诸书，人称"罗山夫子"。阮浹从青年时代开始，便有着与众不同的思想，对儒家理学的理解侧重于实践上，体验于隐居生活中。在南北混战的世代里，他隐居乂安山野未受政治干扰，在山林中过着"灭人欲"的生活。六十三岁之后，在西山统治者阮惠（光中帝）的诚意邀约及胁迫下，出山相助其建功立业，在国家改朝换代之际，二人的因缘邂逅，谱写一段君臣之情，共同为越南儒学本土化贡献一己之力，也为越南南北大一统埋下伏笔。本文主要是分析及检视这位理学家的思想渊源及与山西光中帝的君臣关系。

61

## 16至18世纪越南政权的时代背景

黎朝发展至16世纪中为权臣莫登庸篡位，史称莫朝（1527—1592）。莫氏五传至莫茂洽，被黎朝旧臣郑氏和阮氏打败，恢复"黎朝"。阮、郑两家结为姻亲，共谋国家大计，1548年黎庄宗驾崩，军事大权落入郑检手中，他借故杀害阮氏长子，阮氏二子阮潢畏惧，自请出镇顺化、广南地区。从此南北对峙，其时广南以南，还是占婆人和柬埔寨人的领地。1570年郑检死，其弟郑松大权在手，迎黎世宗回东都升龙（今河内），国政趋于安定，郑松自称"都元帅总国政尚父平安王"，史称"郑主"。西方人称此地为东京（Tonkin），明清中国称安南，视同藩属。而阮潢以顺化为中心，以"阮主"自居，对外则以"安南国天下统兵都元帅瑞国公"之名与日本交往。华商和日本人称之为广南国，西方人称之为交趾支那（Cochin-china）。南北政权经历七次战争，最终以江为界，南北分治之局大定，阮主势力扩张至湄公河下游的河仙。1738年顺化阮福阔在位称武王，制定"朝仪典章"，筑宫殿，称顺化为富春城。1765年武王薨，权臣张福峦擅改遗诏立年幼的十六子阮福淳继位，专擅朝政，引致归仁的西山兄弟阮岳（阮文岳）、阮侣（阮文侣）和阮惠（阮文惠）聚众起事。1771年西山军攻占归仁，企图攻打广南、顺化，黎朝郑森见南方动乱，有机可乘，派黄五福率兵南下攻占顺化，阮主逃往南方。

从1771年至1782年越南南方处于混战中，阮福淳与侄儿阮福映从海路逃往嘉定（今胡志明市），又遭受西山军攻击，向海外逃亡。1778年阮岳在归仁称帝，建元泰德，封阮侣为节制、阮惠

62

为龙骧将军。其后阮福淳战死，阮福映十七岁时收复嘉定，尊称"大元帅摄国政"并与暹罗结盟，造战船、练兵马，进行复国之战。两年后阮福映又被西山阮惠战败，逃往海上，最后避居暹罗，向法国求援。这场在越南南方世纪之战，深居乂安山野的理学家阮浃完全不受影响，过着他的隐居生活。

1775年镇守顺化的黎朝大将黄福五病死，郑森任命裴世达代，不久又命范吴俅代。1786年5月，范吴俅听术士之言，为自己祈福七日七夜，军士疲倦不堪，西山阮惠忽然攻城，范吴俅开城投降，顺化、广南为西山阮惠控制。阮惠决定北上升龙，途中驻扎在乂安，听闻隐士阮浃大名，从而展开一段君臣邂逅之因缘。

## 阮浃大半生的经历与思潮

阮浃，名明，字启颢，黎保泰四年（1723）生于乂安省罗山县月澳社，人称"罗山夫子"或"六年隐者"，当代学者甚少关注这位特立独行的人物。1782年，阮浃五十九岁写下《幸庵记》，叙述他隐居的理由，以及对宋代儒学的体会。他自认禀性朴陋，自少学习科举之学，越南史家认为他随叔父好友严俨"学举业……因学文而遇道焉"。其实，阮浃对严俨并没有好感，反之他对叔父阮行却非常尊敬，叔父阮行是黎朝进士，1741年阮浃十八岁便随叔父阮行赴太原出任宪政使。他称叔父为"月溪先生"并从之游学。可是，阮行上任不久病逝，阮浃大受刺激，初得"狂易疾"（躁郁症），流落异乡一个月才被家人寻回。

叔父去世对阮浃打击很大，他的诗集《幸庵诗稿》第一首诗就是纪念叔父《忆月溪先生》，有句云"曾对先生语夜阑"，这是多么

亲密的师生情怀。这首诗写于1742年叔父去世后一年，当时阮浹
十九岁。他曾跟叔父讨论过有关佛学与儒学的问题，其后醉心儒学
亦缘自月溪先生的引导，而不是老师严俨。他病情好转后仍然随严
俨学习科举，1743年阮浹年考取乡解（乡贡），可惜每次会试往往
"对不竟"，老师严俨反复晓谕，阮浹却说本无心科举。阮浹认为老
师只教他考试技巧并非学问，因此"学文而遇道"是来自叔父的指
引，这里的"道"是指儒家对"仁"的体会。自乡解后，阮浹的生
活稍有改善，身体也得到调理，但是病根仍在，遇到愤怒的事情便
发作。阮浹自知这是家族遗传病，必须隐居山林才能康复。

　　自此以后，他决心尽弃科举之学，专心阅读"《性理四书》《五
经大全》书"。他十分喜欢郊野生活，足迹遍及乂安山区。1744年
他写了一首《读性理四书大全》诗，诗云：

> 此理从来具此身，吾儒忧学不忧贫。
> 义存鼎镬如无物，道屈林泉也可人。
> 钻李机关千古病，浴沂风味四时春。
> 区区阻达何须计，君子成名只在仁。
> 口召人憎焉用佞，心为形役尚可言。
> 少年尽被因循误，平日谁知义理存。
> 一部直穿先圣肚，七篇如炙大贤门。
> 超然觉悟回头早，方寸心田万善根。
> 经残圣远学蒙蒙，千古程朱得正宗。
> 愚宋朋邪偏下石，衰明习释更弯弓。
> 历元自半为阴始，地气何时极午中。
> 人欲纠纷天理在，物穷斯变变斯通。

64

写这首诗时阮浃只有二十一岁，却说明他对程朱理学的理解。在诗中，他指出"此理"就在身上，只是忧"学"而已，若果有"义"在，什么富贵、权力都没有意义。人若懂得此道理，就是生活在"林泉"也有自己的一片天。他批评千古以来读书人只懂得钻营，而不知"君子"者在"仁"而已，或者是善于辩驳，却不知"义理"所在。如果真的读懂《论语》，便知圣人之心，如能了解"七篇"（《论语》《孟子》《中庸》《大学》《易经》《诗经》《春秋》）便可进入圣贤之门。可是现时的学界坠入"经残圣远"的年代里，只有"程朱"之学是正宗，其他学派（朋邪）和佛学（习释）都是旁门左道。而人世间纷纷扰扰，但是天理仍在，只要能够变通以应，事情总会得到解决。年轻的阮浃对生命存在的意义和价值了然于胸。同年，他又写了一首《子朱子像赞》，句中有"博文约礼，学者指南"。可见，他对朱熹十分尊崇。二十九岁时，阮浃写了一首《读四书备旨》，他发现要想成为圣人除了读书之外，还要"自书"来提升自己，这套学问工夫必须不忘初心和心无杂念才能实践出来，且一刻都不能松动，随时觉醒，才能达到为圣的目标。可惜他没有做到"自书"的境界。

阮浃在《幸庵诗稿》中，只有这三首诗是对儒学的阐释与体会，其他诗多是唱酬、山居、怀友人作品。他在家乡义安寻找修行之处，终于在千仞山笠顶六年城发现有一小山"裴峰"，认为是隐居的好地方。然而家中有大小事，他仍没有决心离家隐居。1756年，他已三十三岁，按例被任命为英都县儒学训道，一年后补清江知县，由于转徙劳累他的狂易疾时常复发。1768年，他四十五岁终于放弃官场中营营役役，归隐山林。

在当官这段时间，他参加过两次会试，一次是三十六岁写下"虚名役此身"的感慨。另一次是四十三岁留下《初期遇风雨不入场》，有句，"朝夕营营做甚么？虚名从古累人多""不如茶果自康济，岁月优游安乐窝"。这次"不入场"是他对人生大彻大悟，决定辞官归隐山林，之后他的狂易症痊愈得八九成，然而生活食用不足，经常面对饥荒等事，等待几位儿子长大成年，命他们上山共同垦殖，生活才稍有改善。

隐居后的阮浃"神思飘然"，生活随意，显得有点颓废。他以邵雍为榜样，有诗句"至今安乐坞，岁岁有春风"。阮浃没有放弃儒家"仁"的义理之学，他对儒学的理解不在议论上，而是如何实践在生活中。他在《幸庵记》说："人生祸福如反覆手，君子知命而不专委于命，术家论气论形均是一偏之见。学者亦尽其在我而已矣！"当时五十九岁的他对世事早已看透，自视为北宋五子濂溪（周敦颐）、二程（程颢、程颐）、横渠（张载）、康节（邵雍）之后的继承者"我"，可见他的"狂"与"傲"。他也提到朱熹（朱文公）的"博文约礼，殆无余蕴"，并说："生乎诸先生之后，道患不行，不患不明。"有志者"默识"而实践就可以了，不必"多言为"，因此他着重日常生活中"行"的实践，而没有讨论义理之学。

在《幸庵遗文》中有一篇《祭程国公文》是其他史料没有记载的，这篇文章约900字，结尾部分佚失了。这篇《祭程国公文》是阮浃五十四岁寻访阮秉谦（1491—1585）故居时写下的，其实在《幸庵诗稿》有《过程穆寺》诗二首，有句"遗庵只白云""庵空碑亦灭"，这是他探访阮秉谦故居时的感触，这时距离阮秉谦仙逝已190年。他想起白云居士（阮秉谦）的神机妙算，以及对功名利禄、王公贵胄的藐视，肃然起敬说，"先生东海钟灵，南山孕秀"，借以抒发内心深处敬仰之情。文中说阮秉谦："学力冠欧苏、七步子之津涯，理明《太乙》一经，燃藜照扬雄之肺腑，经天纬地，周宰心思，因往知来，邵尧夫门户。"他进一步说："理学之原，两国英雄无对手……圣人之学自先生而传，用之则行，舍之则藏。"
可见阮秉谦在他心中有极崇高的形象和影响。据学者研究，阮秉
谦深受邵雍影响，认为世事沉浮乃是必然之事，谁也无法改变。
阮浃认为阮秉谦的学问与宋儒同一境界，阮秉谦的诗作"寓春秋
之花斧"中，生活实践在"优游"二字，这是"圣人之域，惟先
生能做"的理想境界，而他自己正仿效着。

　　换言之，阮浃的思想源自对宋代理学的了解和生活态度上，他
对阮秉谦多了一份同胞情。他感慨地说："感先生者江河皆变色，
水含血泪……千古有怀，倍切悠悠百载，而今满怀濡濡已矣哉！"
眼前的郁结，忽然笔锋一转回到人间世："寺中遗像端严，雅先生
之容仪如所睹，石碑乃先生所制也。慕先生而欲求其迹，则字痕
深浅，苔镘石面一残碑，芙蓉乃先生所植也。"他在祭文最后说：
"先生之学，周程张朱，先生径是先生之路，先生之行也不立异以
为高，先生之藏也不衒玉而求售。"事实上，阮秉谦对朱熹十分敬
仰，他曾抄录《朱子家训》收在他的诗集中。同样，阮浃对朱熹一
样敬重，在幸庵奉考亭文公（朱熹）像，每旦焚香致敬。朱熹集理
学大成，提倡"存天理，灭人欲"，成为阮浃日常生活的态度。

　　不过，阮浃也并非不争之人，他六十三岁写了一篇《适轩
记》，从文中看见当年阮浃的批判文风。1780年阮浃被郑主召入京
问事时，他曾登门拜访权府官阮偓。阮偓向他请教，"再四不肯"。
阮浃虽然拒绝阮偓"就正"的要求，但对阮偓将家居名曰"仙仙
亭"，书室曰"适轩"却耿耿于怀，终于写了这篇《适轩记》来
讨论。

　　阮浃批评阮偓名其书室曰"适轩"是不适宜的，因为阮偓仍在
官场中营营役役地生活着，他引晋人之说："所谓人生遗（贵）适，
志也。"他又批评阮偓名其居所曰"仙仙亭"为"庄生之逍遥乎"？

67

阮浃认为阮僎用语，名不副实，就因为没有"敬"在生活中。阮浃认为"适"有公私之别，重在对生活的态度上，如心中有"私"就如同"舜跖"之差异。他说："格物是梦觉关，诚意是人鬼关，过得此两关，便是圣贤境界。"阮浃留下文章札记不多，从这篇300字的《适轩记》中，可见他旁征博引，肆意发挥，议论纵横。

然而这位隐士的精彩人生是在六十三岁之后，就在这一年，执政的西山当权者阮惠写了一封信给阮浃，游说他出山助其建功立业，往后两人的交往从敌我走向相知相识的关系。1788年，阮惠派官员护送阮浃下山相见，自后阮浃的下半生与西山阮惠脱不开关系。阮浃在下山经过垒山时，无奈地留下一首南音（字喃）诗：

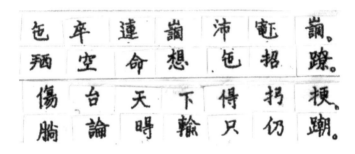

字喃

> 我已登山必下山，
> 自知徒手亦危×。
>
> 可怜抬担劳劳者，
> 亘日穷年在陟攀。

汉译

68

这一首诗收录在《云囊小史》一书，编者评说"真我越有数文字"。如果说人生在世，功名利禄是现世生活中比较能够看得见的，那么阮浃在六十三岁之前是一片空白，他人生最珍贵的几十年一直隐居于山林中，不闻天下事，几乎与人世间隔绝，他认为自己正在实践儒学"行"的哲学。当时阮浃赢得越南朝廷与士大夫的赞誉，称之为"罗山夫子""六年隐者"，声望之高，一时无人企及。

## 阮浃与西山阮惠的邂逅和缪辖

阮惠原是归仁西山朝阮岳（泰德帝）三弟，于1786年中占领富春城后，便以"灭郑尊黎"为名出兵河内。其时郑主内讧，诸将推举靖王季子棕为王，黎显宗封棕为端南王。当西山军进犯京师，端南王逃之夭夭，至七月阮惠谒黎显宗于万寿殿，黎帝封他为元帅国公，并把九公主玉昕嫁给他。同月，七十岁的黎显宗驾崩，皇嗣孙黎愍帝继位，改元昭统。八月，归仁泰德帝阮岳率兵匆匆入河内，阮岳没有兼并黎朝之意，是不欲其弟坐大才有此举。其后西山兄弟共商撤兵南返，这是景兴四十七年／泰德九年（1786）下半年之事。

阮惠南回路经义安，因久闻阮浃大名，第一次写信给阮浃，游说他效法古人伊尹、姜子牙故事，出山效力于他，助他建功立业。阮惠称阮浃为"罗山夫子"，自己则以"安南国大元帅"自称，这头衔是黎昭统册封的，那么他自认为是黎臣吗？却又不是。他在信末押日期是西山年号"泰德九年"，当年阮浃六十三岁。翌年（1787）正月，阮浃回信拒绝阮惠要求，认为自己资质愚陋，只学习《四书》，其他韬略、武艺等一概不懂。他称赞阮惠"乐善好士"之诚，非寻常所及。他表示不出来应聘有三大理由：一是"临事便手忙脚乱"；二是"自古宗子不出仕"；三是"本朝优老六十五已援例乞骸骨，当归而出，负罪实深"。阮浃认为犯此三慝，于国家无益，故聘书、黄金、彩色等一切不敢受，如数奉还。他在信末押日期为"景兴四十八年正月初九日"，当时黎朝已改为昭统元年，阮浃不知也。不过，从信末两人押上的不同纪年，可知两人国家认同不一样，两人理念当然不同，两人的敌我关系十分明白。

阮岳南回归仁后自称中央皇帝，封阮侣为东定王居嘉定，封阮惠为北平王居顺化。阮惠心有不甘，出兵围攻归仁。阮岳登城恸哭："皮锅煮肉，弟心何忍？"阮惠才撤兵回富春。自此兄弟阋墙，阮惠控制顺化、广南，专心经营北方。1788年三月，阮惠再次率兵入升龙杀阮岳女婿武文任，怀疑其心有异。至此，黎朝国土全为西山阮惠控制，阮惠命吴文楚镇守升龙，便回富春。这也为往后阮朝大一统越南南北埋下契机。

在此兵马倥偬之际，阮惠没有忘记阮浃，他北上升龙之前以"大元帅总国政平王"之名，写第二封信游说阮浃出山，并回应阮浃不出山之说，责怪阮浃在天下大乱、生灵涂炭之际，竟然"高卧不起，其如天下生民何？"最后又推心置腹地说："愿夫子以天下生民为念，惕然而起，使寡德有所师事。"阮惠以"师"来尊称阮浃，激励他"不负笃生之学"。同年九月初二日，阮浃以"昭统元年"回信说自己"浅拙、衰颓，既无诸葛之才略，又无太公之膂力"。在盛名之下，难负重责，并以"贵国二臣"来区分与阮惠的关系，再次拒绝阮惠的聘书，并说："遑遑然自救之不暇，焉能暇及于苍生。"但是阮惠的盛情，阮浃感受到了，他留有余地说"他日以事外备顾问可也"。但送来礼物，一切不敢受。面对国家濒临灭亡，新兴政权崛起，阮浃要如何自处？

阮惠收信后十一天，随即发了第三封信给阮浃，质问阮浃不出有三不屑之意：一是看不起他的出身；二是起兵之际有"行一不义，杀一不辜"之事；三是没有亲临拜访。阮惠坦承及自责"行师之际不能无侵掠残暴"之事，就因为"佐命未得其人"，故以邀请阮浃出山相助。阮惠指出在十五年兵马间，已久闻"六年夫子"大名，未敢顷刻遗忘，是上天"以夫子留与寡德也"。阮惠抱怨说，天下大乱，究竟"如苍生何之思？夫子宁忍恝然无情耶？"阮惠遣刑部尚书胡赍书匍匐候迎，期待阮浃"以尧舜君民为念，出而教诏、辅拂"。阮浃收信后没有再回应阮惠，事实是阮浃被迫下山见阮惠。

## 阮惠称帝赐号阮浃为"罗山先生"，执行儒学经典国音化政策

原来阮惠在 1788 年三月十八日带兵北上讨伐武文任之时，途经义安便派官员邀请阮浃会面，他在第四封信中说："今天下倒悬，非夫子其谁与解？寡德亲过其境，特遣文臣、兵番副知番谨信侯阮光代来问安，且请夫子来，庶得闻教。寡德幸甚！天下幸甚！"这是阮浃第一次被护送（胁迫）到义安行宫见阮惠。《黎末节义箓》记载了他们会面的场景：

> 后惠兵过义安，逼至之。责曰："久闻大名，故欲相见，先生偃蹇（傲慢）不就，意以寡德非英雄耶？"徐答曰："郑氏

> 强僭二百余年，今将军伏义灭之，夫谁日非英雄，若假此为
> 名，则奸雄矣！"惠瞿然起日："人言先生天下名士，名不虚
> 矣。"遂改容谢之。

阮浃以"假此为名"来应对阮惠用兵北方，间接表示自己是黎朝
旧臣，然而这次相见后，阮浃更摆脱不了阮惠的纠缠。

此时，从河内至广南都是阮惠的势力范围，阮岳在归仁及以
南地区。黎昭统和皇太后逃亡至中越边界高平，遣使至中国求援，
清朝决定派军入越，揭开了西山阮惠与乾隆皇帝的交往史。1788
年六月初一日，阮惠第一次用"诏"书格式写了一封敕令（第五
封信）给阮浃，是用汉喃字书写的。信中敕谕阮浃早日前往乂安
跟镇守"相地作都"之事，限定三月内完成鉴定宫殿位置。阮惠
深知阮浃为人慵倦，特别说"唯夫子勿闲忽视"。再过十多天，阮
惠再下诏（第六封信）阮浃，透露阮浃确实有去"相地作都"，且
有文呈报说乂安不适合建都，这证明阮浃已承认阮惠是新统治者。
阮惠也认同阮浃不在乂安建都的意见，不过"御幸之所"还是要
建，规模稍为收敛而已。原因是乂安刚好是在顺化与河内的中途，
是掌控南北要冲之地。

这时的阮浃再不能以遁世者或以"自救之不暇"来推搪统治
者的纠缠，也许他记起在《祭程国公文》中说，圣人之学"用之
则行，舍之则藏"的道理。阮浃在阮惠的压力下被说服了，他从
一名遁世隐士化身为经世致用的御用学者。阮惠在称帝前二个月，
再次下诏（第七封信）阮浃，说明白他并不是不想保存黎统，只
是黎氏子孙孱弱，不得人心，而"黎历告终"，这也是天命。十一
月阮惠称帝自立，改元光中元年（1788）。他在信中第一次称阮浃
为"罗山先生"，换言之，阮浃已正式成为光中帝的"帝师"了。

原来1788年下半年，清乾隆皇帝闻知黎朝被阮惠推翻，便以"复黎为名"派孙士毅率四路大兵出关，十月孙士毅引清兵至谅山。十一月，阮惠乘机在富春即帝位，随即出师迎战以系人心。西山阮分裂为两个王朝，一是在归仁的阮岳，一是在顺化的阮惠。

由于河内动荡不安，阮惠在这封信中说明必须在义安建都，因在富春遥控河内事实上颇为困难，从前认为浮石哈啰兜处不适合，现改在真禄县安场社建都。这封信确实赋予阮浃规划建都及绘图递呈的重任，当时光中帝"再三聘召"，且称阮浃为"先生"，以"师"之名作召唤，有类"顾问"性质。他相信阮浃不好拒绝，这也不违背阮浃不出任官职的承诺。光中帝考量，如果这位北方读书人尊敬的隐士出来服务新政权，便会产生一呼百应的效果。表面上光中帝对阮浃客客气气的，实际上无穷压力压在这位隐士身上，由于相地建都是一件重要差事，阮浃虽然没有官职在身，光中帝仍然颁予俸给，有意照顾这位老先生。在光中二年（1789）九月初四日阮浃上奏说："不事其事，而但食其禄，自古以为耻。"他将光中帝给他的养老俸禄退回朝廷，为国家公用。

光中帝统率大军北上抗清，路经义安时再次召见阮浃，这次两人面对清军入越，一致抗敌，阮浃认为："清兵远来，深入我地，未知强弱之形，不识攻战之势，故旬日内可平也。"1789年正月正当清兵在营内庆祝农历新年，光中帝大军忽然杀至，孙士毅狼狈地退回镇南关。光中帝大败清军后，愿向清朝称臣入贡，以稳住越中关系。

光中帝得胜返回富春后，又写了第八封信回应阮浃"养老之禄"说："是朕出于至诚。"光中帝晓以大义说："先生若欲悫然长往，其如苍生何？"在皇帝威权下阮浃只得默然接受这"优老之俸"，至此阮浃完全坠入阮惠设定的框架中。自光中帝战胜孙士毅后，清朝决定"弃黎扶阮"，阮惠亦允诺第二年亲自入华贺乾隆帝八十大寿。清朝随即派遣使者到河内册封光中帝阮惠为安南国王。究竟阮惠是否亲自入华？在这里不讨论，不过光中三年（1790）确实找不到阮惠与阮浃的通信记录。假若阮惠亲自入朝或以替身入华，也会在这段时间将自己藏匿起来，以避免清朝究责。

1791年七月初十日，光中帝给阮浃的诏书（第九封信）说："先生幡然肯来……已颁下本镇官照料行妆。"这是阮浃第一次南下富春觐见光中帝。同年八月十日，阮浃抵达富春，奏上《就化州陈三事》，提醒为"君者"要注重三事：其一论"君德"；其二论"民心"；其三论"学法"。这次奏疏是阮浃将其所学贡献给统治者的建言，也是唯一的一次将儒家中心思想运用于国家统治政策上。首先，他认为统治者要注重"君德"。何谓"君德"？朝廷应开设经筵与儒臣讨论经典，先从《四书》入手，以及《五经》、诸史等，循序渐进，熟读而精思，统治者才拥有这套驾驭国家的思想体系。其次，统治者要重视"民心"。何谓"民心"？"民惟国本，本固国宁"，他以乂安为例"一耕百食"，赋税多如牛毛，人民怨声载道，朝廷必须减税，以化解民怨。再次，"学法"。何为"学法"？即是为学之道。他指出"道也者，人伦日用之理"，现在"正学失传"，读书人争趋词章之学，不知"三纲五常"伦理。所有读书人必须"以朱子为法，先读小学，培其根本，循序渐进以及于《四书》、《五经》、诸史"才能为国家培养人才，国家赖以安宁。

阮浃基本是以朱熹的理念作为治理国家的政策，这样"师道立，则善人多。善人多，则朝廷正，而天下治矣！"阮浃的理念引起光中帝的反应，十日后，光中四年（1791）八月二十日颁下诏书（第十封信），认为阮浃"以学术邪正为辨"，他十分高兴，"将于永京南华山设崇正书院，颁公为崇正院院长，赐号'罗山先生'，专掌教事。一遵朱子学规，俾人才有所成就，风俗归于粹美"。光中帝深知阮浃性格，特别为他量身定制这个职衔，前朝并没有"崇正书院"之设，且不是设在京师内的中央机构。这不是虚衔，而是有实权的，"嗣今郡国司业、督学，岁以有学行者贯址姓名，达诸书院，许公考校其德业行艺，奏闻于朝简用"。换言之，所有国内有学行的读书人，由相关官员推荐给崇正书院，经罗山先生考核、教导才为朝廷选拔简任。

崇正书院表面上是考选人才的机构，但是阮浃还有一项重要使命，这封诏书没有说明，就是将宋儒理学经典译释为国音（字喃）的重大学术工程。这项工作负担颇重，阮浃对这项工作似乎不感兴趣，他的遗稿中没有留下相关文书。虽然字喃在14世纪出现，15世纪初黎季犛的敕令和诏书多用字喃书写，但朝廷仍未统一规范字喃用法，由于各地发音有差异，字喃书写差异很大。越南学者陈重金说："当时有许多人尚不了解此举的深远意义。"同样，阮浃对这项工作不太热心，他呈交的第一本《小学国音演释》便受到朝廷官员指责"浅鲜、粗略"，而《四书》国音化又未依期完成等，都未符合皇帝的圣旨。换言之，光中帝也抱怨阮浃没有做好将儒学经典国音化这份工作。

阮浃也许认识到大时代来临，面对新时代的压力，唯有积极从事儒家经典国音化的工作，一年后的六月初一日，光中帝在诏书（第十一封信）中透露，阮浃已呈上《四书国音演释》共三十二卷，且满意地说："先生训诂、敷衍，谅亦勤矣！"从诏书中得知，朝廷派去崇正书院协助阮浃《四书》国音化工作的翰林官员有阮佟、阮僖、潘素定、裴扬沥等人。但儒学经典国音化尚未完成，光中帝在诏书中说："《诗》《书》《易》三经，据经文及集注字句，演为国音。"除翰林官员外，光中帝又加派义安镇文吏二三十名，"隶属书院，随行编录，以便公务"。崇正书院是西山顺化王朝有规模的国家学术机构，当时笠峰幸庵一定热闹异常，供养补给这三十多位朝廷官员的后勤人员又不知有多少。

光中帝特别在诏书中叮咛《诗经》急用，先行呈上，其他如《书》《易》二经"续奉递进，慎无稽忽"。而朝堂官再传圣旨"限三个月"内完成，并强调"勿可潦草塞责"。阮浃虽然缺乏光中帝的高瞻远瞩，为民族文化本土化建立方向，但他仍然依期完成了这项儒学经典国音化的学术工程。同年九月二十九日，光中帝驾崩，太子阮光缵继位，改元景盛，当时景盛帝只有十岁，政权由太师裴得宣主导，其时西山归仁政权已沦为顺化的附庸。景盛八年（1800）十二月初十日，流亡暹罗的阮福映已回到嘉定，且攻入归仁城，正在挥军迫近广南。此时，景盛帝已十八岁，亲政后随即下诏阮浃来富春辅弼。阮浃建议迁都升龙，景盛帝犹豫未决，但不准阮浃归山，以免动摇人心。不久，阮福映攻入富春城，景盛帝北走河内。阮福映厚礼召见阮浃，慰留他辅助新政，阮浃却恳请回义安老家。阮福映无奈"遣兵送归至横山"，阮浃再度隐居于义安笠峰山幸庵。越南阮朝开国者阮福映于1802年五月改元嘉隆元年，同年十一月阮光缵等被捕，西山朝亡国，越南南北第一次大统一，至嘉隆二年（1803）冬季，阮浃在隐居处无疾而终，享年八十岁，他见证了越南从南北分裂到大统一的过程。

## 结语

中国宋、元后，程朱理学成为科举考试的内容，越南也跟进，读书人以掌握考试技巧，考取功名做官为职志，丧失读书人以天下为己任的使命感。阮浃生活的年代，考取功名是读书人唯一的目的，然而天性朴拙的他，虽然自幼学习科举，但却无心科举考试，每次会试都落第，最终辞官归隐山林。阮浃认为程朱理学"只是教人明天理、灭人欲"，有志者"默识"而实践之，不必"多言为"。这种对程朱理学的理解和明代学者薛瑄之说法相同，这也意味着程朱理学走入死胡同中，因此程朱理学发展至明代中叶，便面对王守仁（王阳明）"心学"的挑战。王守仁在《传习录》对门人说："所谓汝心，却是那能视听言动的，这个便是性，便是天理。有这个性，才能生这性之生理，便谓之'仁'。"这便是"心即理也"说法，突破了朱熹"格物致知"方法，形成明代"心学"思潮。

王阳明在1584年获得从祀孔庙，他的学说也成了儒家正统之学。不过阳明学似乎对当时越南儒学影响甚少，阮浃及当时学者没有提及阳明学。相反的，阳明学对朝鲜和日本都有影响，朝鲜在16世纪末壬辰之乱（1592）后，便出现江华阳明学派。1659年，朱舜水流亡日本，得日人安东守约以师侍之，熟悉阳明学的朱舜水留日期间，进一步传播阳明学，形成德川幕府时代的显学。虽然朱舜水也曾落难越南，写下《安南供役纪事》一文，但朱舜水对越南学界没有影响。

阮浃一生仰慕朱熹，然而他与朱熹不同的是，朱熹从事教学五十多年，致力于办书院、讲学，钻研儒学，整理《四书》，集理学大成。而阮浃长时间在山野间闲荡，没有从事讲学活动，也没有与有学问的读书人对话，无法展现他对理学的突破，没法形成一个"学派"。不过，阮浃的学问与隐士名声远播，被当时越南士子与官僚称誉，执政者闻知其名，都想借重他，但只有西山光中帝阮惠与阮浃是相知相识。

阮浃在为势所迫下与西山光中帝交往，他的坚持与倔强性格，让光中帝觉得他过于高傲和食古不化，但是光中帝耐心地跟他周旋，摸透了阮浃性格，最终以帝王权力设立崇正书院，任命阮浃为院长，赐号"罗山先生"。光中帝下令在阮浃隐居处设立崇正书院，这其实违反朝廷建制，又派遣四位翰林官和二三十位文吏协助阮浃将儒家经典国音化的工作。这项世纪级学术工程在光中帝逝世前，基本上已完成。现时留下的史料不足以讨论阮浃对理学究竟有多高深的理解。不过在光中帝的权力和欣赏压力下，阮浃创造了一项伟大的学术奇迹，那就是将程朱理学经典国音化。

这套字喃版的儒学经典，完全是在阮浃对程朱理学理解上进行诠释，这套经典应该可以完全反映出阮浃的思想及学问取向。可惜这套字喃版的儒学经典没有留传下来，这不难理解，阮福映收复富春城便进行大清算，"毁西山贼阮文惠墓，斫棺戮尸，枭其首于市"。及至阮光缵等被捕，除凌迟处死、五象分尸外，还取出"阮文岳、阮文惠骸骨捣碎抛弃"。可见，阮福映对西山阮的深仇大恨，笔者相信有关西山朝的所有公文书册等，包括这套字喃版儒家经典都会全部被烧毁，而阮浃一生的学问也化为历史灰烬。

在光中帝积极推动下，由阮浃主导的儒学经典国音演释，可反映出越南民族文化认同及民族自信，用以摆脱千年来汉文字垄断越南儒学经典诠释的地位。然而，阮福映统一越南，建立阮朝后，基本上仍以程朱理学为正宗，不受阳明心学和清代考据学的影响，汉字仍然是官方文字，而民间说唱文学却多以字喃六八韵文体书写，其中如《金云翘传》《征妇吟曲》《宫怨吟曲》和《花笺记》等同列为"安南四大奇书"。嗣德帝时，越南国史馆编辑一本汉越字典《嗣德圣制字学解义歌》，借以普及字喃应用，然而汉字的官方地位至法国殖民统治时才被改变，越南文开始拉丁化，称为"本国语"。1919年，阮朝废除科举考试，汉字开始式微，至1935年法殖民政府下令越南各级学校以拉丁化越南文教学，隔一年正式废除汉字在政府公文中流通，至此汉字主导地位结束，也结束了越南两千年来的汉字文化。

## 参考书目

### 史料

佚名编：《野史日记》，黄春瀚手抄《幸庵诗稿：附文书札·书引》，引自 Hoang Xuan Han, *Lo-son phu-tu*, Paris：Minh-tan，1952，Bibliotheque nationale de France 附录。

佚名编：《云囊小史》，黄春瀚手抄《幸庵诗稿：附文书札》，附《国音诗》，引自 Hoang Xuan Han，*Lo-son phu-tu*，Paris：Minh-tan，1952，Bibliotheque nationale de France 附录。

佚名编：《诗云篇、白云庵先生》，创造文诗，抄本，嗣德二年（1849）。

佚名编：《黎末节义箓》，黄春瀚手抄《幸庵诗稿：附文书札·书引》，引自 Hoang Xuan Han, *Lo-son phu-tu*, Paris：Minh-tan，1952，Bibliotheque nationale de France 附录。

阮元审定，卢宣旬校：《孟子注疏解经》卷第十三下，"中研院"汉籍电子文献资料库。

阮浹手稿：《幸庵遗文》，越南汉喃研究院藏。

阮浹手稿：《笠峰文稿》，越南汉喃研究院藏。

孙晓主编：《大越史记全书（标点校勘本）》第4册《本纪续编》，北京：人民出版社，2015年。

张廷玉主编：《明史》卷二百八十二、列传第一百七十。

张登桂主编：《大南实录·正编第一纪》卷十六、十九。

陈建：《陈清澜先生学蔀通辩》卷七，"中研院"汉籍电子文献资料库。

黎靖德编，王星贤点校：《朱子语类》卷十二、十五，"中研院"汉籍电子文献资料库。

罗山夫子阮撰：《幸庵诗稿：附文书札》（黄春瀚手抄，1952年），引自 Hoang Xuan Han, *Lo-son phu-tu*, Paris: Minh-tan, 1952, Bibliotheque nationale de France 附录。

## 专书及论文

朱鸿林：《王阳明从祀孔庙的史料问题》，《史学集刊》2008年第6期，第35—44页。

陈重金著，戴可来译：《越南通史》，北京：商务印书馆，2020年。

郑永常：《汉文文学在安南的兴替》，台北：台湾商务印书馆，1987年。

郑永常：《征战与弃守：明代中越关系研究》，台南：成功大学出版组，1998年。

安积国同：《舜水先生行实》，收入《朱舜水全集》，北京：中国书店，1991年。

张明富：《乾隆末安南国王阮光平入华朝觐假冒说考》，《历史研究》2010年第3期。

张昆将：《十六世纪末中韩使节关于阳明学的讨论：以许符与袁黄为中心》，《台大文史哲学报》，第70期，2009年。

葛兆光：《朝贡、礼仪与衣冠：从乾隆五十五年安南国王热河祝寿及请改易服色说起》，《复旦学报（社会科学版）》2012年第2期。

郑永常：《会安兴起：广南日本商埠形成过程》，收入《瞬间千年：东亚海域周边史论》，台北：远流出版社，2021年。

郑永常：《道义与现实：清越之战与黎抗清》，收入《瞬间千年：东亚海域周边史论》，台北：远流出版社，2021年。

Ta Ngoc Lien, "Nguyen Thiep", 收入 *Lich Su*, 第164期，1975年。

# 五、编纂世界：
# 霍尔巴赫的《百科全书》自然史词条

张存一

## 前言

1770年，二十一岁的歌德（Johann Wolfgang von Goethe，1749—1832）翻阅了霍尔巴赫（Paul-Henri Dietrich，Baron d'Holbach，1723—1789）的《论自然之体系》（*Système de la Nature ou Des Loix du Monde Physique et du Monde Moral*），1812年他撰写自传《诗与真》（*Aus meinem Leben: Dichtung und Wahrheit*）时，忆及这事。他出了门，走进魏玛图书馆，在乏人问津的层架间寻到此书，快速重温后，歌德想起当时糟糕的阅读经验，

（《论自然之体系》）如此沉闷、阴暗、了无生气……作者像一位蹒跚的老人，行将就木，仍想向未来的世代宣称些什么真理。……如果这本书真的对我们造成什么伤害，那就是我们从此对一切哲学，特别是形上学，都感到厌恶。相对地，我们更加鲜明、热情地投入切乎生活的知识，投入经验，行动，创造。

*81*

歌德晚生霍尔巴赫二十六年，约略差距一个世代。当歌德写作自传时，霍尔巴赫与其同代多已作古。法国大革命扫清旧制度下的贵族社会，关于政治与社会理想的辩论席卷欧洲。新帝国主义与产业革新逐渐在各地萌芽，殖民地与海外扩张以新方式再度展开。同时，知识也迈向专业，独立的文学市场与体制化的科学分野形成。歌德应明显意识到自己并不属于过去那个世代。他对霍尔巴赫的轻视，多少表达了他对18世纪的不满——浮滥的哲学书写、空泛的知识联结、过度理想的政治与社会秩序想象。但是，歌德只读过霍尔巴赫晚年的哲学著作，而忽略了霍尔巴赫盛年时最受重视的成就之一：他负责了《百科全书，科学、艺术与工艺详解词典》（*Encyclopédie, ou dictionnaire raisonné des sciences, des arts et des métiers*）几乎所有矿物自然史的词条。他是一位"百科全书作者"（Encyclopédiste）。通过这个身份，我们将看到，霍尔巴赫不是过去世代枯燥幽昧的残影，而是现代欧洲向外界沟通的起点之一。通过繁杂的编纂，一位启蒙哲士（philosophe）寻求建立属于全人类的理性知识，将欧洲织进了自然与人文杂相异彩的世界。

## 从沙龙主人到百科全书作者

1723年的冬日，霍尔巴赫生于埃德斯海姆（Edesheim），一座法德边境的小镇。他的母亲属于法国胡格诺派，父亲是德裔新教徒。他的舅舅法兰兹·霍尔巴赫（Francois-Adam, Baron d'Holbach，1675—1753）原是证券交易商，靠期货生意与贷款大发利市，买官鬻爵，成为第一代"霍尔巴赫男爵"（Baron d'Holbach）。霍尔巴赫从小受他舅舅抚养，长居巴黎，衣食无忧。

二十一岁，霍尔巴赫赴荷兰求学，在莱顿大学（Universiteit Leyden）读法学，但他很快发现自己的兴趣更在自然史与社团活动。经过四年的学习，霍尔巴赫回到巴黎成家。越数年，舅舅与父亲相继去世，霍尔巴赫继承了贵族的头衔以及大笔财富，登记在案者包括一栋巴黎皇家路（rue Royale）的宅邸、一座阿尔卑斯山近郊冈瓦勒市（Grandval）的庄园、一座荷兰海兹（Heeze）的小别墅、大批农地、股票与贷款生意。

如同巴黎大部分的新兴贵族，富裕的家境让霍尔巴赫即使远离学院，仍拥有充分的时间吸收知识、培养品味。1749年开始，每周二与周四下午，他于皇家路自宅举办沙龙。美酒良馔的消息迅速传遍巴黎上层社会，有头有脸的文化人慕名而来，被健谈的男主人吸引，成为座上常客。最后，霍尔巴赫的沙龙汇集了巴黎一批明星思想家，包括狄德罗（Denis Diderot，1713—1784）、达朗贝尔（Jean d'Alembert，1717—1783）、卢梭（Jean-Jacque Rousseau，1712—1778，在与狄德罗决裂后退出），享誉国际，成为外来哲人政客旅次巴黎时必访"景点"之一。霍尔巴赫的财力让这个沙龙几乎不曾间断地持续举办，直到1780年他身体健康衰退为止。九年后，霍尔巴赫在孤独中逝世，一生都贡献给皇家路自宅的聚会。

当时的巴黎沙龙如林。沙龙主要由富裕的贵族女性主持，邀集文人哲士，论新知与异见。对女主人而言，沙龙是贵族品味与交游的展现，成为家族在贵族圈中地位的保证；对与会哲士而言，沙龙则常常是一种博取赞助与庇荫的手段。大大小小的沙龙日日在贵族的会客室举行，私人的"友谊"带动话题的形塑、流转与合作，在王权政府之外，建立起一种新的人际关系与生活模式，乃至于一种超乎个别小沙龙的"社会"。但绝大多数沙龙的社交或社会性质（sociability）乃基于政治上的妥协。通过谈论非政治的新知，或者去政治化的异见，与王权政府达成妥协。而哲士与沙龙主人的关系也往往徘徊于宾主、仆主之际。哲士虽受礼遇，虽为贵族甚至王室之友，却未必能在沙龙内部不顾阶级身份、立场地畅所欲言。

相对于普通沙龙的繁文与刻意的去政治化，霍尔巴赫的沙龙自成一格。男主人不只唱和宾客的话题，更积极发起、参与争执，亟欲入哲士之行列。另外，因为霍尔巴赫灵巧的社交手腕，即使座中常见政治敏感话题，宾客彼此交换激进主义作品，甚至鼓励书写、出版受查禁的主题，沙龙最后仍能逃过君权政府的监视与审查，获得官僚的默许甚至支持。霍尔巴赫的沙龙讨论主题之广泛，亦常令来客一惊。英国音乐学者查理斯·伯尼（Dr. Charles Burney，1726—1814）参观霍尔巴赫的沙龙时，发现与会者从他有关音乐的论文谈起，竟一路聊到"化学、矿物、化石与所有其他的自然史"。他回忆道："他们的讨论如此生动，令人心醉，即使接着还与誉满天下的卢梭有约，我仍不忍中途离席。"这自由且开放的环境，是许多启蒙哲士流连于霍尔巴赫沙龙的原因。当然，这种风气也容易引致批评。同样是来自英国的访客，辉格党政治家霍勒斯·沃波尔（Horace Walpole，1717—1797）便无法接受霍尔巴赫寓所的气氛："那里并不接待（真正的）作家、哲学家或学者，而仅是个鸽舍……简而言之，胡说八道以外还是胡说八道。比起这些哲士，我更喜欢耶稣会的人。"沃波尔的负面评价，以及他将霍尔巴赫客座与耶稣会的对比，恰恰突显了前者所开风气，在当时体制、社会文化中的特殊性。

事实上，不假他人观察，霍尔巴赫自己的作为，已足证明该沙龙的自由与开放。霍尔巴赫受座上宾的物质主义与宗教批判影响，在1770年匿名出版了《论自然之体系》一书，主张所有神学世界观都只是统治者与教士掌握权力的阴谋；人并不具有任何宗教所承诺的特质，超越的灵魂、万物之灵与救赎都是人对自身的误解；人是物质的汇聚，人的行为、意志、知识都受限于物理机制，乃至受普遍的因果律决定。霍尔巴赫在书中倡导：理性思考应带领世俗知识的启蒙，革除宗教与传统的威权，使我们认清自身在自然系统中的定位，以迈向真正且直接的幸福。《论自然之体系》甫一出版，即遭全欧洲宗教、政治与知识领袖抨击，腓特烈大帝（Frederick the Great，1712—1786）称此书"专断且不道德"，伏尔泰（Voltaire，1694—1778）则认为书中论证"毫不科学"。不论此书论述的品质，它仍证明霍尔巴赫积极地参与座上宾的言谈，并试图有所回响；它也证明霍尔巴赫的沙龙成功为启蒙时代的激进言论提供了一张保护网。

但即使充满特色的言谈、激进主义的写作，足以让霍尔巴赫的沙龙成为18世纪最独特的一缕异音。真正促使霍尔巴赫本人探索世界的关键，却非光鲜亮丽的社交谈话，亦非哲学价值的宣称，而是霍尔巴赫的好友兼座上宾，丹尼·狄德罗以及他领衔编辑的《百科全书》。

狄德罗以机智与叛逆名世，现实中却十分内向，对贵族阶层繁琐的社交场合避之唯恐不及，独独霍尔巴赫的晚宴他几乎全勤。二人私交甚笃，常一同出游，比肩长论，从哲学话题到编辑事务。狄德罗的《百科全书》第一卷甫一出版即遭查禁，也是霍尔巴赫多方斡旋，劝官僚放松审查的界线，说服德语出版商私下印行，让这份伟大的知识事业得以赓续。《百科全书》与书本审查的问题，或许值得在此略加着墨，以突显旧制度社会、霍尔巴赫与

《百科全书》的关系。

伴随着绝对王权政府的建立，巴黎在17与18世纪开始绵长的书籍审查制度，由官方指定贵族、官僚、各方专家（通常为国家学会代表）组成审查小组，负责不同领域的出版物审查。政治与宗教内容敏感者，为查禁之重点。《百科全书》其名，貌似单纯的知识搜罗与组织计划，但蕴含着特定的社会、政治与宗教批判面向。正如狄德罗在词条《百科全书》中所指出，一本好的《百科全书》不可通过王权政府与皇家学会之协助，而必须单纯通过"文人"（homme de lettres）社会（monde）的沟通与联络来完成。因为知识日益发新，而官僚"从未能具备足够的兴趣，避免在其他大小要事造成的混乱与困惑之间，遗忘了这份事业"。换言之，官僚与学会庞杂的行政体系，无法灵活跟上知识更新的速度，遑论赓续《百科全书》的编纂与修订。而因为不受王权政府或任何世俗权力机构控制，狄德罗进一步认为，《百科全书》的编纂标准乃是建立于"人类普遍的兴趣，互善互助的情感"，或者建立在"对人类心灵真实且细致的知识、事物的本质，以及正确的理性"之上。意思是说，《百科全书》是为了在文人社会中发掘的普遍价值而编纂，是为了寻找与整合对人类生活与彼此联系而言有益的知识而编纂，也是为了寻找理性思考所产生的合理、真切知识而编纂。这种直接宣称与王权脱离、另外创造社会以寻求理性知识与真理的表现，也伴随各路文人在编纂词条时融入个人对于词条对象的批判。狄德罗在有关谈话的词条中嘲弄贵族制度，伏尔泰在文人相关词条中再次强调降低王权政府影响力的重要性，在其他《百科全书》词条中，自然法理论与共和主义意味的论调比比皆是，与建立在天授王权和贵族传统基础上的旧制度政治形成强烈对比。在自然知识方面，宗教与《圣经》的影响力更是被大大缩减，转而寻求切实考察物体本身的方法与研究成果，跳出皇家学会缚手缚脚的宗教观念，寻求如布丰（Georges-Louis Leclerc，Comte de Buffon，1707—1788）等较非学院主流但更加系统性、哲学化的自然研究为编纂资料与范本，而进一步使《百科全书》绕过基督宗教世界观，在学问各派，乃至世界各地相关知识间创造意想不到的联结，如同我们将在本文后半部有关霍尔巴赫矿物史词条的描述中所目睹。而种种文人社群自作主张产生的词条编纂，都激起学会乃至王权政府的疑窦，由是造成《百科全书》迅速名列禁书之首。

但是，审查也充斥缝隙、斡旋乃至规避的空间。作品的手稿通过沙龙与书信流传，在贵族圈子之间，编者、作者与审查人常常具有另一种友谊关系，霍尔巴赫的沙龙在此扮演重要的角色，绕过审查的边界，替《百科全书》作者与学院学者乃至官僚建立私人联系。于是，与审查人员斡旋、请求宽限，或至少只在名目上禁止等方式，都是存在的。而当法国出版商常常遭到滴水不漏的检查时，尼德兰、德语地区的出版商则相对不受王权政府所控制。通过未经官方授权之私印与盗版形式，禁书得以在法国境内流传，在贵族的庇荫之下，更可以被再次收藏与谈论。霍尔巴赫作为富有的新兴贵族以及法德边境出身的商贾背景，凭借着他的社交手段让审查与出版两方面皆可以流通无碍。这让霍尔巴赫不仅只是受欢迎的沙龙主人，更是哲士之友以及《百科全书》最忠诚的赞助人与战友之一。狄德罗所识华胄甚众，他所遗留的书信中，不乏这位或那位"男爵"，但只有霍尔巴赫永远是"我们的男爵"（notre Baron）。

霍尔巴赫占据了狄德罗的个人生活，狄德罗也是霍尔巴赫不可或缺的好友。与这位才华横溢的作家交好，让霍尔巴赫得偿所愿，成为哲士的一分子。不只如此，霍尔巴赫除了协助《百科全书》的编辑外务，也亲自参与了《百科全书》的编纂，成为一位"百科全书作家"。他至少为《百科全书》撰写了1 058份词条，超过700份被归入自然史中的"矿物史"（minéralogie）。

编纂词条的经验，让霍尔巴赫踏上一趟奇异的知识旅程。这趟旅程不仅仅有陌生枯燥的矿物知识，更充满了对自然与人类社会的沉思，让巴黎的一个新兴贵族与世界多元知识的脉动接轨。

当霍尔巴赫于1789年过世，沙龙的另一位常客弗里德里希·梅尔基奥·格林（Friedrich Melchior, Baron von Grimm, 1723—1807），在供王公贵族传览的小道新闻《文学、哲学与批判通讯》（Correspondance littéraire, philosophique et critique）中刊登了一篇讣闻，悼念老友。格林说，作为男爵，霍尔巴赫是一位热情慷慨的沙龙主人；作为哲士，则是一位杰出的百科全书作家。他"广博敦厚，……对新出自然知识总能最快掌握并流传周知"。霍尔巴赫值得怀念，因为他对《百科全书》做出了不可忽视的贡献。格林的描述多少代表了当时的普遍观点。霍尔巴赫实以"百科全书作者"名世。因为相关书信与文件阙如，我们不清楚霍尔巴赫为《百科全书》撰写词条的详细动机与交稿过程，学者指出，《百科全书》第一卷中，未有任何署名霍尔巴赫的词条收入，故推断霍尔巴赫之参与《百科全书》，应在1749年落居皇家路寓所之后与1751年《百科全书》第二卷出版之前。可能由于狄德罗的关系，打从霍尔巴赫搬入巴黎皇家路的住宅没多久，这位好客的男主人就已和《百科全书》扯上关系。但霍尔巴赫的自然史词条到底有何特殊之处？为何本文不断宣称作为一位百科全书作者的霍尔巴赫，超越了他在巴黎自宅的沙龙，真正与世界接轨？接下来，让我们潜入霍尔巴赫的自然史词条，辨析他如何编纂、拣选、诠释来源复杂的资讯，重新思考自然史的方法论，从沉默的矿石中，看到因知识而相连的世界。

## 以知识相连的世界

霍尔巴赫的百科全书词条如同一趟路途遥远的旅游，带领读者离开法国社交与学术界的知识小圈圈，看到整个欧洲矿物史方法的转变。进一步，这些词条又走出了欧洲，联系起世界各地未知的自然风景，乃至人群与自然多元的互动方式。让我们一步步随着霍尔巴赫走进世界。

### 走出法国

18世纪法国的矿物史学术成果发展相当迟缓，特别是相对于蓬勃发展的动植物自然史而言。矿物史的书写，仍深受17世纪笛卡儿自然哲学宇宙论的影响。笛卡儿（René Descartes，1596—1650）在他的《哲学原理》（*Principia Philosophiae*）一书中，用200多则连贯的论题，从宇宙间物质运动的原理开始，描述细小的物质分子如何依据特定物理原则逐渐汇聚、沉积乃至形成地层与大气，进而展现火山、海洋、气候等宏观地理／大气现象。笛卡儿的思维依循于演绎法，相信物理原则足以解释地球的结构，而地球的结构又可以解释任何矿物的成因。

到了18世纪，启蒙时代最著名的自然史学者——布丰——在他的鸿篇巨制《自然史》（*Histoire Naturelle, générale et particulière, avec la description du Cabinet du Roi*）中，也从潮汐、水文与火山运动出发，理解重要矿物的形成。对布丰而言，矿物史的研究价值在于它跳脱了《圣经·创世纪》的叙事，带领我们从物理原则的角度认识地球的历史，为动植物所处之大环境，提供了基础框架。从这个角度看，布丰的矿物史写作仍然继承了笛卡儿的论证风格，从宏观现象推演微观矿化，意在铺陈地球环境的整体系统。讽刺的是，在动植物史上，布丰以及大部分的18世纪自然史学者，都激烈主张应扬弃笛卡儿的演绎法，转从经验资料归纳出自然史研究的新方式。霍尔巴赫的词条提及布丰时，曾再三以实际的矿物成分与生成方式，挑战布丰的宏观臆测。"知名的布丰先生在创建他这些庞大的理论时，若能多多参考这些实际研究，结果肯定能更完善吧！"他不无嘲讽地说。

一来，法文矿物史研究无法提供霍尔巴赫足够的参考资料；二来，霍尔巴赫本身的学习经验也让他更加亲近国外的自然史学术。在本文开头提到过，霍尔巴赫就读于莱顿大学。莱顿正是欧洲北部学术交流的重镇之一，神圣罗马帝国诸邦国以及北欧国家的研究汇流于此，成为霍尔巴赫自然史知识的基础。

北欧与德语区矿物史学术最大的特色，是学者多半走出宁静的学院，进入尘土飞扬的矿场寻找第一手资料。16世纪学者阿格里科拉（Georgius Agricola，1494—1555）即任职于萨克森公国矿场。他凭职位之便，访查矿工、记录矿冶过程、阅读古典矿物学著作，撰写了两本有关矿物史的书，分别是《论自然的石化》（*De natura fossilium*）与《论矿冶》（*De re metallica*，又名《坤舆格致》）。如两本书的标题所示，矿物史既可以是矿物的自然特征与分类，也可以是矿物作为一种资源的应用。后者看似与"自然史"无甚干涉，但对德语区学者而言，只有在矿脉被发掘、撷取、应用的矿场中，矿物自然形成的状态、分布、产地与诸多环境因素才能被忠实记录。自然史如果不考量这些因素，而单单关注标本的外貌，将失于肤浅。当地底的矿物不断在经历组成、消解与质变的过程时，矿物史目的之一，便是找到观察与描述这些动态的方法。

三十年战争以来，德语区各小国与北欧王国开始积极发展矿业，成立国家工会；属于矿工的经验知识，包括寻找矿脉、开采矿产、冶金术等等，在国家政策的推进下高度体系化，这些经验知识成为工会中公开教育、交流与研发的技术。在这种高度实用的背景中，18世纪的学者得以开展更加系统性的矿物史，以化学分析的视角解释矿场的挖掘与冶炼，进而发展矿物的分类与命名集。瑞典矿物史学者瓦莱里乌斯（Johan Gottschalk Wallerius，1709—1785）将古典时代的矿物分类与矿工实际使用的分类互相比较，通过化学分析的方法重新归纳个别样本的种系，最终修正、弥合两种分类，提出新解。在18世纪早期，德语区的亨克尔（Johann Friedrich Henckel，1678—1744）也展现出类似的意图。这两位学者都是霍尔巴赫撰写矿物史词条时重要的引用来源。"化学分析让我们得以重现矿物在地底形成的过程，而非停留在对搜藏样本表面的分析。"霍尔巴赫在词条"矿物学"（Minéralogie）中说："德意志与瑞典矿物学者们在这方面取得了伟大的成就。当他们发现物理原则只会造成理解上的障碍，即弃之，转取化学。……从实际的操作中接近矿物最真实的样态。"我们看到，当采取化学分析作为矿物史观察与描述的主要方法，霍尔巴赫以及他所引用的德语区、瑞典学者皆未将矿冶的经验弃之不顾，相反地，化学分析协助他们直探地底，让矿冶经验与学术讨论间具备更明确的联结。

然而，和这些游走于矿场与学院间的学者不同，霍尔巴赫并非仰赖自己的亲身见闻与实验来书写矿物史词条。作为一位百科全书作者，他端坐资讯流通的中枢，翻译、编纂来源多样的见闻，将相关知识在当代被欧洲人创造、发现或接收的过程清楚整理出来。在这样的位置上，霍尔巴赫不只关心矿物的状态与本质，也同时着重分析人是在什么样的境况下对矿物进行观察与描述，乃至矿物对于人类生活的意义又是什么。如果说德语区与瑞典学者关注矿物的环境，霍尔巴赫则注意到这些环境之所以被记录下来，本身就显示出人文与自然更加复杂的互动轨迹。这些思考让霍尔巴赫进一步跳出德语区与瑞典作者的地理与学院限制，转而凭借他们方法论的启发，联系各方的矿物知识，勾勒出一个世界。

## 走出欧洲

当人为与自然的界线开始模糊，矿物知识便也蕴涵着人们跨界移动所留下的痕迹。霍尔巴赫的词条反映了欧洲人如何走出欧洲，目睹未曾想象过的地貌与矿藏。

16世纪以来，世界不同地区的自然物质通过跨海贸易网络，成为在欧洲内陆市场上流通的商品。在近代早期欧洲，舶来自然物因珍稀奇特，引发收藏与展示的风潮，王公贵族耗费大量人脉与金钱，搜集远来"奇观"，以为经济与文化实力之展现。"珍奇柜"——对奇特物质，特别是自然奇观的展演——应运成为上层社会的风尚。收藏物数量的增加也促进了分类与命名的需求，这成为文艺复兴自然史发展的重要因素。然而，霍尔巴赫等18世纪的自然史作家对于"珍奇柜"及相关自然史方法满怀质疑。在词条"自然的游戏"（Jeux de la Nature）中，霍尔巴赫批评珍奇柜流于空想玄谈。所谓"自然的游戏"，是指矿石在形成过程中偶然出现的类似动植物特征的纹路。"自然的游戏"因为稀缺且具赏玩价值，是珍奇柜很重要的展示项目，也是文艺复兴自然史诠释的重点。但对霍尔巴赫来说，"自然的游戏"并不具备特别研究价值。

"他们的成分与普通矿石并无不同"，那些肖似生命的纹样不过是矿化的偶然结果。不只如此，它们还可能与真正包含动植物组织的矿物——化石——相混淆，故自然史书写应积极排除之。

　　相比将寰宇奇珍纳入橱窗、空想大自然的秩序与机巧，霍尔巴赫更看重对自然事物的实际访查，以及对环境与状态的确切记录。航海与游记充斥在霍尔巴赫的词条中。杜宾根自然史学者格梅林（Johann Georg Gmelin，1709—1755）的《堪察加西伯利亚游记》（*Voyage au Kamtschatka par la Sibérie*）被霍尔巴赫誉为"旅行文学的典范"。该书呈现了种种瑰丽的极北地景。但格梅林之为典范，并不因为他描述奇观，更在于他尝试解释、分类并评价眼前不可思议的现象。例如在词条"碧玉"（Jaspe）中便引述了格梅林在奥古河畔"看到一座几乎完全由碧玉构成的山"。这是在欧洲本土难以见到的现象，但更重要的是格梅林随即指出："这些玉石往往混杂大量其他矿石而成形，故稍经打磨，即剩下充满缺陷的碎块。……即使偶有33磅以上的大件，接触到空气后也迅速崩裂，很难用以制作柱、桌或其他大型物品。"再一次，人对自然环境的探勘、自然物质对人类的价值，构成自然史的核心。

　　一方面，航海可能修正欧洲人既有的自然史知识。词条"水晶石"（Crystal de roche）提及古典学者相信水晶带有冰晶的本质，只产于寒带，但"旅行者的描述足以证实即使在最炎热的地带，例如马达加斯加群岛或苏门答腊，也可以发现水晶"。但另一方面，许多海外收集来的资讯也需要通过既有自然史知识修正。词条"亚洲之花"（Fleurs d'Asie）指欧洲旅行者在亚洲见到的一种岩盐结晶，但事实上，根据生长环境的描述与样本化学分析的结果，"这与我们自古以来便记录的岩盐（natron）没有什么差距"。通过编纂，霍尔巴赫将航海记录与既有自然史知识之间许多看似分散、无关的资讯联系在一起，纳入矿物史统一的分类与描述系统中，反映出欧洲人走出自身天地、界定未知自然的轨迹。

中南美洲是欧洲人肆意探索自然资源的宝地。在词条"金"（OR）中，霍尔巴赫花费不少笔墨讨论西班牙人在智利与墨西哥的淘金历程。墨西哥，一个"光是拨开土壤，就能发现黄金"的地区，却因雨林、河沼等多变地形，迫使西班牙人发展出各式各样的淘金技术，霍尔巴赫详细描述了这些技术与他们所考量的环境因素。词条"含银金属"（Pignes）中，更记载西班牙殖民者如何剥削智利与秘鲁的原住民劳力，从事致命的"汞齐化法"——在金属团块中加入水银来析取白银等贵重金属。霍尔巴赫在该词条末尾还特别留置一段，描述当地西班牙矿场主如何趁西印度公司管辖之隙，从事非法贸易谋取暴利，并告诫欧洲贸易商留心不法行动带来的危害。"走出欧洲"既是对陌生大自然矿物的探勘、提取与应用，也蕴藏更深层的人文轨迹，自然史同时反映了这两个层面。

当一步步探勘未知，欧洲也将自己镶入自然物质构成的流通网络中。在词条"矿物"（Mines）的末尾，霍尔巴赫留下了这样一段话：

今日，新世界（美洲大陆）的矿物，虽丰沛不如过往，仍为西班牙提供大量的财富，并通过它流通到其他国家。但西班牙的懒散使得它不得不将所有生存所需寄托在其他国家身上。同样的状况也发生在葡萄牙。葡萄牙似乎从巴西与东印度汲取了大量黄金与白银，但这些白银最后却让英国富裕了起来；因为缺乏本地产业，葡萄牙仅能成为物质流通的代理商。这两种

> 民族的经验，清楚证明了单凭黄金无法造就强大可畏的国家。一个积极且自由的民族，永远能从除了钱以外什么都没有的民族手中赢走所有的财富。

这样一段有关白银流通、产业与国家财富的描述，出现在有关自然史的词条中，于今恐怕不会为任何百科全书编辑所接受。但是，这正显示霍尔巴赫的词条或《百科全书》的特色——即使书写自然史相关主题，也不仅只关注外在于人类的自然知识，更从各种角度思考自然与人类互动之下发生的变化，意图将矿物放入环绕于我们周遭，并逐步为我们所认识的世界。

欧洲的海外扩张当然不是矿物史词条的主轴，霍尔巴赫更未对帝国主义做过任何具名描述。但曾与狄德罗一同参与霍尔巴赫沙龙的常客雷纳尔（Guillaume-Thomas Raynal，1713—1796）编纂的《东西印度欧洲人殖民地和贸易的哲学与政治史》（*Histoire philosophique et politique des établissements et du commerce des Européens dans les deux Indes*,或称*Histoire des deux Indes*），与霍尔巴赫的词条一样，参考了大量海外游记，百科全书式地描写不同国家与地区的殖民系统如何建立，与欧洲本土的经济关系又如何维系。该书也深刻地揭露了在欧洲各东印度／西印度公司管理之下，殖民地原住民遭受的奴役与剥削。这本书编写时期约同于《百科全书》，霍尔巴赫自不会无知于欧洲帝国扩张的结构与结果。而霍尔巴赫的一部分自然史词条，或也正用一种兼顾自然与人文的角度，触及18世纪欧洲向新大陆的扩张。

## 走进世界

设想你随意从书架上抽出《百科全书》中的某一册，从正中间翻开，在"T"开头的众多词条间浏览，没有特定要查询的资料，只想看看能否碰到任何有趣的知识。突然你的眼光被某个怪异的名称吸引住，这条词条叫作"Tsin"，分入"自然史／矿物学"类别，作者是霍尔巴赫。你清楚意识到这个名称并非法文，甚至不是任何欧洲的语言。你反复念诵，觉得发音似曾相识，惊觉这应是中文吧！但是什么意思呢？词条不长，你开始阅读。

> TSIN，名词（自然史／矿物学）。中国人用以称呼某种深蓝色的矿石质地，外观稍近胆矾……中国人用 Tsin 替陶瓷上蓝色，也用 Tsin 当作一种介质来为陶瓷绘制更多其他颜色。这种物质可在北京与南京的郊区发现。搪瓷、银器也使用 Tsin 上色，虽易脱落。……（加工过程上，）须先将 Tsin 捣碎，加水过筛、沉淀，变成余烬般的灰粉……要使用时，再和胶水混合，黏着在陶瓷或其他工艺品上，经过火烧，转变为极度美丽的蓝色。参考自《有关东亚风俗的考察》（ Le recueil des observations sur les coutumes de l'Asie ）。

于是你知道这个词条直接翻过来应该是"青"。但这个答案随即引起更多疑问：为何属于中国的物质文化会出现在18世纪的欧洲《百科全书》？为什么"青"也是一种自然史，且列席矿物之间？为什么自然史的词条要深入描写中国人对自然物质的应用，甚至参考《有关东亚风俗的考察》？

毕竟，在中文里提到"青"，大多联想到一种成色。霍尔巴赫眼中的"青"，却非成色本身，而是蕴藏着这种成色的"矿物质地"，以及人们为了从这种物质中去淬取出他们想要的成色，发明了怎么样的技术。这既与我们对"青"的寻常了解不同，也与一般认识中的自然史有很大差别。

你往前往后翻看，又发现许多关于陶瓷的词条。"Pétuntse"直译过来就是"白墩子"，占据篇幅不小。"白墩子"是明清时期江西工匠对瓷石的俗称。在这一词条中，霍尔巴赫花费大量笔墨描述欧洲人如何尝试自己制造瓷器，特别是他们如何在欧洲大地上寻找类似瓷土的物质。霍尔巴赫认为，在这个过程中，欧洲人不断追问"白墩子"到底是什么？"著名的Réaumur先生认为这是一种岩石……"，"瑞典皇家学院的Henry Scheffé认为这是一种石膏……"，"而世人常将之误认为一种石灰岩……"。可以发现，寻找与提炼瓷土的过程，也是尝试将瓷土放入自然史分类系统的过程，一如对"青"的思考，不只是呈现成色本身的概念，更欲通过成色烧制的技术，获取有关矿物质地的知识。通过这样的理念，霍尔巴赫的词条不只探究矿物，也讨论未知人群对矿物的应用与相处之道。自然史不只要带领读者走出欧洲，直面陌生的自然，更要带领读者走进不同人群与自然知识共存相生的世界。

中国的工艺——特别是瓷器——无疑是当时欧洲上层社会争相竞慕的文明结晶。在霍尔巴赫的《百科全书》编纂中，自然与人文的互动往往是他关注的一大焦点。稍微跳出自然史的范畴，在他数篇有关古今历史的词条中，中国的思想以深蕴自然哲学内涵的宗教形式一再体现。在词条"儒教"（JU-KIAU）与"文人"（Lettrés，Litradas）中，霍尔巴赫将二程理学中的性理学说解释为儒学思想的核心，并认为这是一种"精致的无神论"。这种无神论并非单纯否定了神的存在，而是将许多原本归诸神或超越性存在的特质转归入作为物质整体的"自然"（nature）。自然的核心是"太极"（Tai-Ki）。太极是一种自然系统运作法则的实体化，是物质世界的"第一因，具备无穷开展且互相矛盾的特质"。霍尔巴赫认为，中国的这种自然哲学是一种"高尚的观念"。可惜的是，"在提出这个高尚的观念后，他们随即将太极与各式各样的存在混淆在一起"。最后，这种精致的无神论反而变成了一种以"天"为中心，遍及万物的偶像崇拜。在中国礼仪之争（Querelle des rites）的脉络下，霍尔巴赫相信，相应于这样的自然宗教，中国设立了广泛且严密的宗教政治体系。"礼部"被翻译为"宗教裁判所"（Le tribunal des rites），负责异端与新兴宗教的审查和批准。霍尔巴赫记道，在传教士的经验中，文人与皇帝很有意识地强调基督教对他们祭天观念的误解，"康熙皇帝颁发了一份庄严的诏谕，指出一切牺牲与祷祀并非为了物质性的天，而是为了统领天地的'上帝'"。从"上帝"这个观念出发，"他们也一样是在崇拜天堂的无上领袖"。或许因为他本身受自然哲学与无神论的影响，霍尔巴赫仅止于介绍中国在礼仪之争中对自身自然宗教的观点，并未对事件本身作出任何评价。

相对于儒教，老子所创立的哲学体系则蜿蜒转换为民间宗教。在词条"老子"（LAO-KIUN）与"道德"（TAUT-SE）中，霍尔巴赫将老子比作伊壁鸠鲁（Epicurius）学派，认为《道德经》阐述了"在灵魂的平静与无忧中获致快乐的原则"，并相信"灵魂的有限性、物质的宇宙，以及各种宇宙中的次等神明"。然而，老子的哲学被他的继承人大大"低俗化"为繁杂的偶像崇拜，成为炼金术与各种地方传说的复合体。无论是儒教还是道教，在转化为普通的偶像崇拜与迷信之前，都内涵更加基本的自然哲学，在霍尔巴赫的眼中，这都是一种自然与人文深相契合而开展的世界观。接下来，让我们回到他的自然史词条。

但霍尔巴赫关注人类对自然物质的应用，不只聚焦在中国，更触及世界的其他角落。例如词条"巴特纳土"（PATNA，terre de，）

就描述了今日印度东北部大城巴特纳（Patna）居民日常用的陶土。这种陶土极度柔细，"用于制作美丽的陶罐，包括能容纳数品脱水的巨瓶。据称瓶内的水会快速冷却，产生甘美的水质。……或许里头具有某种石灰岩"。词条"雄黄"（HING-WANG）介绍这种盛产于东印度与亚洲的矿物如何广泛为当地药师、画家所用，但同时也对雄黄可能具有的毒性提出警告。

词条"玉"（Jade）讨论的主题在世界各地都广受应用。霍尔巴赫描述人们如何使用玉石的篇幅，便远远超过了玉石本身特征与分布的描述。霍尔巴赫记录了土耳其人与波兰人在剑与匕首上装饰玉石，也提到近年来在南美洲发现众多不同形状的玉石。部分自然学者主张这些玉石应是亚马孙雨林河床冲积的结果。但霍尔巴赫并不同意，指出玉石上头"已有精致的雕琢痕迹，应是出自远古美洲人之手"，"在此也找到从中心掏空并做成各式花瓶形状的玉石，还有一些似乎是护身符用、刻着动物形象的小玉牌"。一如往常，他十分想知道这些古玉器究竟是怎么雕出来的，毕竟今日的美洲原住民看似"并不懂得使用车床（笔者按：雕琢宝石的加工机台）与铁器"。可惜当时资讯尚不足以回答他的疑问。

"玉"这个词条更有趣的点，在于霍尔巴赫进一步描述了异地的矿物知识如何流入欧洲，并在法国社会中掀起流行风潮。霍尔巴赫说，玉在印度又被称为"圣石"（pierre divine），因为印度人"相信这种矿石，当放置在肾脏上方时，可以有效舒缓疼痛，并促进尿液、排泄尘土砂石"。另外，霍尔巴赫也称印度人相信玉石可以治疗癫痫，甚至吓阻有毒生物的进犯。更甚者，

有一段时间，这种矿石因此在巴黎引发了流行。它们珍奇的性质受到女士们欢迎，甚至不惜出高价购买最细小的碎片。

然而，这种大众狂热现似已经衰落，而玉或"圣石"，也早失去了那轻易降临于它的名声。

如同前述，近代欧洲正是一个不断迎接外来事物，将自己镶入物质流通网络中的时代。霍尔巴赫对矿物史整体意义的掌握，不只在于欧洲人自身发掘并流通的白银等物质，也涉及社会文化层面，物质如何携带着外地的知识与文化意涵，影响欧洲内陆市场与文化习尚。在此，我们看到霍尔巴赫描述有关玉石的"流行"（vogue）乃至"大众狂热"（enthousiasme populaire）。霍尔巴赫用玉石联系起了原本分散发展的物质文化，具体而微地反映出当时巴黎上层社会对于异国知识的想象、变动不居的消费风潮等崭新现象。而这些现象，都暗示了一个这些物质赖以流通、意义赖以传递的世界。

# 结语

因为狄德罗而开始的"百科全书"作者生涯，让霍尔巴赫为欧洲走进世界的历程留下一道深刻且宽广的见证。霍尔巴赫的自然史词条借德语学术成果沟通世界各地的知识。面对跨国贸易带来的大量自然史资料，霍尔巴赫并未沉迷于奇观之神秘，反而通过分类与命名的理性架构，探问不同矿物的来源与生成方式，以及在转入欧洲前后，矿物在不同人群间产生的物质文化与技术工艺影响。换句话说，通过重视矿物生成、开采与应用的脉络，霍尔巴赫尝试将世界各地的知识厘清、排列进《百科全书》的秩序之中，当然也包括欧洲在商业时代中环绕着矿物发生的一切文化与技术变迁。

如同本文一再强调，霍尔巴赫的矿物史词条不仅仅讨论人类以外的自然世界。他深刻关注人类如何在与自然互动的过程中建构理性知识——特别是作为一位欧洲人，如何以百科全书的方式去整理和使用这些知识。他对矿物史的描述，反映了当时欧洲对世界的探索，这个探索有关不同的自然环境，也有关不同地区的人如何理解他们周遭的自然／人文世界。

当伏尔泰与腓特烈大帝惶恐愤慨地指责《论自然之体系》的无神论与物质主义过于专断且大失德性，当歌德在回忆录中语带轻佻地批评那位过时的法国哲学家，当后世学者仅只关注于霍尔巴赫的沙龙，他们的视角都深深限缩了霍尔巴赫在后世的历史形象。但若是我们翻开《百科全书》浩瀚的册页，在里头尝试追索一位百科全书作者编辑、译介、诠释的行迹，我们将看到一个崭新的霍尔巴赫。这位霍尔巴赫不再单纯是一位想加入哲士行列的贵族，不再只是一位独断的无神论者。这些元素都成为背景，托衬出一位在巨量材料面前深思熟虑的编纂者，意图穿针引线，搜集分散的讯息，强调可能的联结与意指；在矿物史的栏目下，记录欧洲如何逐渐走进一个自然现象与人类知识交织形成的"世界"。

## 参考书目

Johann Wolfgang Goethe, *Goethes Werke*. Weimar: Böhlau, 1887–1919.

Alan C. Kors, *D'Holbach's Coterie: An Enlightenment in Paris*. Princeton N.J.: Princeton U.P., 1976.

Ernest Campbell Mossner, *The Life of David Hume*. Oxford: Oxford U.P., 2001.

Robert Darnton, *The Business of Enlightenment: A Publishing History of the Encyclopédie, 1775–1880*. MA: Harvard, 1987.

Friedrich Melchior Grimm, "Paris, Mars 1789," in *La Correspondance littéraire, philosophique et critique est un périodique* ( Paris: Furne, 1829–1831 ).

Jacques Roger, trans. by Sarah Lucille Bonnefoi, *Buffon: A Life in Natural History*. Ithaca: Cornell University Press, 1997.

Rhoda Rappaport, *When Geologists were Historians, 1665–1750*. Ithaca: Cornell University Press, 1997.

Denis Diderot and Jean d'Almbert edited, *Encyclopédie, ou dictionnaire raisonné des sciences, des arts et des métiers* ( 1751–1772 ). All passage of *l'Encyclopédie* is from the database "ARTEF Encyclopédie" held by University of Chicago, see https://encyclopedie.uchicago.edu.

Chisholm, Hugh, ed. ( 1911 ). "Agricola, Georg," *Encyclopædia Britannica*. Vol. 1 ( 11th ed. ). Cambridge University Press. p. 386.

Nicholas Jardine et al ( ed. ), *Cultures of Natural History* ( Cambridge: Cambridge University Press, 1996 ), pp. 211–229.

# 六、自由与革命年代：
## 理查·普莱斯的寰宇视界

汪采烨

## 前言

1723年2月23日，理查·普莱斯（Richard Price，1723—1791，图6-1）诞生于英国威尔士南部蓝格诺（Llangeinor）村庄中的丁登（Tynton）农场，在殷实的中产阶级家庭成长，接受非英格兰国教会的加尔文教派信仰和教育。直到1740年父母接连过世后，普莱斯前往伦敦发展，此后伦敦成为他人生的主要舞台。终其一生普莱斯都是不服从英格兰国教会的新教徒，一

**图6-1** 《理查·普莱斯》(*Richard Price*)，本杰明·韦斯特（Benjamin West）所绘。
图片来源: Benjamin West, Public domain, via Wikimedia Commons.

103

直面对在公民权利、教育和宗教上的不公平对待。

英格兰国教会是官方指定的教会，在18世纪的政治、文化和社会上一直有强大的影响力和主导性，许多国教会神职人员是地方上的核心领袖，主导地方行政管理工作，而英格兰和威尔士90%以上的人口都宣誓效忠国教会及其教条《三十九条信纲》（*Thirty-Nine Articles of Religion*）。不过，由于信纲中第一条便声明了三位一体说，这让质疑三位一体的新教教派无法接受其内容，例如自然神论、单一神论或贵格会等教派都表示不满。此外，17世纪查理二世时期通过了《宣誓法》（*Test Act*）与《市政法》（*Corporation Act*），规定公职人员和牛津剑桥大学生必须到国教会领取圣餐，造成想要担任公职却无法服从国教会的新教徒不满，他们主张宗教宽容，撤销《宣誓法》《市政法》和宣誓效忠《三十九条信纲》。综观此世纪，虽然18世纪英格兰国教会和不服从国教会的新教徒之间存在意见上的争执，基本上这是宗教多元的时代，后者也大多效忠王室，而部分国教会神职人员也主张宗教宽容，因此18世纪很少因为信仰不同而发生激烈冲突。

18世纪的英国正值工商业和国际贸易发展的时代，新的财富滚滚而来，冲击到旧的社会秩序和道德观。国际上，欧洲国家间的竞争日益增强，各国部署空前庞大的海陆军队，扩张帝国版图，所以有效的财政措施便格外重要，这关系到国家是否有足够资金应付庞大军费。时至18世纪中叶，英国堪称欧洲"财政-军事国家"（fiscal-military state）的模范生。

18世纪也是众所皆知的启蒙时代，一群又一群思想家、文人或业余知识爱好者（如男女贵族）在公共领域中讨论科学和如何实践理性于各领域，如宗教教条、政治运作和财政的改善，他们普遍支持人道主义和世界主义，追求新知和进步，厌恶迷信和宗教狂热。

因此，生长在这个时代的普莱斯，他接受不服从国教会的新教学校教育，浸濡在启蒙时代的理性、宽容和进步的价值观中，造就出他以更自由宽广的态度看待政治和社会议题。1744年之后，普莱斯以不服从国教会的新教牧师身份活跃于伦敦社会，1760年代先以数学和国债研究成名，获选皇家学院院士（Fellow of the Royal Society），陆续出版《养老金支付的观察》（*Observations on Reversionary Payments*，1771）和《有关国债问题的公共呼吁》（*An Appeal to the Public on the Subject of the National Debt*，1772），而后更投身政治改革，以宗教宽容与道德自由为基础谈论人的权利，成为他此后布道和出版的重要主题，并向国会请愿撤销《市政法》和《宣誓法》（图6-2），取消宣誓效忠《三十九条信纲》，争取不服从国教会的新教徒权益，也通过社群网络得到社会资源，例如寻求谢尔本伯爵（William Petty，the Earl of Shelburne，1737—1805）、查塔姆伯爵（William Pitt the Elder，Earl of Chatham，1708—1778；1766—1768担任首相）和乔治·利提顿（George Lyttleton，1709—1773）等重要议员的支持。

美国独立运动期间，普莱斯支持美国争取公民自由和宗教自由，其中1776出版的《对于公民自由本质、政府原则和对美战争之正义和政策的观察》（*Observations on the Nature of Civil Liberty, the Principles of Government, and the Justice and Policy of the War with America*）马上成为国际畅销书，以每份两先令价格印刷1 000本，三天内售罄，至三月中已经刷了第五版，至五月刷第七版。在英国销量更胜潘恩（Thomas Paine，1737—1809）同年出版的《常识》（*Common Sense*）。该书也在爱丁堡、都柏林、波士顿、纽约、费城等地出版，并在报纸上连载，并且被翻译成荷兰文、法文、德文等版本，引发广泛讨论和争议。

图6-2 《废除宣誓法的愿景》(*The Repeal of the Test Act, a Vision*),詹姆斯·塞耶斯(James Sayers)所绘。本画是嘲笑不服从英格兰国教会的新教徒为了撤销限制宗教自由的《宣誓法》而奔走的场景。在讲坛的人物由左而右分别是普里斯特利(Joseph Priestley)、普莱斯和林赛(Theophilus Lindsey)。

图片来源: James Sayers, CC0, via Wikimedia Commons.

在1789年之后，普莱斯支持法国大革命，关怀全球无论任何身份的人的自由，主张民主的代议制度，认为美国和法国大革命是英国政治改革之路的典范。他在1789年11月为纪念光荣革命百年暨支持法国大革命理想所写的布道文《论对祖国的热爱》（*A Discourse on the Love of Our Country*）再次引爆各家各派的政治论述，开启了1790年代政治社团的激进改革之路和出版热潮，使国会议员埃德蒙·伯克（Edmund Burke，1729—1797）撰写《法国革命论》（*Reflections on the Revolution in France*，1790），批评法国革命思想和英国激进派人士，为英国宪政秩序辩护，阐述保守主义思想，开启1790年代英国的大革命辩论（图6-3）。不仅如此，普莱斯主张的个人自由、政治体制中不应该存在任何形式的

图6-3 《闻出老鼠的味道；或是无神论革命者在半夜的"计算"受干扰》（*Smelling out a rat; or the atheistical-revolutionist disturbed in his midnight "calculations"*），詹姆斯·吉尔雷（James Gillray）所绘。图中普莱斯坐在书桌前，转头看到巨大的柏克幻影。柏克一手持着皇冠，一手持着十字架，头上放着他的著作《法国革命论》。墙上挂着一幅英王查理一世被斩首的图。

图片来源：Library of Congress，Prints and Photographs Division，Cartoon Prints，British.

奴役与压迫，启发英国作家玛
丽·沃斯通克拉夫特（Mary
Wollstonecraft，1759—1797）
关于人权和女权的论述，乃
是近代女性权利思想的滥觞
（图6-4）。

图6-4 《玛丽·沃斯通克拉夫特》(*Mary Wollstonecraft*)，约翰·奥皮 (John Opie)所绘。

图片来源: John Opie, Public domain, via Wikimedia Commons.

## 自由的使徒：推动个人自由和政治实践

我们大致上可以将18世纪英国政治立场粗分为三类：一是支持既有体制的保守派（the Conservatives）；二是在君主立宪的基础上，批评政治腐败，支持政治改革的自由派（the Liberals），他们多半时候也愿意聆听人民请愿及讨论自由和权利议题；三是揭露社会不公义，主张扩大政治参与，选举资格下放的激进派（the Radicals）。许多不服从英格兰国教信仰的新教徒是激进派，如普莱斯就是著名代表，他们比自由派更强调中产阶级权利和天赋人权，也包含人民的抵抗权。

普莱斯所属的理性异议教派（Rational Dissent）反对英格兰国教的主教制度（阶级体制）和国教会与政府间的财政依存关系。此教派遵循加尔文教义，诉诸《圣经》，批评阶级权威，强调单一神论（unity）。他们相信所有人都是平等而具备理性潜能，为了达到与神相似的境界而主动追求进步，实践德性。普莱斯的著作时常沿用17世纪英格兰共和主义者和洛克（John Locke，1632—1704）的政治词汇，强调个人主体性和个人自由，然而其论述内容偏向民主共和政府，可谓将洛克的《政府论（下篇）》（*Second Treatise on Government*，1689）做了民权式的曲解。

在《对于公民自由本质的观察》中，普莱斯依自由的本质，将自由分为四类：人身自由、道德自由、良心自由（意即宗教信仰自由）和公民自由。人身自由是我们能够自发、自行决定自己的行动，不受外在因素干涉。道德自由是能够顺应我们的理性，分辨对错，随心所欲而不逾矩。信仰自由是不受同僚干涉，人们能自行依着良心追寻宗教真理，从事宗教活动。公民自由则是公民社会或公民政府拥有自己制定法律，并依法管理社会的权力，无需臣服于另一个与己无关的人民群体（Price，1991a，pp. 21-22）。普莱斯也说明，贯穿这四种自由的是"自我指导或自治的观念"（p. 22）。

1688年光荣革命以后，英国在辉格派主导下，理论上循《权利法案》（*Bill of Rights*）和洛克的政治论述，通过立宪体制制衡王权，避免专制政府，并规范国会的政治权力，确保人民的天赋权利不受践踏。这是消极自由的概念，无关个人如何行使自由权。而普莱斯的公民自由以自治为原则，主张自由国家的条件是每个人都是自己的立法者，并且所有自由人都能够持续监督政府，也就是能够施展某种权利。此观念在1770年代极具革命性，将1688革命以来的辉格传统和洛克政府论中的公民权利朝民主化诠释。1760年代开始英属北美殖民地人民抗议英国政府的新税法，引发英国和北美各种政治辩论，有的人着眼于大英帝国经济利益与福祉，有的人捍卫国会主权，而普莱斯则是少数考量到殖民地人民的权利，并趁此机会重新去定义公民自由和自由政府原则的人。

对于研究18世纪英国政治文化的历史学者而言，普莱斯既占了重要位置，却又很少有学者单独谈他的思想。学者托马斯·兰道夫·亚当斯（Thomas Randolph Adams，1921—2008）整理了美国革命期间英国出版的论册，指出普莱斯的《对于公民自由本质的观察》是1764年至1783年间激起最多论册争论的作品（Vol. 2，pp. 909-934）。然而，相较于他在世时的活跃与高影响力，到了21世纪之后，普莱斯的政治思想及其在大西洋社会网络中的角色已经被学界淡忘，成为18世纪历史研究者的背景人物。他最常被历史学者提及的，应该就是1789年11月的布道文《论对祖国的热爱》，主张法国大革命的诉求不应局限在法国境内，更应该去启蒙全世界。柏克义愤填膺地提笔攻击普莱斯，更进一步引起自由或激进改革者为法国大革命和普莱斯辩护，例如沃斯通克拉夫特、麦考利（Catherine Macaulay，1731—1791）、普里斯特利（Joseph Priestley，1733—1804）、潘恩、麦金托什（James Mackintosh，1765—1832）、葛德文（William Godwin，1756—1836）等，各自阐述自由与改革理念，批评柏克拥护的英国宪政体制是死守封建与专制体制，无视新世代追求自由的潮流。

事实上，1789至1790年或许是普莱斯和柏克最著名的一次交锋，却非第一次交锋，两人在1770年代虽然都批评英国对北美殖民地的政策，支持英国政府与北美殖民地和解，但两人的政治思想已不同调。普莱斯一再鼓吹的是民主共和体制，批评英国体制对于公民和宗教自由的破坏，敦促北美人民为自由而战，建立人人都能有公民权和抵抗权的民主代议制度。柏克阐明的是大英帝国的国会主权如何良好运作，他在1770年以前主张与北美殖民地和解，北美人民也享有英国宪政中所保障的自由，更重要的是，帝国主权完整才能够维护帝国的最高利益。不过英美一旦开战，军事开销有害于英帝国的财政，也威胁到英国的国会主权和自由，因此柏克转而主张放弃北美洲。柏克也对普莱斯的自治政府概念感到不安，认为此与英国宪政和自由传统不合（Burke，1777，pp. 55-58）。

因此，表面上两人在美国独立和革命的议题上立场似乎相近，仔细观察下已经有关键差异，普莱斯所讲的公民自由是个人有无权利参与公众事务、自我实现，这是积极自由的论点；而柏克讲的是从英国宪政制度立论，北美人民也应享有英国子民的自由权，英国政府不需要过多干涉，这属于消极自由的范畴，并且柏克国会演讲中最在意的是国家主权和国家利益。

另一位出生于1723年的主角苏格兰启蒙思想家亚当·弗格森（Adam Ferguson，1723—1816），也曾提笔反对普莱斯的自由与民主思想，批评普莱斯所讲的自由权是"每个人都可以不受约束，为所欲为的权利或权力"，甚至"每个小偷和扒手都有权为自己制定法律"。普莱斯在1777年的著作中对此加以反击与说明，强调自己所讲的公民自由，一直是以理性和德性为基础，不是放纵、野蛮、失序（Price，1991a，pp. 80-81）。

此外，普莱斯也批评帝国的征服行为和帝国体制对于其他民族的压迫。在18世纪中叶，大英帝国通过一次次国际战争的考验，海上势力和贸易蒸蒸日上。《统治吧，不列颠尼亚！》（*Rule, Britannia*！）歌咏着：

> 当不列颠首次奉天成命，
> 在蔚蓝海洋中崛起；
> 这就是神赋予这块土地的宪章，
> 护佑天使歌唱此诗篇；

统治吧，不列颠尼亚！不列颠尼亚，统御海洋：
不列颠尼亚将永不为奴。

这首地位近乎英国国歌《天佑吾王》（*God Save the King*）的爱国歌曲，既赞颂大英帝国捍卫子民的自由权与自由贸易，也以帝国海上至高治权为傲。以伦敦为政治核心，以英格兰国教会、宪政、自由和商贸为特色的海洋帝国，是18世纪中叶以降英国精英分子普遍采取的政治论述，仿佛自由就是上帝赋予他们的印记。

然而，普莱斯从来不接受这套帝国政治论述，他看出这种论述的吊诡与冲突。这一方面与他个人宗教理念中坚信人人生而平等自由有关，普莱斯所讲的天赋人权，内容上就是公民自由，有行使同意权和自我实践的权力。另一方面是1760年代至1770年代英国社会中对于国会改革的诉求正在转变，愈发强调"个人"（individual）和个人的政治实践。还有他不断与美国友人联系，包括富兰克林（Benjamin Franklin，1706—1790）、华盛顿（George Washington，1732—1799）、杰斐逊（Thomas Jefferson，1743—1826）、埃兹拉·斯蒂尔斯（Ezra Stiles，1727—1795）、本杰明·拉什（Benjamin Rush，1745—1813），与他们反对英国指派主教至英属北美殖民地、反对主教制度的北美牧师，他们随时给普莱斯提供最新的北美冲突与战争新闻，拓展普莱斯的眼界。最后则是普莱斯作为公民自由时常受限的异议教派牧师，他一直受到《市政法》和《宣誓法》的不公平对待，故不以英国宪政为世界上最好的政治体制，不认为帝国与殖民地的从属关系能够与自由观念并存。他抱持世界主义的态度，一直以多元视角去讨论国际政治关系和矛盾，并指出其理想之路。

时至1789年法国大革命爆发后，欧洲各地反封建和君主制的势力风起云涌，普莱斯也通过布道和写作强调，任何政府都可能朝专制主义发展，所以人民应该勇于捍卫自己的权利，抵抗腐败政治和压迫性政策。柏克对于普莱斯的民主政治观点的恐惧更甚以往，唯恐印刷品的快速宣传将进一步推动国内外的改革运动。柏克大力斥责普莱斯采取的是"最毫无根据、危险、非法和违宪的立场"，谴责普莱斯之辈忽略历史经验与基督教传统，采取世俗且"最疯狂的民主自由思想"（Burke，1999，pp.13，14，64）。柏克的著作开启了1790年代的政治辩论，派系间相互激烈批评，甚至抹黑和造谣。普莱斯于五个月后过世，普莱斯及其思想给世人的记忆就此被柏克扁平化为《法国革命论》中的形象。普莱斯最重要的研究者大卫·奥斯瓦尔德·托马斯（David Oswald Thomas，1924—2005）曾在传记《正直之心：理查·普莱斯的思想与著作》（*The Honest Mind: The Thought and Work of Richard Price*）说道，柏克的《法国革命论》影响之大，"它不仅使人们认为普莱斯是被柏克全面摧毁的政治论册作家，而且在很大程度上按照柏克为他塑造的模型，建立了普莱斯在政治思想史上的身份"（p. 309）。

普莱斯虽然主张个人自由，倒没有如潘恩一样提倡废除英国的立宪体制和君主、上议院、下议院制度，因此20世纪历史研究者时常误将普莱斯放在17世纪以来的英格兰共和主义传统中，以温和、复古、遵循宪政的方式倡导民众自治。直到历史学家波考克（J. G. A. Pocock）提出批评，认为将普莱斯放在英格兰共和主义传统中不恰当。大西洋两岸的英美社会皆有类似共和主义的传统，但是两岸在启蒙时代中发展出不同的特色，英国着重君主立宪，以及政治人物的独立、德性、不腐败等特质，而北美强调权力分立（pp. 46-47）。而普莱斯从宗教立论个人自由，并以之谴责英国国会的腐败，不同于英美共和主义脉络。克拉克（J. C. D. Clark）以后的学者则指出，1760年代至1770年代以来不服从英格兰国教的新教徒成为社会中不可忽视的改革力量，普莱斯、普里斯特利等异议教派人士更强调个人的独立性和平等，个人可以直接和上帝沟通，不需要教士阶级，故而孕育出民主理论的种子（pp. 374-422）。克拉克主张，北美人民在1760至1770年代的政治抗议仍然是复古思想，内容上强调他们也拥有英国人的历史权利，反而尚未关注普选权和民主代议制等新议题，反观英格兰社会中的普莱斯等人已经在国会改革的政治请愿活动中发展新的政治论述。

《对于公民自由本质的观察》展现出普莱斯对于北美政治文化的理解，以及他以更激进的人民主权的方式去思考教会和政府的正当性，质问每个人到底有没有思想自由、行动自由和政治实践的权利。这也显示出大西洋革命时代的政治观念正在转变，"革命"（revolution）不再是修正并恢复过去的体制，而是做出前所未有的政治实践，而普莱斯也为大西洋世界的新政治观念做出贡献。

## 俱乐部的时代：酒、谈话与书信的社交网络

启蒙时代的文人热衷参加俱乐部和晚宴。18世纪的英美社会充斥各种主题的俱乐部，欢迎不同群体参与。普莱斯时常参加伦敦斯托克纽因顿（Stoke Newington）的晚餐聚会、"皇家学会"（the Royal Society）每周在舰队街（Fleet Street）附近的科学聚会，每两周的周四参加圣保罗教堂附近的"诚实辉格党人俱乐部"（the Club of Honest Whigs），礼拜五晚上参加女才子主持

的"蓝色长筒袜"（blue stockings）文学讨论聚会，1780年代开始参加"宪法信息促进会"（Society for Promoting Constitutional Information）和"英国革命纪念会"（Society for Commemorating the Revolution in Britain）活动。普莱斯的美国朋友富兰克林也勤于跑俱乐部和主办俱乐部，1724年富兰克林就在费城自组"共读社"（the Junto），1757年富兰克林一来到伦敦后，马上就打入当地的俱乐部社交，在"皇家学会"和"诚实辉格党人俱乐部"认识普莱斯。他们两人都特别喜欢"诚实辉格党人俱乐部"，在此结交的朋友有异议教派牧师、化学家普里斯特利，异议教派牧师吉比斯（Andrew Kippis，1725—1795）、物理学家坎顿（John Canton，1718—1772），以及《月评》（Monthly Review）的编辑罗斯（William Rose，1719—1786），他们彼此间一直往来通信，留下大量书信记录。

18世纪著名的日记作家鲍斯威尔（James Boswell，1740—1795）也是"诚实辉格党人俱乐部"的常客，他写道：

> 它〔诚实辉格党人俱乐部〕每两周的星期四在圣保罗咖啡馆开会。它由牧师、医师和其他职业的人组成。其中有富兰克林博士、奇斯威克的罗斯、纽因顿格林的伯格、道德作家普莱斯先生、坚定支持《权利法案》的杰弗里斯博士，还有很多其他人。桌上有葡萄酒和潘趣酒。我们之中一些人抽着烟斗，谈话进行得相当正式，时而理智，时而激烈。九点钟会供应威尔斯兔肉和苹果泡芙和啤酒。我们估算每人大约十八便士。（pp. 318-319）

鲍斯威尔带我们进入18世纪英国俱乐部的气氛、味道和声音，席间烟雾缭绕，交错觥筹，在1776年，想必不服从英格兰国教的新教牧师会批评国会没有支持威尔克斯（John Wilkes，1725—1797）的国会改革法案，也会谈论晚近出版的《国富论》（*An Inquiry into the Nature and Causes of the Wealth of Nations*，1776）、普莱斯的公民自由概念、吉本（Edward Gibbon，1737—1794）的《罗马帝国衰亡史》（*The History of the Decline and Fall of the Roman Empire*，1776—1788）和基督教兴起论点，或是潘恩的《常识》与美洲事务。18世纪文人在各路人马汇集的社交环境中，自视为世界公民，真诚地交谈和辩论，从中激荡出更多新思想、新观念，也借此机会让明日之星的作品被传阅、赞助和出版。例如普莱斯在纽因顿格林（Newington Green）聚会堂认识尚未出版任何作品的女教师沃斯通克拉夫特，并牵线介绍出版商约瑟夫·约翰逊（Joseph Johnson，1738—1809），日后约翰逊成为这位才华横溢却颠沛流离作家的终生赞助者、出版商和挚友。这样平起平坐讨论文学、政治和科学是启蒙社会产生的新社交礼仪方式，打破了阶级尊卑的封闭式宫廷晚宴，形成文人的共和国，有传播知识、推动社会进步的高远目的。参与成员不论政治背景、宗教信仰、性别和地域，每个人都具有主体性，能自由发言。

　　普莱斯特殊的宗教信仰和激进的民权观，没有局限他的社交圈。他笃信单一神论，支持自治政府与个人自由，支持美国独立与法国大革命，以上种种都是"非主流"。普莱斯从没出过国门——虽然他在1778年获颁美国公民身份，美国国会也几次邀请普莱斯和他的家人移民至美国，他始终没有如潘恩或普里斯特利选择移民。不过，从普莱斯的书信世界可以见其广阔视野，他与"蓝色长筒袜"社群、上下国会议员、海外牧师、苏格兰思想家〔例如里德（Thomas Reid，1710—1796）〕、英格兰科学家（例如普里斯特利）、法国财政改革者〔例如杜尔哥（Anne-Robert-Jacques Turgot，1727—1781）〕、北美抵制英国国会政策的要角等通信。蓝色长筒袜聚会的重要主持人蒙塔古夫人，国会议员谢尔本伯爵、乔治·利提顿曾拜访普莱斯在伦敦的住所。普莱斯也时常和富兰克林讨论数学和财税计算问题，与其他蓝色长筒袜成员〔例如沙蓬夫人（Hester Chapone，1727—1801）〕往来。所以，普莱斯能够随时掌握伦敦国会的政策讨论，阅读文人尚未出版的手稿，而北美舆论对于七年战争过后英国新税制的不满与愈发激烈的活动，北美大陆会议和制宪过程的讨论，法国1780年代的财政问题与财政改革方式，1790年代荷兰爱国者追随法国大革命而起的革命，普莱斯也总是第一时间给予意见。

普莱斯在伦敦地方上的社交生活和书信世界，恰恰展现出启蒙时代世界主义式、众声喧哗的社会样貌和人文关怀。这些社交圈中的人物，除了美国牧师与政治家，许多人的政治意见或关怀与普莱斯不同，然而这无妨于他和谢尔本伯爵谈论宗教自由的观点，批评王室和政治专权，述说自己反压迫的自由观。即使与他政治意见契合的普里斯特利，两人在神学和数学上也时有辩论。"美国弟兄们"（American Bretherns）经常写信给普莱斯，如神职人员查理·昌西（Charles Chauncy，1705—1787）时常巨细靡遗地报告殖民地的问题，人民抗议失职的英国政府，"取消了我们作为英格兰人的特权和权利"（昌西致普莱斯信，5 Oct 1772），强调北美人民已团结一心，对抗殖民者（昌西致普莱斯信，30 May 1774），批评英国对于北美事务的不了解，误传新闻（昌西致普莱斯信，10 Jan 1775）。昌西也指出，殖民地不缺贸易对象，无需英国帮忙（昌西致普莱斯信，22 July 1775）。又如昌西和牧师以埃兹拉·斯蒂尔斯号召反对英格兰国教会将主教制度引入北美，捍卫北美宗教自由（如斯蒂尔斯致普莱斯信，20 Nov 1772，10 Apr 1775）。普莱斯回信中坚信哲学和政治思想都有神意为基础，"上帝是在正义的一方"（普莱斯致昌西，2 Feb 1775），革命行动乃是实践上帝的意旨，给予美国友人很大的鼓舞。富兰克林更是普莱斯终其一生讨论科学、政治、国家财政的挚友兼笔友。（以上与普莱斯相关的书信出自 Price，1983–1994，3 vols.）

## 1776之后：全球民主革命与人权关怀

1723年出生的这一代人大多活跃于1750年代至1780年代，至1790年代后陆续凋零。1776年7月4日，北美第二次大陆会议公布了《独立宣言》（*The Declaration of Independence*），昭告北美十三州独立于大英帝国，将采取的新法律和政府架构，正式开启了追求"人生而平等"的革命时代。不过，早在《独立宣言》出现的前几个月，几部具革命意义的政治、经济、历史、思想著作已经陆续问世，揭示了18世纪文人的关怀与勇于突破。普莱斯的《对于公民自由本质的观察》在1776年2月付梓，另一位1723年主角亚当·斯密的《国富论》于同年3月出版，再仔细看同年出版的书目，还会看到潘恩的《常识》于1月问世，吉本《罗马帝国衰亡史》第一册于2月出版。其中，普莱斯从公民自由，进而批评专制政府对个人的压迫，以及历代帝国政府以武力奴役他国、占领他国土地财产，皆是不正义、非法之举，严重违背个人的政治权利，以及人民应当有代表权和同意权等政治权利，所以当政府失信于北美人民，人民反抗殖民母国乃合情合理。他也提醒英国政府不应再占北美殖民地，这将会使它蒙羞——曾经争取自由的民族，却不愿意给他人自由（p. 66）。而斯密从政治经济立论，指出国家政府不应干涉贸易，政府应该要放手殖民地，才能维护帝国利益；潘恩更是简单明了地写下，现在正是北美人民改写历史的机会，人民应当摆脱君主体制，自己建立自己的政府，自己管理自己。

这些书籍不是1776年才开始写作，而是酝酿了十几年的知识与经验成果。这是西半球革命的时代，也是国际战争的时代、财政–军事国家发展如日中天的时代和商业帝国的时代，所以文人们探讨事情的视角，自然会高远宽阔。他们在1770年代的著作，就呈现出这个世代的时代性和政治经济上的反省，不愿以你死我活、掠夺与被掠夺的方式解释帝国与他者的关系或是政府与人民的关系。此外，大西洋史学家伯纳德·贝林（Bernard Bailyn）也进一步指出，原本辉格语境中的宪政、代议制、权利等词语，也在大西洋两岸此起彼落的政治争论、革命、再辩论中激化，现代意义的民主共和概念便在此时诞生（Bailyn，1967，vol. 1，90-202）。

在美国独立战争期间，英国激进改革人士支持北美人民对抗英国政府，支持北美人民建立共和政府和代议制，进而主张英国宪政已有不足，需要进一步改革。自由派也同情北美人民的革命行动，愿意做"美国之友"（Friends of America），与美和解或是维持友好联盟关系。自由派的政治诉求不若激进派强烈，不过也批评英国政府的弊端和国会选举之腐败。英国不同派系间的政治立场区分在美国独立战争期间有很多模糊地带，若只看表面上支持北美独立与否，就会看不清楚他们彼此诉求上有何差异。有些国会议员，例如柏克，借由同情北美人民对于英国国会的反抗行动，批评国会的腐败和专权，然而他的核心关怀是国会和大英帝国体制问题，不是关怀北美的社会民情和政治诉求——这就与本文主角普莱斯不同。又如普莱斯，他在1770年代时常与查塔姆伯爵通信，也时常与谢尔本伯爵在书信中讨论宗教宽容与撤销《宣誓法》的政治议题，直指政府专权。查塔姆伯爵与谢尔本伯爵都同情北美人民的处境，然而，就如福克纳（John Faulkner）的研究指出，此时他们对于国会权威的解释已有分歧（pp. 110-114，124），普莱斯对于美国革命与共和政府的热烈支持态度，显然不同于查塔姆强调伟大英国、敌视殖民竞争对手——尤其是法国和西班牙——的帝国政治意识形态。不过，1770年代英国反对对美作战的人少，普莱斯与柏克之辩尚未形成有力的公共话题（p. 93）。这也正是政治思想史家马克·菲尔普（Mark Philp）提出的论点：英国的自由派和激进派花了好几年的时间才厘清美国革命对欧洲政治体制和思想上的深远意义，并且直到法国大革命爆发后，两派间的差异才明显地表现出来（p. 253）。

福克纳曾指出，普莱斯无论是在正式出版的论册中，或是书信中，都是以"美国人"（Americans）集合称呼英属北美殖民地人民，甚至比美国人还早就赋予北美人民独立的集合身份（p. 115）。不过，普莱斯在1776年《对于公民自由本质的观察》也还未写到北美人民应"独立"；此时他主张的是北美与大英帝国和解，与帝国形成联邦组织，对等往来，不受对方奴役。普莱斯也点出了帝国扩张下土地财产问题，打破了自洛克以来，殖民者自以为在北美土地上屯垦、发展，就可以拥有该土地的迷思："他们定居的土地属于我们的，但它（北美土地）怎么成为我们的呢？"普莱斯接着又问："如果沿着海岸航行就有权获得一个国家，那么日本人民只要愿意，也可以立即成为英国的所有者。"（Price，1991a，p. 40）

直到1778年以后，普莱斯放弃英美和解的可能性。一旦英国激进派认知到英美不可能和谈，新诞生的共和国很快就成为激进分子的理想国度。他们愈是对于英国政治和社会失望，美国对他们而言愈具吸引力。普莱斯在1784年写道："我心满意足地看到在美国发生了支持普遍自由的革命；此革命开启人类公共事务的新前景，展开人类历史的新纪元。"（Price，1991b，p. 117）而且，这个新国家的天然地理优势，让普莱斯看好它的发展："他们拥有自身特有的庞大资源，在一片无人居住的大陆上，拥有土壤和气候的一切优势。这些土地的拓垦很快，其结果必然是它们的价值迅速增加。"（p. 120）英国激进分子对于新共和国表达支持，北美新政体终于能够以更公平的代议制度保障公民自由与权利。

普莱斯也警觉到，若美国无法体现更公平的代议制度，无法贯彻人民主权，加之政府运作没有透明度和责任感，此国很快就会进入"奴隶"状态。——"让我们记住，我们是人，不是牲畜，每个国家的主权都是属于人民"（Price，1779，p. 21）。普莱斯的政治思想常以奴隶指涉不独立、生活在他人专断意志之下的人们。在现实状况中，美洲黑奴问题也是他关心的议题，在1783年的信中可看出，普莱斯正在审视一项解放美洲黑奴、将他们移至狮子山的计划，"这项计划带来的最大福祉就是终止奴隶制度"（Frame，2011，p. 147）。1780年代的英国城市中开始出现废奴团体，以各种文宣媒体宣传废奴议题。普莱斯反对各种形式的奴役，但是由于此时普莱斯年事已高，他的身影一直没有出现在任何废奴团体的行动中，直到我们看到普莱斯在书信中讨论并支持狮子山计划。另外，在1784年《对于美国革命的重要性的观察》（*Observations on the Importance of the American Revolution*）中，他很高兴美国正在尝试废除奴隶贸易活动（p. 150）；1785年，普莱斯与杰斐逊、富兰克林、亨利・劳伦斯（Henry Laurens，1724—1792）、乔纳森・特伦布尔（Jonathan Trumbull the Elder，1710—1785）频繁在信中检讨奴隶制度，讨论私有财产权，以及渐进式废奴的可能性（Price，1983-1994，pp. 261-265）。然而，我们都知道美国开国元老多半有蓄奴，未来还要再经过八十年，到美国内战后才废除奴隶制度。

此外，世纪末的欧美社会也出现千禧年主义（millennialism）信仰，进一步影响政治行动。在英国，尤其是异议教派人士，包括普莱斯、普里斯特利、政治改革者斯通（John Hurford Stone，1763—1818）、浪漫诗人威廉斯（Helen Maria Williams，1759—1827）等，他们相信社会的发展和政治的进步，都是上帝意志的展现。因此，在尚未臻至完美的人类世界中，上帝仍在必要时给予世人预兆，而晚近世界上发生的大动荡，就是基督第二次来临的预兆（Price，1948，pp. 5-6）。普莱斯写道："也许我这样说并不过分，美国革命可能是基督教传播之外，人类进步的进程中最重要的一步。"（Price，1991b，p. 119）普莱斯相信，北美人民通过战争的考验，最终得到独立，这段捍卫自由的路程，就是神恩的展现。他以乐观态度看待18世纪晚期大西洋沿岸各地人民群起反抗既有体制，他始终相信，这些变局是在上帝的大计划中，他深信人类社会的未来可完美性，通过改革，自由必将到来："世上将出现更繁荣的景象……大浪拍岸，东风已起。"（Price，1991c，p. 173）普里斯特利则是接续着普莱斯的千禧年主义，展现出将宗教和革命结合的弥赛亚色彩，并且得到各地憧憬着乌托邦的年轻人的支持。18世纪末的欧陆和北美社会也都出现弥赛亚式的宗教热情（Jones，2023），这些信徒，有人支持法国大革命与拿破仑拯救世界，又或是如1790年代初英国浪漫诗人柯勒律治（Samuel Taylor Coleridge，1772—1834），欲与几位诗人朋友一同前往北美建立平等乌托邦——无威权且共享财产的共和体制。世纪之交，欧美世界的世俗政治革命浪潮中，充斥着满载宗教情怀的向往者。

1789年11月4日，普莱斯在伦敦酒馆为"革命社"（Revolution Society）作1688革命百年纪念演讲，提到法国最近发生的革命，"为人类不可剥夺的权利树立了光辉的榜样"，鼓励其他国家政府也引入更普遍的改革，让世界变得更自由和幸福（Price，1980，p. 397）。1688年的革命已不足以满足当时社会的需求，英国应当跟随法国的脚步，进行政治改革，完善英国宪政。他将18世纪末的政治事件描述为一连串建立主权在民的政府的全球运动，痛击专制主义和封建阶级，连带也将促成英国宪法改革。普莱斯对于法国大革命的支持，既结合了爱国情操与世界主义，也将世界主义结合了千禧年主义和普遍性政治理想。他问道，为何历史中爱本国就会形成爱支配他国、渴望征服，"并通过扩张领土和奴役其他国家，显示出自身对于伟大和荣耀的渴望?"（Price，1991d，p. 179）随着革命浪潮，法国正在做出新的模范，将自由、和平和幸福也推展到世界上其他国度。普莱斯希望英法为了永久自由与和平，能形成联盟，并进一步建议英法联盟可以将"荷兰以及在地球这一方的国家吸纳进来"，以及联合地球"彼方的美利坚合众国"，未来若任何地方战争再起，联盟能够为世界带来和平（Price，1980，p. 399）。

当然，"全球民主革命"正是英国政府和保守派最不愿意见到的状况，所以保守思想家柏克在1790年底出版《法国革命论》，以夸张惊恐的词语大力批评普莱斯和相关政治改革团体，指责他们鼓吹法国世俗化的启蒙哲学和新民主思想，忘却了英国长久以来的宪政和基督教道德传统。沃斯通克拉夫特赶忙撰写《为人权辩护》（*A Vindication of the Rights of Men*），率先声援普莱斯，与柏克辩论人类文明发展和政治体制等议题。柏克不谈个人自由，他重视的是英国的政治体制和政治传统——法律和阶级秩序才是政治的基础，以及文明发展的根本条件（Burke，1999，p. 245）。在沃斯通克拉夫特的观点中，柏克所谓的政治和社会秩序仅保护了少数人的封建特权，以及特权社会中的不理性和暴政。而今法国大革命爆发，延烧欧洲各地，陆续摧毁传统阶级制度，创造出基于自然权利和理性的政治制度。唯有如此，真正的文明方能发展（Wollstonecraft，2008，p. 12）。

柏克甚至谴责普莱斯等激进人士和法国启蒙哲士、法国大革命推动者一样是无神论者，无视欧洲基督教文化传统。沃斯通克拉夫特也回应柏克的无神论论断，为普莱斯的基督信仰辩护，并写道："我畏惧上帝！"随后说明："我所怕的不是他的权力——我所服从的不是他的专断意志，而是他无误的理性。"（p. 33）沃斯通克拉夫特承袭了普莱斯的基督教信仰与道德观，这成为她支持政治改革的思想基础：上帝是完美、理性、智慧且慈善，故他创造的每个人皆生而平等，无论男性、女性都具备理性的素质。——据此信念，1792年她将写成《为女权辩护》（*A Vindication of the Rights of Woman*），大胆质问几位著名启蒙作家，男性一方面为了自由、为了自己能决定自我存在方式而战，另一方面又自认为为女性着想，为她安排最好的生活方式，使女性屈服于男性的意志，失去主体性。如果男女都有共通人性，都具备理性的话，是什么原因使得男性成为决断者？（Wollstonecraft，2009，p. 7）

对于拥抱世界主义的英国激进人士而言，法国大革命体现了18世纪启蒙运动的世界公民理念。如英国诗人威廉斯在1790年7月来到巴黎后写道，支持法国大革命的人们来到巴黎，都成为"世界公民"，以世界公民的身份来参与、感受革命（p. 69）。她一再诉诸普遍人性，强调只要"具备普遍的感知能力，必能对法国大革命——带给普遍幸福的革命——表示同情"（p. 91）。普莱斯在《论对祖国的热爱》中，激动地写道：

> 看好了，这些王国！人民从沉睡中醒来，打破他们的枷锁，向他们的压迫者伸张正义。看好了，在美国获得自由之后，你所发出的光芒折射到法国，并在那里点燃了火焰，将专制主义烧为灰烬，并温暖也照亮了欧洲。颤抖吧，世上所有的压迫者！所有奴性政府和奴性等级体制的支持者都接受警告！（Price，1991d，p. 196）

普莱斯弥赛亚式的宗教预言结合了自由平等理想，成为这个世代激进人士的共同愿景。潘恩在1790年代屡次提出"人的共和国"（Republic of Man）的想法，法国大革命的理由适用于全人类，全世界各地都应该享有自由，皆应秉着"和平"和"公民权"之原则，建立"人的共和国"（Paine，2000，vol. 1，pp. 42-43，45）。潘恩以极为浅白且具煽动性的口吻，呼吁所有国家的公民共同对抗所有的宫廷，也就是政治特权、专制主义和贵族，"让我们在伟大的友谊中展开新时代，为联盟与胜利的接近而欢呼！"（p. 46）

## 结语

我们从普莱斯的个人事业，看到他在18世纪后半叶形成了地区与帝国的多重社交网络、他的世界观以及他的寰宇互动。身处2023年的我们可能认为1723年出生的一代英国人仍然是抱持英国和基督教价值观处理政治经济议题，但我们不能忽略很重要的一项特色：他们是看向全世界的，尝试让每个人（无论我们今天看起来有何盲点）都过得更好，过得幸福，而非死板地效忠国家政府或服膺于狭隘的民族主义。在普莱斯的世界中，他的身份就是世界公民。他不从英国为帝国统治权中心的角度去思考帝国体制问题，他主张具革命性的、现代意义的代议制度和宪政民主制。他反对任何强国以军事武力侵占他国、占领他国土地，这种奴役他国、他人的行为是践踏人的生存和公民权利，没有任何学说或观点能自圆其说。也正是启蒙时代各地社群团体和知识传播网建构出的公共领域，让不曾出国门的普莱斯能随时掌握欧美世界各方消息，并在书信往返、书籍传播和俱乐部谈话中，影响了 18 世纪下半叶大西洋世界的政治文化发展。

普莱斯在 1791 年 4 月过世，他没有经历法国大革命进入排外、恐怖的阶段，也没有见证到民族主义兴起的 19 世纪、功利主义当道的维多利亚社会。很遗憾的是，法国大革命的进展并不和平，甚至创造出新的国家暴力。法国第一共和的确如柏克所预言，历经了各种恐怖统治、政党专政和军事强人崛起与掌权。在 1792 年之后的英国人眼里，普莱斯错了，柏克才是真正有洞见的政治思想家，于是我们对于普莱斯的记忆就停滞在柏克的《法国革命论》中。启蒙时代普遍性的改革、世界主义的视野、从天赋解释人权的特质，随着这个世代的凋零而淡出幕前。接续到来的是 19 世纪效益主义政治论述和现代世俗化社会，无论人的权利是不是上帝所赋予，政府都应当为最大多数人谋最大福利。

不过，19 世纪政治革命浪潮继续席卷下去，世界政治形态继续改变，无论君主体制存不存在，欧美国家都不敢忽视舆论，各国政治人物也都得学习如何去信任人民。有意思的是，1790 年代因为法国政治急转直下，普莱斯在社群和舆论支持上输给柏克，然而普莱斯思想在公民自由、公民投票权、废奴运动等议题上，持续影响英美政治与人权的发展。时代持续推进，即使我们遗忘了普莱斯，大部分现代民主社会的公民所熟悉的自由和权利，是普莱斯所讲的个人权利和公民自由，不是柏克所谓的从祖先那里继承下来的特权。

# 参考书目

## 1. 原始文献

Boswell，James. *Boswell in Search of a Wife 1766–1769*. Edited by Frank Brady & Frederick A. Pottle. London：William Heinemann，1957.

Burke，Edmund. *Reflections on the Revolution in France*（1790）. Edited by L. G. Mitchell. Oxford：Oxford University Press，1999.

Burke，Edmund. *A Letter from Edmund Burke；One of the Representatives in Parliament for the City of Bristol，to John Farr，and John Harris，Sheriffs of That City，on the Affairs of America*. London：J. Dodsley，1777.

Paine，Thomas. "Letter of Thomas Paine，to the people of France：Published and distributed gratis by the London Corresponding Society." In *London Corresponding Society，1792–1799*. Edited Michael T. Davis. London：Pickering & Chatto，2000.

Price，Richard. *A Review of the Principal Questions in Morals*（1758）. Edited by D. D. Raphael Oxford：Clarendon Press，1948.

Price，Richard. *Observations on the Nature of Civil Liberty，the Principles of Government，and the Justice and Policy of the War with America*（1776）. In *Price：Political Writings*. Edited by D. O. Thomas. Cambridge：Cambridge University Press，1991a.

Price，Richard. *A Sermon Delivered to a Congregation of Protestant Dissenters，at Hackney，on the 10th of February last，Being the Day Appointed for a*

*General Fast.* London: T. Cadell, 1779.

Price, Richard. *Observations on the Importance of the American Revolution, and the Means of Making It a Benefit to the World ( 1784 ). In Price: Political Writings.* Edited by D. O. Thomas. Cambridge: Cambridge University Press, 1991b.

Price, Richard. *The Evidence for a Future Period of Improvement in the State of Mankind. In Price: Political Writings ( 1787 ). In Price: Political Writings.* Edited by D. O. Thomas. Cambridge: Cambridge University Press, 1991c.

Price, Richard. *A Discourse on the Love of Our Country* ( 1789 ). In *Price: Political Writings.* Edited by D. O. Thomas. Cambridge: Cambridge University Press, 1991d.

Price, Richard. "Richard Price's Journal for the Period 25 March 1787 to 6 February 1791, deciphered by Beryl Thomas with an Introduction and Notes by D. O. Thomas," *National Library of Wales Journal*, 21 ( 1980 ), 366–413.

Price, Richard. *The Correspondence of Richard Price.* edited by Bernard Peach and David Oswald Thomas. 3 vols. Durham, NC & Cardiff: Duke University Press & University of Wales Press, 1983–1994.

Williams, Helen Maria. *Letters Written in France: in the Summer 1790, to a Friend in England, Containing Various Anecdotes Relative to the French Revolution* ( 1790 ). Edited by Neil Fraistat and Susan S. Lanser. Ontario: Broadview Press, 2001.

Wollstonecraft, Mary. *A Vindication of the Rights of Men* ( 1790 ). In *A Vindication of the Rights of Men; A Vindication of the Rights of Woman; An Historical and Moral View of the French Revolution.* Edited by Janet Todd. Oxford: Oxford University Press, 2008.

Wollstonecraft, Mary. *A Vindication of the Rights of Woman: an Authoritative Text Backgrounds and Contexts Criticism* ( 1792 ). Edited by Deidre Shauna Lynch. 3rd ed. New York; London: W. W. Norton, 2009.

## 2. 近人研究

Adams, Thomas Randolph. *The American Controversy: A Bibliographical Study of the British Pamphlets About the American Disputes, 1764–1783*, 2 vols. Providence; New York: Brown University Press; Bibliographical Society of America, 1980.

Bailyn, Bernard. *Pamphlets of the American Revolution, 1750–1776*, vol. 1. Cambridge: Harvard University Press, 1967.

Clark, J. C. D. *English Society 1660–1832: Religion, Ideology and Politics during the Ancien Regime*, 2nd ed. Cambridge: Cambridge University Press, 2000.

Frame, Paul. "A Further Seven Uncollected Letters of Richard Price." *Enlightenment and Dissent*, 27 ( 2011 ), 143–160.

Faulkner, John. "Burke's First Encounter with Richard Price: The Chathamites and the North America," in I. Crowe ( ed. ), *An Imaginative Whig: Reassessing the Life and Thought of Edmund Burke*. Columbia, MO: University of Missouri Press, 2005, 93–126.

Jones, P M. "Revelation, Revolution and Utopia, c. 1770–1820," *The English Historical Review*, 2023, cead047, https://doi.org/10.1093/ehr/cead047.

Philp, Mark. "English Republicanism in the 1790s," *Journal of Political Philosophy*, 6: 3 ( 1998 ), 235–262.

Pocock, J. G. A. "Radical Criticism of the Whig Order in the Age between Revolutions," in *The Origins of Anglo-American Radicalism*, edited by Margaret Jacob & James Jacob. London: George Allen & Unwin, 1984, 35–57.

Thomas, David Oswald. *The Honest Mind: The Thought and Work of Richard Price*. Oxford: Clarendon Press, 1977.

# 七、钱伯斯的跨洲壮游：
## 从东方园林到全球化城市景观

张省卿

## 前言

15世纪末地理大发现以来，欧洲人所发起的跨越各大洋洲的直接全球贸易与传教活动，使欧洲通商使团、传教士、探险家与学者们，把其到亚洲、非洲、美洲的第一手亲身经历，带回欧洲；其中所引发的中国热、中国风（Chinoiserie），不只引发欧洲人对东方中国文化的兴趣，更直接、间接唤起欧洲人对其他大洲及其他古文明的研究热情（张省卿，2022：16—22）。17、18世纪欧洲各地发起的启蒙运动与中国风，正是彼此交互联动、交互影响的时代，启蒙学者对中国文化的研究，深化启蒙运动的内涵；中国风，也因启蒙运动本身开放、多元的发展，扩大了在欧洲的流行；此时，欧洲人经由中国风，想像中国是一个以自由思想而建立的文明国度。欧洲人甚至因中国的启发，使欧洲新兴精英阶级对欧洲以外的其他文化，包括非洲、亚洲、美洲等地，以更好奇、更开放的态度来吸收异国文化、异域风情，把全球各地的视觉文化艺术融入欧洲本地文化与本地传统之中。

英国建筑师钱伯斯（William Chambers，1723—1796），个人受惠于18世纪英国与欧洲在地启蒙思潮与开明改革运动，但也因为个人的异域经历与中国风洗礼，以更自由、更开放、更放眼世界的理念，创造了这个时代的新造园运动与绿地景观概念。借用东方因地制宜、豁然天成之造园美学，摆脱欧洲传统制式巴洛克几何、数学造型园林的限制，更注意到利用在地自然生态的特点与优势，来设计独一无二的自然风景园林风尚。尤其重要的是，钱伯斯使园林具备文化上的人文意涵，借用园林内的各类景致，使之成为展示世界一家的共同价值的舞台剧场，园林成为展演文化、思想、权力、文明的新空间。钱伯斯在世的18世纪，造园改革运动，主要集中在欧洲皇家贵族与精英分子之间；到了19世纪，他的绿化的概念与园林理念，开始被实践在更为开放的公共绿地空间中，部分贵族的私家园林也开始开放成为公共绿地，公共空间成为教育国家人民的重要资产。钱伯斯因为其跨洲际与跨文化的经历，以更为实证的精神与开放的态度，向其他文明学习造园经验，利用造园，展现18世纪更为客观、更为自由的世界大同的价值观，这种共同的精神也延续到19世纪的公共空间展示中，成就主导优势的现代欧洲面貌。

## 钱伯斯、东印度公司与东方造园艺术

钱伯斯出生于瑞典，父母为苏格兰人，父亲在瑞典经商。1739年，钱伯斯十六岁，加入瑞典东印度公司（Svenska Ostindiska Companiet，简称SOIC，1723—1796），随公司到各地航行做生意，曾经到过印度、孟加拉及三次到过中国（Osvald Sirén,1990: 64-65）。

第一次是1740年，第二次是1743年至1745年，第三次是1748年至1749年，远达中国广东（威廉·钱伯斯爵士，邱博舜译注，2012: 11）；随船经商之外，他搜集了关于中国建筑、园林、家具与服装等与艺术相关的资料，一如17世纪以来，其他欧洲东印度公司的记事，这些商团随员的全球记录，包括图像与文字见证，在欧洲发表出版以后，成为启蒙现代欧洲的重要资源。17世纪以来，欧洲各地陆续成立跨洲贸易的通商公司，如英国东印度公司（British East India Company，1600—1874）、荷兰东印度公司（Vereenigde Oost-Indische Compagnie，VOC，1602—1799）、丹麦东印度公司（Dansk Ostindisk Kompagnie，1616—1729）、荷兰西印度公司（Geoctroyeerde Westindische Compagnie，GWC，1621—1674，1675—1729）、法国东印度公司（La Compagnie française des Indes orientales，1664—1794）、瑞典东印度公司（1731—1813）、普鲁士王国亚洲公司〔Die Königlich-Preußisch Asiatische Compagnie von Emden（KPACVE）nach Canton and China，1751—1763〕等等，它们不只把物质商品带回欧洲，也把它们在全球的记录，内化成欧洲在地跨文化改革的滋养成分。苏格兰人钱伯斯在瑞典东印度公司的经验，是其中一个典范案例。钱氏在中国与印度的经验，引发他对全球各大洲建筑、园林与城市景观的兴趣，他也因此尝试把各大洲、各地区建筑，纳入欧洲在地文化中。

钱伯斯分别在十七岁、二十岁与二十五岁时，以货物管理员身份到达中国广州，亲身见证中国现象与文化景观，他用图绘方式记录东方之旅所见所闻（威廉·钱伯斯爵士，2012: 10—12），尤其在建筑、园林、城市景观与艺术方面的观察报告，可以看出他的个人兴趣。1749年7月从中国回欧洲后，钱伯斯弃商从艺，同年专程到巴黎布隆代尔（Jacques-François Blondel，1705—1774）艺术学院（École des Arts）学习建筑；一年后，1750年，前往意大利罗马朝圣，开启五年多的古典建筑考察之旅（威廉·钱伯斯爵士，2012：14—16）。16至18世纪，欧洲盛行绅士教育旅行（Grand Tour，或译"壮游"），他们主要行程都在欧洲本地，钱伯斯不同，除了欧洲的经验，他之前跨越大洲的东方旅行，使他未来的建筑师生涯不同于欧洲传统建筑师，也改变了欧洲当代古典建筑生态。1755年，钱伯斯返回英国，开始建筑师职业；1757年成为英国王室建筑师，受王室委托主持伦敦附近邱园（Kew Gardens）改造计划（1757—1763），同年5月出版《中国的建筑、家具、服饰、机械和器皿之设计》（Designs of Chinese Buildings, Furniture, Dresses, Machines, and Utensils），书中附有中国建筑、工艺技术相关版画（William Chambers，1980：I–XXI）。1759年出版《文事建筑论》（A Treatise on the Decorative Part of Civil Architecture），分析欧洲古典建筑；1763年结束邱园改造工作后，由王室出资出版《位于萨雷的邱园园林和建筑之平面图、立面图、剖面图与透视图》（Plans, Elevations Sections, and Perspective Views of The Gardens and Buildings at Kew in Surrey），书中收录43幅邱园建筑、装饰、机械构造版画，其中多幅全景透视图（William Chambers，1763），从中可清楚看出钱伯斯将中国造园概念与中式建筑、装饰纳入邱园设计中；钱氏也因为在建筑上的贡献，于1770年，被英王授封为勋爵（British Knighthood），于1771年，被瑞典国王授封为北极星勋爵（Knight of the Order of the Polar Star）（Osvald Sirén，1970：12）。1772年，五十岁，出版《东方造园论》(*A Dissertation on Oriental Gardening*)，是钱氏研究中国园林所作归纳的代表著作。早年，中国之旅，引起钱伯斯对建筑与园林的兴趣，他从中国回欧后，除接受建筑专业训练外，更注意到当时在欧洲兴起中国热、中国风中的园林与建筑报道及研究。除了钱氏个人实证的亲身经历外，此时期欧洲人的中国研究，也都影响到《东方造园论》的论述。此后，《东方造园论》成为18、19世纪欧洲人认识中国园林的经典著作；但是，事实上，此书并非纯粹介绍中国造园的专书，钱伯斯在工程技术上，并未受到中国营造技艺的训练，多数的时候，都是用西方方式了解中国建筑与中国造园技术。钱氏的论述中大量融入欧洲在地与中国观点，更是受到当时全球概念的影响来理解与论述中国园林。钱伯斯的东方园林论述，除影响到当时代欧洲自然风景园林与中国风园林的设计外，也对欧洲现代化绿地景观规划产生影响。他对中国园林的诠释，把东方造园中的"象天法地""移天缩地""微观世界"，诠释成"世界一家""世界大同"的文化熔炉概念，把欧洲园林打造成世界各地建筑风情的展示场域，这样开放自由的概念，更是影响19世纪万国博览会内异国风情的规划与城市公共空间设计（Stefan Koppelkamm，1987：138-153）。

## 园林中之文化大熔炉

钱伯斯1763年出版的《位于萨雷的邱园园林和建筑之平面图、立面图、剖面图与透视图》，是他对邱园改造工作后的记录著作。书中版画《邱园荒野视角，搭配阿兰布拉宫、宝塔及清真寺》（*A View of the Wilderness with the Alhambra, the Pagoda and the*

图7-1 《邱园荒野视角，搭配阿兰布拉宫、宝塔及清真寺》(*A view of the Wilderness with the Alhambra, the Pagoda and the Mosque*)。
图片来源: Courtesy of the British Library Board (Shelfmark: 56.i.3.).

*Mosque*)(图7-1)，是一幅邱园园林局部全景图；前景是一条自然泥土道路，由左侧向右后方延伸，其中最引人注目的是在前方路旁树丛中的中国宝塔，占据图版全局。园林内，大大小小、形式各异的树林与叶丛错落有致、零零落落地散置在泥路旁，一如版画标题所示，给人身处在荒野的自然状态中的感觉；它迥异于欧洲巴洛克传统园林中轴线清晰、几何、对称、和谐、理性布局的设计（图7-2）(Wilfried Hansmann and Kerstin Walter，2006：137-139)。在钱伯斯邱园版画的建筑，除了高耸的中国宝塔外，还有最前景左侧露出侧角的阿拉伯伊斯兰风格的阿兰布拉宫，及远景路尽头半圆穹顶的清真寺。因为这些建筑，使身着欧洲贵族服饰

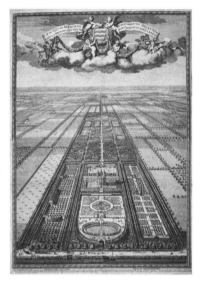

图7-2 《荷兰,海姆斯泰德(Heem-stede)
园林平面图》,丹尼尔·斯图彭
达(Daniel Stoopendaal)依据
伊萨克·德·穆舍伦(Isaac de
Moucheron绘制),约1770年。
图片来源: See page for author, Public domain,
via Wikimedia Commons.

的三位参访者，恍如置身异域风光，园中整理园圃的园丁们，也营造了悠闲自在、宁静淡泊的诗情画意氛围。

1763年的同一本书，邱园的另一幅版画《从草地观看邱园湖泊与岛屿之远视图，搭配桥梁、阿雷苏莎海洋女神殿、维多利亚胜利女神殿及大宝塔》(*A View of the Lake and Island at Kew seen from the Lawn with the Bridge, the Temples of Arethuse and Victory and the great Pagoda*)（图7-3），借用自然曲折、富于变化的湖泊水泽、岛屿交叠布局，使整个园林空间更显多重层次感，也因大小不一的树丛与多变的水路交叠空间，使园林丰富多变。前景左端枯树倒入湖泊水中，水泊右侧有悠闲的划船人。两幅图像都展现了诗情画意、如诗如画的乡村园林惬意。与上一幅版画一样，园内有建筑、桥梁点缀其中。中国多层宝塔坐落图画中央远景处，前景中因水波倒影，使宝塔与宝塔倒影占据了图画中央主画面。

图7-3 《从草地观看邱园湖泊与岛屿之远视图，搭配桥梁、阿雷苏莎海洋女神殿、维多利亚胜利女神殿及大宝殿》(A View of the Lake and Island at Kew seen from the Lawn with the Bridge, the Temples of Arethuse and Victory and the great Pagoda)

图片来源：Courtesy of the British Library Board (Shelfmark：Maps K.Top.40.46.u.).

左、右两侧边缘，是圆形穹顶与山墙回廊的两座小神庙。此处东方中国九层宝塔与欧洲古希腊神庙共同进驻于邱园之中，共同营造一场梦幻如诗的田园场景。

从《位于萨雷的邱园园林和建筑之平面图、立面图、剖面图与透视图》书中的记录图像得知，经由钱伯斯的巧思，在充满自然荒野情趣的园内，布满了欧洲本地与异域风情的建筑与桥梁，它们或是欧洲在地的古希腊风和古罗马风神殿、中古哥德教堂、新古典剧院与新古典宫殿等等；或是充满异域风情的中国凉亭（图7-4）、中国孔子阁楼、中国八角九层宝塔、摩尔风的阿兰布拉宫及伊斯兰风的清真寺（William Chambers，1763）。观者可以从钱氏专书中的图像实证记录中，感受到园中建筑风格多变且充满欧洲在地与异国风情交替的混合特质。除了版画记录外，钱伯斯也在行文论述中，仔细描绘各个建筑的位置及其所附建筑绘图的说明（William Chambers，1763：1-8）；这样的做法单就异域建筑而言，非常不同于过去欧洲人对中国建筑的报道。与过去欧洲的通商使节或传教士学者的作品相比较，钱伯斯专书则更具建筑专业的描述，尤其是在用西方建筑结构分析东方建筑方面。

钱伯斯这本对于英国皇家邱园的文字与图像的报道，让观者可以从记录中感受到，因为园中各类风格建筑的组合设计，访园者能够在同一大园林中，同时拥有不同大洲、不同国度与不同时代文化的亲身体验，是一种文化大熔炉的经验。在邱园这个经过

图7-4 《邱园内之动物园远视图与其内亭台》(*A View of the Menagerie and its Pavilion at Kew*)。

图片来源：Courtesy of the British Library Board（Shelfmark: 56.i.3.）.

特定设计的时空地点下，利用建筑、桥梁、景致或特殊的诗情画意的田野风光，访园者如同进入一趟文化世界环球之旅，从欧洲、非洲到亚洲，从古典、中古到近现代，就如同版画中，借由东方中国的九层宝塔、阿拉伯伊斯兰的阿兰布拉宫、回教清真寺，及欧洲古典风格的女神殿、中古哥特教堂、新古典宫殿等的建筑设计，把各种不同文化、不同宗教、不同时代等元素，同时置放在此一邱园空间内，给访园者制造同时身历不同空间、不同时间与不同时代的梦幻错觉。钱伯斯为邱园所设计的这些将近三十座建筑，在数量上比过去传统欧洲巴洛克园林内的建筑数量与种类更为庞大，尤其是其多变化与充满异国风情的建筑风格，是欧洲传统园林中所不具备的（Terry Comito，2000：37-57）；包括利用园林中欧洲建筑呈现在地建筑史的回顾，及把中国风与伊斯兰风全部一起措置于同一个园林空间内，让访园者仿佛进入一个虚拟的环游世界乐园，或是进入了跨越历史的时空隧道。利用建筑风格突显园内各个文化场域的再现，中国景象对应希腊景象；时而欧洲，时而近东阿拉伯，时而远东中国，亦古亦今。钱伯斯邱园内设计的建筑、桥梁、纪念碑等的设置类型非常多元，风格各异，有古希腊风、古罗马风、土耳其风、摩尔风、中国风，一如1763年《位于萨雷的邱园园林和建筑之平面图、立面图、剖面图与透视图》书中的远视图所示，风格各异的建筑，看似随性、无规则、零零散散地分布在这片自然凌乱、稀落的园林内，跨越时空局限，穿越古今，每种风格代表着过去各个时代的文化精神。本地、外地异域跨越国界、地域、洲际的隔离，这座园林是一个无国界、不分地域的理想世界。各地、各国、各大洲的人类文明建筑皆汇聚于邱园内，跨越空间与时间，贯穿古代与现代；经由不同宗教建筑风格的组合，造园的空间场域也跨越了宗教信仰上的藩篱，各类型宗教建筑置放于园内，经由物质设计，使人在视觉上形塑跨越文化隔阂，跨越宗教分歧，将18世纪启蒙运动时代精神与现代化自由开明理念融合于园林场域内。在钱伯斯设计的这座充满国际风情的园林中，最主要的雏形，来自欧洲传教士对中国园林的报道。中国园林"移天缩地""家天法地""微观世界""壶中天地""天地宇宙"的场域概念（耿刘同，2000：11—12；楼西庆，2006：11—12、15、19；杜顺宝，1988：12—14），经由欧洲传教士对中国皇家园林的报道及欧洲造园师对中国园林的诠释，使东方中国园林中的"天下（世界）"，原在中国清代主要意味着中国境内及周边邻国异域文化的元素，在欧洲却被转化成地理大发现以来全球各大洲的世界概念。

## 东方园林"世界一家"理念

利用园林规划、设计与建造，以成就世界文化融合的自然风情展示空间，在钱伯斯完成邱园改造任务的十年后，1772年出版的《东方造园论》中，有一个更为完整的论述与归纳。钱伯斯在《东方造园论》中，介绍当时在欧洲已享有名声的清代皇家园林圆明园；钱氏提及这座帝国皇家园林就像一座城市一般大，里面建筑非常不同，除了宫殿建筑外，更有四百座亭阁，它们看起来像来自各个不同国家的风格。钱伯斯论述：

*We are told, by Father Attiret, that, in one of the Imperial Gardens near Pekin, called Yuen Ming Yuen, there are, besides the palaces, which is of itself a city, four hundred pavilions; all so different in their architecture, that each seems the production of a different country.*（William Chambers，1722：35）

王致诚神父告知我们，一座靠近北京的帝国园林，称之为圆明园，本身就是一座城市，除了宫殿以外，其内还有四百座亭阁，所有建筑如此不同，每座建筑看起来像是来自不同国家的产物。

一如钱伯斯书中所述，世界上，没有任何一个国家，在园林建造物上的壮丽与数量，可以与中国匹敌（William Chambers，1722：35）。钱伯斯书中所述中国皇家园林建筑是来自各个不同国家，由此所衍生"园林是世界缩影"的概念；事实上，这个概念就是借自法国耶稣会传教士王致诚（Jean-Denis Attiret，1702—1768）对圆明园的报道。与当代其他欧洲人相同，钱伯斯虽到过中国，但主要在南方行旅，对于北方皇家园林或中国其他园林的资讯，会参考一些有亲身实证经验的记录与报道，王致诚就是一个参考的典范。

王致诚所著《邻北京中国皇家园林之特别报道》（*A Particular Account of the Emperor of China's Gardens near Pekin*），书中直接报道其个人在清代皇家园林圆明园内的亲身经历。钱伯斯论述中国园林建筑、设施风格的多样性，就是出自王致诚。王致诚在其书中，特别强调圆明园富变化、多样性的造园手法；他说在圆明园内，不管是整体布局，还是分布设置的建筑，其样式、风格、造型皆呈现多元性，各区域的园景、建筑各自不同，看似没有一个整体性，但彼此之间却是相互协调，全园看起来非常美丽和谐

（Jean Denis Attiret，1752：7-8）。王致诚描绘：

> *and each of Valleys is diversify'd from all the rest, from all rest, both by their manner of laying out the Ground, and in the Structure and Disposition of its Buildings*（Jean Denis Attiret, 1752: 9）
>
> 这些山谷中的每个山谷，都是多样性，且各自不同，不管是其平面布局的方式，还是其建筑的结构、建筑的布置，在这两方面都是这么的多样性。

对于圆明园内建筑的数量，王致诚也有具体论述，钱伯斯对圆明园的建筑资讯，就是转用自王致诚。王致诚写道：

> *And now how many of these Places do you think there may be, in all the Valleys of the Inclosure? There are above 200 of them...*（Jean Denis Attiret，1752: 13）
>
> 你认为在这些（园明园林内）村庄中，现在有多少这样的宫殿？它们约有二百座……

很明显，王致诚提到的圆明园中二百座的宫殿（Palaces），到了钱伯斯《东方造园论》中的圆明园，则被调整为有双倍数量的建筑设施，也被更改成为园内有四百座的亭阁（Pavilions）；但也有可能，钱伯斯为强化圆明园宏伟壮观的园林艺术效果，除了引用王致诚的宫殿建筑外，自己又另行添加四百座亭阁，使园林多样性的效果更强烈。

此处很明显，钱伯斯调整了王致诚的圆明园造园记录，除了原记录有正式大型宫殿外，钱伯斯又增添四百座小型亭阁，如果当时人对欧洲中国圆明园文献报道熟悉，便会以为，圆明园内约有六百座建筑，一是王致诚提到的两百座宫殿，再加上钱伯斯所提的四百座亭阁。从二百座到四百座，甚或最后的六百座建筑，它们会因为建筑数量的增加，而更展现建筑风格的多样性、多元性，因为它们看似来自不同国家，可以展现其跨国、跨域的多样性。王致诚与钱伯斯圆明园报道中的六百座以上的建筑设施，数量是前所未有的庞大，完全不同于欧洲当代传统巴洛克园林，其园内建筑设施数量相对较少，建筑风格相对比较一致。而中国园林，尤其圆明园，启发欧洲人体认园林新的功能，利用园林空间，展现不同文化内涵；以钱伯斯自己在邱园内的设计，及其在《东方造园论》中的归纳，可看出其因受到中国的启发，在邱园内，利用建筑的不同风格，展现不同地域风情，也展现了当时人的世界观。

## 造园场域之国际风情

钱伯斯在《东方造园论》中，论述中国皇家园林建筑数量庞大与建筑造型像是来自各个不同国家（William Chambers，1722：35），其依据来源，就是法国耶稣会传教士王致诚的记录。王致诚在《邻北京中国皇家园林之特别报道》中，直接陈述圆明园宫殿建筑的样式、造型与风格就像是来自不同国家的启发，他说：

*You would think, that they were form'd upon the Ideas*

*of so many different foreign Countries;*（William Chambers，1722: 39）

　　人们会觉得，它们（指圆明园内的宫殿）的设计是来自国外许多不同国家的想法；

　　王致诚记录，圆明园因为经由设计，使园内宫殿建筑，像是来自各个不同国家的风格；经由钱伯斯诠释，则转变成，不管宫殿，还是亭阁（有四百座），全部有六百座的建筑，都是借用各国的风格来设计，这个概念，确实符合中国园林的说法：园林是天下的缩影。王致诚的圆明园报道，首先于1743年以法文出版，1752年有英文翻译版；钱伯斯于1757年至1763年主持邱园修园工程时，应已熟知王致诚的报道，更何况钱伯斯在自己的著作中，直接提到使用王致诚的资料。因此，邱园内的建筑所展现国际风，正是部分受到中国圆明园的启发，是中国园林展示"天下"的欧洲版本；经由钱伯斯的诠释，邱园建筑跨越欧、亚洲风格，正展现当时欧洲人的世界观。事实上，此时清代皇家园林中的"天下""世界"仍主要停留在亚洲中国内部及周边邻邦的呈现。

　　有关园林布局，王致诚比较了中国紫禁城宫殿、建筑布局与圆明园之不同，陈述圆明园建筑布局采用反规则、远离秩序的美感，它们不遵守规律与对称的艺术原则（Jean Denis Attiret，1752: 38-39）。此外，王致诚说圆明园内宫殿建筑彼此之间的距离疏远，在设计时，会仔细考虑到宫殿彼此之间的坐落位置（Jean Denis Attiret，1752: 39）。因为位置、空间场域的设计及各个不同建筑的风格，园内各个区域的景致迥异，就像是把天下万国的景致，都有技巧地纳入中国园林内。

　　在王致诚与钱伯斯对圆明园的报道中，他们已开始用西方人的世界观来诠释中国人"天下"的世界观，虽然意大利耶稣会教士利玛窦（Matteo Ricci，1552—1610）在中国与中国士子李之藻共同绘制《坤舆万国全图》（1602年），图中有世界各大洲的介绍（黄时鉴、龚缨晏，2004：30—34、图版1、18—36），也提供了一个比较现代化的世界观，但这个知识仍保留在少数特定文人圈中，并不普及。在17、18世纪的中国园林设计中，园林中的天下概念，仍是传统中国士子"天下即中国"的概念。中国传统天下观念除了以华夏中国为中心外，尚包括周边藩属及四方的邻国民族（邢义田，1981：426—478），清代时期中国北方皇家园林造景中，便带有周边异域文化的元素。

## 北京御花园梦幻六百景与欧洲万国风貌

钱伯斯在《东方造园论》中，论述中国皇家园林布局错落有致，园中的各个区域，规划充满变化与惊喜，设计中强调灵活的层次、流转的对比，以开放无边界的反对称理念，形塑园内壮丽景致（William Chambers，1772）。钱伯斯所论及的建筑，包括宫殿甚或四百座亭阁等等，这些风格来自不同大洲、不同国家的建筑物，便一个一个凌散又具有艺术巧思地被置放在充满自然原野的场景中，整体形塑了一个充满国际多样风情的园林空间。这个空间实践了各国文化融合的理想，也实践了原本不存在的万国风情共荣场景。在18世纪中国风的风潮下，《东方造园论》成为认识中国园林的窗口，更是对欧洲自然风景园林产生启发性的影响。

1779年，法国造园师与发明家卡蒙特勒（Louis Carrogis

Carmontelle）在其书《巴黎附近蒙梭花园》（*Jardin de Monceau, près de Paris*）中，提及自然风景园林的魅力，写道：

> *Si l'on peut faire d'un Jardin pittoresque un pays d'illusions, pourquoi s'y refuser ? ... La nature est variée suivant les climats; essayons, par des moyens illusoires, de varier aussi les climats, ou plutôt de faire oublier celui où nous sommes; transportons, dans nos Jardins, les changements de Scène des Opéra; faisons-y voir, en réalité, ce que les plus habiles Peintres pourroient y offrir en décorations, tous les temps et tous les lieux*（Louis Carrogis Carmontelle，1779: 4）

　　如果可以把如画般的园林，变成一个幻想的国度，为何要拒绝……大自然里，因为各地气候不同，而有不同自然现象；让我们尝试使用错觉的方式来改变气候，或者至少让我们暂时忘记身处何地，让我们把多变化的舞台剧场景带入园林中，让我们把最优秀的画家作品拿到园林中去实践，这些被实现的画作题材，包括来自不同时代与各个不同地点。

　　卡蒙特勒论述的欧洲自然风景园林，便充满了中国风园林的特色，两者都强调，鼓励访园者发挥想像力；卡蒙特勒除论述园林的诗情画意功能外，更说明园林让人有机会进入幻想、虚拟的国度，可借由设计与布局，让访园者可以感受各个不同国度中的异国情怀、异域风景，或进入不同历史时代的怀古悠情中。在同时代的版画作品与造园相关论述中，陆续出现模仿钱伯斯邱园的国际风场景，抑或是在造园设计上，实践卡蒙特勒的理论。1799年铜刻版画《乡村式微观世界：园林中的哥特教堂、埃及金字塔、中国凉亭；依据葛罗曼作》（*Microcosme Paysager Chapelle Gothique*，*Pyramide Égyptieme*，*Pavillon Chinois Dans un Jardin*，*D'Après J. G. Grohmann*）（图7-5）中，展现了一座充满自然原野景观的园林状况；图右侧湖水中央有中国风多角圆形凉亭，串连曲桥至陆地，形塑东方风情；河岸背景有欧洲中古城堡，城堡右侧是轮廓稀疏的古罗马凯旋门；整张图左侧，似乡村土坡道的沙丘曲境终点则是中古哥特小教堂，屋顶配十字架；图画正中央是台丘上的三角锥体金字塔。在此，异国风及本地欧洲建筑完美融合为一体。这片绮丽田野风浓厚的园林中，利

图7-5 《乡村式微观世界：园林中的哥特教堂、埃及金字塔、中国凉亭；依据葛罗曼作》（*Microcosme Paysager Chapelle Gothique*，*Pyramide Égyptienne*，*Pavillon Chinois Dans un Jardin*，*D'Après J. G. Grohmann*），1799。
图片来源：张省卿：《东方启蒙西方——十八世纪德国沃里兹（Wörlitz）自然风景园林之中国元素》，台北：辅仁大学出版社，2015年。

用巧妙的设计，把各个代表不同大洲文化与不同时代之建筑置入同一场域中，形塑一个全新国际风情的休憩空间。出生于奥地利的法国建筑师与版画家克拉夫特（Jean-Charles Krafft，1764—1833），经常在欧洲各地考察，其著作《法国、德国与英国最美诗画园林平面图，建筑、纪念碑与制造厂；在园林间相互媲美，其中包括各种形式之建筑，有中国式、埃及式、英式、阿拉伯式、摩尔式》（*Plans des plus beaux jardins pittoresques de France, d'Angleterre et des édifices, monuments, fabriques qui concourent à leur embellissement dans tous les genres d'architecture, tels que chinois, égyptien, anglais, arabe, mauresque*）于1809至1810年出版，专书封面铜刻版画《乡村式微观世界：园林中摩尔式、中国式与哥特式凉亭阁；依据克拉夫特绘制》（*Microcosme Paysager：Pavillons Mauresque，Chinois et Gothique Dans un Jardin，D'après Jean Charles Krafft*）（图7-6），图中代表三大不同文明的建筑，被汇集在此座原始自然风景园林中；除了右前方有中古哥特式尖拱窗户的欧式建筑外，中间远方高处，是一栋具中国风情的六角圆形凉亭；典雅细腻的中国凉亭坐落在一大块富于变化、有裂缝破痕的大岩洞上，造形充满了不规则的趣味巧思；版画左侧有伊斯兰清真寺穹顶的阁楼，坐落在松树与摇曳的椰树之间。此处把各类异国元素，混搭入园林空间中，呈现"世界建筑博物馆"的展示功能及"世界一家"的共融一体理念。园内各类组合的自然生态，从热带椰树、中国岩丘到温寒带松树，它们就像是当代欧洲上流社会所建立的艺术珍奇馆（Wunderkammer）或是奇珍异品典藏室（Kuriositätenkabinett），馆藏中，有大大小小的玻璃柜，展示柜中有来自各大洲的异域珍贵宝物；此处园林的功能与意义一样，是一个展示人类文明成果的空间，但却以更开放、更

FRONTISPICE.

*Plans des plus beaux Jardins pittoresques de France, d'Angleterre et d'Allemagne.*

图7-6 《乡村式微观世界：园林中摩尔式、中国式与哥特式凉亭阁；依据克拉夫特绘制》(*Microcosme Paysager : Pavillons Mauresque, Chinois et Gothique Dans un Jardin, D'après Jean Charles Krafft*)，封面铜刻版画。
图片来源：https://doi.org/10.11588/diglit.175970015.

大型、更自由的露天的方式，展示全球自然生态与建筑人文景观（Jurgis Baltrušaitis，1957：104-105；Georg Laue，2012：34-35）。

　　19世纪，1820年出版的法文图册《精心策划之各类风格园林设计图》(*Plans raisonnés de toutes les espèces de jardins*)，是法国造园师突瓦（Garbriel Thouin）当时受欢迎的造园专书，丰富的彩色图版，尤其受到专家的转用。书中一幅版画《装饰园林之建筑建议案例》(*Fabriques pour l'ornement des jardins*)（图7-7）中，尝试把世界各地各类建筑，及与其相搭配的桥梁、围栏、地景、设施等，一起分排并列于同一张图像中，就像是提

*150*

供兴建园林所用的小百科全书或教科书教战手册。风格从欧洲、亚洲到非洲，从在地到异域，从古代到当代，甚至有些建筑是结合事实与想像有创意的新设计，从中国九层宝塔、中国亭台、埃及方尖碑、东亚蒙古包、阿拉伯纪念柱宝塔，到欧洲古典圆形神殿、伊斯兰寺庙、欧洲古典主义宫殿等等（Garbriel Thouin，1838：54），此处主建筑皆搭配相呼应的自然植物树种与地景设施，把各类型、各风格地理风景与各功能建筑共同串连一起，国际风情跃然纸上；其园林之世界观也一一展现，它们是现实世界与理想世界之缩影，把不同历史时间与各类地理空间都糅合入同一园林场域中，神话、绘画、诗歌之意象也一并纳入园林设计中。这些纸上资料，是18世下半期至19世纪自然风景造园理论的归纳，

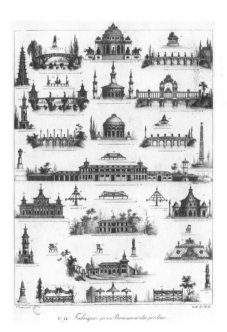

图7-7 《装饰园林之建筑建议案例》(*Fabriques pour l'ornement des jardins*)，图片摘自：Garbriel Thouin, *Plans raisonnés de toutes les espèces de jardins* (Paris: Chez Madame Huzard [née Vallat la Chapelle] imprimeur–libraire, 1838), pl. 54.

图片来源：Bibliothèque nationale de France授权使用。

与此同时，它也快速地影响到新世代欧洲造园师，把新时代所发展出的国际风，纳入园林或公共绿地新空间中。德意志地区的沃里兹（Wörlitz）园林（图7-8），或是波茨坦（Potsdam）无忧宫（Sanssouci）园林，都是典型的例子（张省卿，2015：91—100；张省卿，2022：112—115）。原来受中国皇家园林启发的"天下"观，至此结合欧洲的殖民贸易与国际通商经验，"天下"中的中国及东亚境域，被转化成欧、亚、非三洲的世界地图概念与万国风情景象。

图7-8　F. Schellhase:《德绍沃里兹园林纪念图》（*Erinnerungen aus dem Wörlitzer Garten bei Dessau*），蚀刻铜版画，ca.1850，图片摘自: Bernd Gerhard Ulbrich, *Wörlitz*（Dessau: Anhaltische Verlagsgesellschaft GmbH, 2000），pp. 24-25.

# 欧洲现代帝国主义与清帝国的碰撞

1492年，哥伦布（Columbus）到达美洲，西班牙势力进入美洲，在美洲建立殖民帝国（Spanish Colonial Empire）；16世纪以来，欧洲经济重心由北海、波罗的海、地中海移向大西洋，大型资本主义企业兴起，世界贸易趋于频繁。原属边陲之西欧国家的经济与政治地位跃升，葡萄牙、西班牙、尼德兰、法国与英格兰人航向大海，成为贸易商人，并晋升成为殖民强国（Hermann Kinder and Werner Hilgemann，1987：225）。1 500年以来，葡萄牙与西班牙的殖民政策，开启全球的密切联系，地理大发现的探险航行与系统规律的贸易关系，首次使欧洲、非洲、亚洲与美洲有最直接的全面性联结，这样的联结，直到18世纪中期，才真正建立起稳定的经济关系，及跨越洲际之全球国际贸易联结网络（Jürgen Osterhammel and Niels P. Petersson，2019：25）。欧洲列强于16至18世纪推行殖民政策，原来拉丁文"帝国"（Imperium）是命令权的意思，后被沿用到帝国主义（Imperialism）概念中；到了19世纪，欧洲列强认为势力的崛起与富强的关键在殖民争取，进而竞相瓜分世界，到全球各地进行殖民掠夺（Hermann Kinder and Werner Hilgemann，1987：377；Geoffrey Barraclough，1960：705–706）。欧洲人在世界各地，不管是定居殖民还是贸易殖民，从美洲、非洲到亚洲，全球各地皆成为西方列强拥有特许权的据点。在英国，光荣革命（1688年）以来，建立君主立宪制度（Constitutional Monarchies），新贵阶级对政治、社会制度进行改革，英国农业经济也进入资本化革新。18世纪末以来的产业革命，促进英国在各项产业的机械化方面大量生产。此时与17、18世纪不同，各大东印度公司从远东中国进口奢侈手工艺品的时代已有所转变。经过18世纪下半叶的工业革命与19世纪的工业化改革，西欧各国在实用科学与技术上突飞猛进，尤其在交通与电报、电话资讯传递技术的发展上占主导优势，带动国际贸易与经济发展；新的生产技术、交通及后勤资本的不断增长，引发西欧经济结构转变，成为强势区域，优势主导全球发展动脉。大型联合企业垄断资本，股份有限公司以更专业化方式管理企业。西方企业为了称霸市场，进行产品、价格的世界市场垄断，19世纪下半期，借由军事、经济力量及中产阶级的推动，帝国殖民运动，被推展至世界各处（Hermann Kinder and Werner Hilgemann，1987：377）。

当欧洲国家从17、18世纪历经理性启蒙运动与开明政治改革，蜕变成19世纪的工业化大国及政治改革运动的现代化国家时，东方的大清帝国，却正面临改革的困境，外国势力进入中国，瓜分领土，中外冲突不断。从英国出售鸦片到中国开始，1840年中英鸦片战争，1842年签定《南京条约》；1856年至1858年英法联军入侵，1860年签定《北京条约》，英国瓜分租界；1851年，清政府境内纷乱不断，农民发起太平天国起义；1896年《中俄密约》，俄国攫取在中国东北修建铁路权；1897年《胶澳租借条约》，德国势力进入山东；1898年俄国势力进入旅顺、大连，1899年，法国势力进入广州，1895年中日《马关条约》，日本取得台湾、澎湖；1900年八国联军进入北京城……清政府岌岌可危。19世纪，中国在欧洲的形象，因为清帝国内部发展、国际局势的转变及清政府被迫对外洞开门户，产生巨大转变。

# 东方绿化大国形象的转变

18世纪，中国皇家园林的图像不断出现在欧洲各类造形艺术中，法国巴黎博韦皇家制造厂（Manufaktur von Beauvais）生产的八幅"中国皇帝挂毯"（Tentures de L'Empereur de la Chine）系列中，就把东方中国形塑成文化泱泱大国，故事场景的地点就是在皇家园林的绿地内（Madeleine Jarry，1981：17-27）。挂毯《天文学家》（*Les astronomes*）（图7-9）及《皇后出游》（*L'Embarquement de l'impératrice*）（图7-10）中，中国皇家御花园是一片自然随意生成的绿意景象，背景是皇都紫禁城，在《天文学家》中，更是背山面海，除了海洋外，还有远洋船只准备出航，展现中国皇帝航向全球各地的大国气魄。系列挂毯中，也一如其他中国风的图像艺术，它们在欧洲人的想像或假设中，被建构成一个混合事实与想像的东方乐园，中国是以自由思想为基础建造的世界文化国度。皇家园林中，亚热带花草植物茂盛，物产丰富，皇帝亲自采收凤梨，皇家把建造国家当成建造园林一般，采取国家景观绿化政策；中国贤君提倡天文学、科学研究，与科学家们在钦天监中共同探索天体运行；官僚体制井然有序，通过科举制度的文官，治理国家政体；文人体制倡导人权平等，对抗教会权威（Madeleine Jarry，1981：17-27；张省卿，2022：10-12）。

在19世纪，17、18世纪欧洲人对东方中国充满美好想象的时代已褪去，过去借鉴中国启蒙欧洲，促进西方进入现代化改革的美好时代已过去。钱伯斯在世的时间，从1723年至1796年，中国仍是欧洲学习模仿的典范。在这个世纪中，英国及欧洲精英分子因

图7-9 《天文学家》(*Les astronomes*)挂毯系列,中国皇帝的第一系列,毛与丝制,博韦皇家制造厂(Manufaktur von Beauvais),17世纪至18世纪初。

图片来源: https://www.getty.edu/art/collection/object/108F5V.

图7-10 《皇后出游》(*L'Embarquement de l'impératrice*)挂毯系列，中国皇帝第一
系列，毛与丝制，博韦皇家制造厂 (Manufaktur von Beauvais)，17世纪至18
世纪初。

图片来源: https://www.getty.edu/art/collection/object/108F5V.

为中国，而打开对世界各大洲文化的兴趣；之后，西方世界因为技术、科学、工业与军事的力量，强迫中国褪去面纱。到了19世纪，欧洲人用军事武器，打开中国门户，进入中国领土，清政府后期的政治、财政、社会、军事、外交等困境与危机，逐步显露出来，褪去神秘面纱后，中国非现代化与落后的形象开始在西方世界传播开来。

从18世纪到19世纪，这个转变的年代，中国并不知世界局势已经改变；欧洲以更为开放的态度，向其他大洲文明学习，以更实证、更广泛的世界观建造园林，绿化公共景观；而在中国则仍停留在私家园林的建造，并未触及公共景观等相关议题，更遑论公共视觉美学教育。在18世纪的欧洲，建筑师是专业人员与艺术家，是知识分子，是具有影响力的社会精英，以钱伯斯为例，因为建筑师职业与工作任务，被英国国王封有爵位，可见其身份地位之崇高。这种从工匠身份转变成艺术家、专业人员的发展，早在文艺复兴时代便已开始；反观，在清代中国，建造园林者，则仍是工匠身份，清宫皇帝建造皇家园林，是由工匠家族负责，例如由雷氏家族掌案，他们皆有丰富的建造经验，但中国造园工匠之社会身份地位，仍无法与欧洲建筑师和造园师身份相提并论。

18世纪，欧洲内部各个邦国林立，结构分权，虽是封建君主制，但彼此相互学习，提倡开明改革，提高彼此竞争力；中国则仍处在皇权统治的中央集权时代。欧洲经由科学革命与启蒙运动，不管是北方或是南方，不管是教会或是各国封建君主，皆倡导自然科学研究，强调人文与自然科学并重的全才训练；在清政府的科举项目中，并没有自然科学、技术或算学等科目，科学或实用工技常常为清宫皇家或私人垄断；由欧洲传教士传到中国的知识，清代皇帝或少数特权阶级常常是知识的独享者。在欧洲，近现代化的过程中，重要人文资讯与科学发现，都可以公开发表，知识普遍被分享，未集中在少数特权阶级团体中。以耶稣会在清宫皇家园林的经验为例，他们皆能够把中国皇家园林的记录，在欧洲发表，且被翻译成欧洲多种语言，传播中国园林知识，对清宫圆明园的报道就是一个最好的案例。在中国，圆明园是御花园，是禁园，除了少数精英，很少人可以进入，更遑论公开发表讨论；即使清廷出版皇家御制园林的图画、版画，它们也皆只为少数精英所享有，并不如欧洲对中国皇家园林的知识普及。欧洲自文艺复兴到启蒙时代，内部不断有各类改革运动的诉求，挑战王权、教权的权威，追求更自由的人文思想，欧洲人甚至以中国为学习典范；在18世纪，更主张统治权力应该受到制度性的监督；反之，清帝国皇权高度集中，并没有主张要受到制度化的监督，改革声音皆很快被压制；东、西改革发展明显不同，也造就了19世纪不同的未来。

## 万国博览会借用虚拟造园世界

因为中国的启发，18世纪欧洲人利用造园艺术，显现当代西方人对世界的认知与世界一家的理想，利用建筑、地景、自然风景，展示对各大洲风貌与文化的认知，钱伯斯创造出来的东、西混合造园艺术，是时代的典范。这个源自钱伯斯设计的空间场域，展现欧洲现代自由人文精神，它是多元、跨域、丰富的，是由实证与想象交相融合的世界观与万国图像。这个比中国园林世界更接近现世的世界观，经由欧洲当时造园著作及园林艺术建造的普及化，影响到工业化后西方列强展示国力的公共空间场域，也就是万国博览会的布局设计与理念展现。

1851年，欧洲第一个万国博览会，由大英帝国在伦敦举办，就规划在海德公园（Hyde Park）内；伦敦"世界万国博览会"（The Great Exhibition）（图7-11），主建筑水晶宫（The Crystal Palace），是由造园师及建筑师帕克斯顿（Joseph Paxton，1803—1865）规划设计的。帕克斯顿利用透明玻璃与钢铁架构（图7-12），继承与沿用园艺中暖房、温室规划的功能，做了一个大胆的尝试，利用最新材料钢铁的强度与耐力及玻璃的透明采光效果，建造一个类似的暖房的庞大宽敞的展示场域；就建筑工程本身而言，水晶宫是19世纪西方建筑奇观之一，是工业革命时代的重要产物与代表作品（Adolf Max Vogt，1991：48-49）。这个空间，它展示了大英帝国在19世纪工业化下的国力，同时也展示了来自全球各地、各国的产品与艺术文化工艺作品（Stefan Koppelkamm，1987：138）。它对场域空间的运用手法与技巧及万国博览会的展示概念，与钱伯斯造园理念很接近；钱伯斯利用建筑风格与自然地景风情展现万国文化，且将万国文化大量散置在大园区内；水晶宫内的展示（图7-13），则是利用更现代的物质文化，例如雕刻、造型艺术（图7-14）、自然物料，甚或机器、工业制品、新发明设备，来展现世界各地的多元文化内涵（Jeffrey Auerbach，1999：93），而且让各个展区拥有平等空间。

不管是钱伯斯的造园园区，或是水晶宫内的万国博览会展场，都建造了一个原本不存在的万国场域，让童话、神话般的梦幻场景，美梦成真；把所有现实世界或想象、虚拟的世界，都装置组合

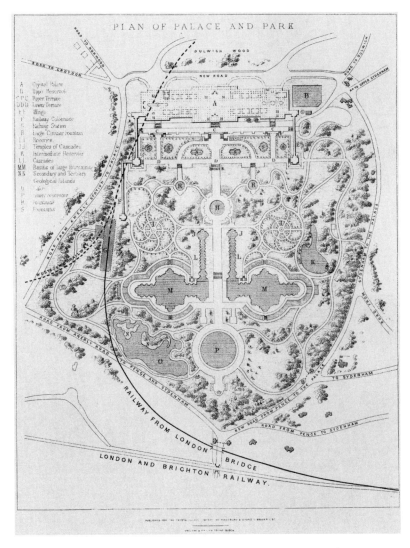

图7-11 《水晶宫与公园地图》(*Plan of the Crystal Palace and Park*),Hyde Park,
Sydenham,London,1850s.

图片来源: Public domain,via Wikimedia Commons.

图7-12 《1851年伦敦海德公园内英国万国博览会与水晶宫》(*The 1851 Exhibition in Hyde Park of London and the Crystal Palace*),1854。

图片来源: By Dickinson Brothers - Dickinsons&#039; comprehensive pictures of the Great Exhibition of 1851, Public Domain, https://commons.wikimedia.org/w/index.php?curid=543319.

图7-13 《英国伦敦1851年万国博览会水晶宫内展示大厅》(*The 1851 Exhibition of London and the Crystal Palace*),1851,彩色蚀刻版画。

图片来源: Courtesy of the British Library Board(X 953).

图7-14 《英国伦敦1851年万国博览会水晶宫内外国区》(*The 1851 Exhibition of London and the Crystal Palace*)，彩色蚀刻版画。
图片来源: J. McNeven, Public domain, via Wikimedia Commons.

到此一现存空间中；参访者只要一进入此场域内，便能亲身体验环游世界一周与文化熔炉的魅力。这个万国世界的梦幻组合，把全球各地、各大洲的物质文化成果，皆置入同一空间中。设计者在这个全新的场域中，重新建构、装置、组合当时欧洲人对世界的认知；参访者进入此一设计存在的空间，便可以进行任何体验与相关活动，经历过去不曾有过的世界环球之旅，也体认到世界一家的空间规划与场域布局。

## 万国理想场域与世界霸权盛会

英国伦敦1851年的万国博览会，虽设置在海德公园，但博览会场地在水晶宫的透明大厅内，展示方式源自中世纪欧洲商人、工匠在城镇广场上的市集展示。中古城镇市集，以贩售商品形式，展示来自各地区，包括东方阿拉伯来的商品。19世纪中期的伦敦万国博览会（或称世界博览会），原名为万国工业博览会（Great Exhibition of the Works of Industry of all Nations），利用水晶宫庞大场域，展示世界各地文化与先进工业科技，继承以市集形式，建构大英帝国的新世代世界观与理想的工业化成果。1867年的巴黎万国博览会（Exposition universelle d'Art et d'industrie）开始采用城市园区的概念来设计会场，除了在巴黎市中心的中心椭圆展示区外（图7-15），周围园区也是展现异国风貌的空间场域。会场中，在以东方建筑为主体的园区内，处处矗立着混合事实与想像风格的伊斯兰清真寺、宫殿、塔楼等建筑（Stefan Koppelkamm，1987：142-145），建筑物搭配热带、亚热带椰树、香蕉树，欧洲访客穿梭其中，享受世界万国中的东方异国情调。钱伯斯早在18世纪利用造园技巧与建筑风格展现各大洲文化，一个世纪后，博览会借用了其技巧与理念。钱伯斯，一个有跨国与跨洲经验的英国艺术家，借助东方中国经验，内化异国艺术，把其转化成欧洲造园改革的动力，使欧洲开启更多元化、更自由化、更跨域视野的空间革新。钱伯斯的中国经验是成功的，它被转化成欧洲一股新的公共空间与绿地改革运动，利用园林展现新世代世界观，它是以世界一家、世界大同的理想，借用园林空间，以每个公平、公

图7-15　巴黎万国博览会（Exposition universelle d'Art et d'industrie，Paris，1867），
鸟瞰图。
　　图片来源：Eugène Ciceri，Public domain，via Wikimedia Commons.

正、平等的场域，展示全世界各个文化的独特风格与自我特色。
在钱伯斯的造园案例与东方园林论述中，皆以更实证的方式理解
世界，也以富有想象的技巧，组合创造世界新场域，经由园林空
间，钱伯斯正在一步一步改变与影响欧洲人的世界观和空间展示
方式。不管是北京圆明园或是伦敦邱园，在18世纪，它们都是皇
家私人御花园，是精英统治阶层的私人空间，但是法国耶稣会教士
王致诚专书介绍中国皇家园林圆明园时，已提及皇家造园具备治
理国家的功能，因为它是中国统治者的实验场，具有造国的公共
性目的。到了19世纪，钱伯斯的造园理念，则被借用到城市公共
空间的展示规划中，被转化成培养现代欧洲大众教育美学与启蒙
公共社会的功能。

19世纪，欧洲人以全新样貌出现在世界舞台，强势的工业科技发展、自然实用科学的建立、密集的国际贸易联结、人文公共建设的普及化、横跨各大洲的新建殖民领地等等，这些新成果、新国力，开始经由对空间场域的新体认，在博览会中被展示出来。

## 结语

钱伯斯经由中国园林启发，体认出东方园林空间所承载的文化意义与展示力量；尤其辨识出，不管是园林场域，或是绿地空间，都可以是重要的展示工具，以作为文明的展示空间，是形而上世界观的实体呈现。19世纪欧洲革命与工业化以后的英国伦敦万国博览会（1851年、1862年）、法国巴黎万国博览会〔1855年、1867年、1878年（图7-16）、1889年、1900年〕、日本京都博览会（1871年，桥爪绅也，2005：10—11）、奥匈帝国维也纳万国博览会（1873年）、美国费城独立百年博览会（1876年）、荷兰阿姆斯特丹国际博览会（1883年）、西班牙巴塞罗那万国博览会（1888年）等等，在这些博览会场域，都精致化了对空间展示与策略运用的体认；而这些场域空间愈来愈具备多元化功能与多重人文意义，利用它们作先进科技展示、权力展示，更是一种现代文明的大展演场。1889年，为纪念法国大革命的政治自由理想而举办的巴黎万国博览会，扩大了场域，借用城市公共空间，建构展览园区，设计及展示了跨国际建筑风格（图7-17）的共荣文化愿景；尝试在这个现实存在的物质空间中，建构出不曾存在的想象理想虚拟世界，就是万国一家、世界大同的理想与广泛价值。借由跨洲际建筑造形、自然地景设计、游园文化活动及丰富的展品，博览会规模愈

图7-16　1878年巴黎万国博览会，克里斯朵夫公司（Christofle）的东亚家具与瓷器，
　　　　图片摘自：M. Louis Gonse, *L'Art moderne à l'exposition de 1878*（Paris,
　　　　1878），p.140.

图片来源: Symbolic & Chase. https://s-c.com/artworks/574-christofle-cie-and-grohefreres-designed-by-an-ormolu-patinated-bronze-cloisonne-enamel-silvered-gilt-1874/（29.06.2023）.

图7-17　1889年巴黎万国博览会（Exposition universelle de Paris）展览画报。
图片来源: Universitäts und Landesbibliothek Darmstadt, Public domain, via Wikimedia Commons.

来愈大，成为欧洲国家展示强权的新舞台（Stefan Koppelkamm，1987：140-141）。其间，中国形象也在展示中有所转变，1851年伦敦万国博览会中，经由展示的中国工艺品，可看出中国形象开始被贬抑（Utz Haltern，1971：277），因为国际局势，中国已经开始被误解为文化与政治落后（Stefan Koppelkamm，1987：139）。到了伦敦1862年的万国博览会，英国更是直接展示了英法联军在北京圆明园所抢夺的清宫皇家宝物（Lothar Bucher，1863：89）。19世纪下半期，东方清宫最珍贵、最重要的皇家收藏品，首次被公开放在公共展示空间中，开放给任何一位进入博览会的参访者，它一方面是掠夺者的展示品，但就物质文化本身而言，它也让一般欧洲民众有机会亲眼见证中国皇家工艺品的真实样貌，具有大众公共教育的社会功能，使它完全不同于清宫皇家独享的传统概念。

19世纪，西欧强权用军事与政治的联合势力，进入中国；中国则被认为处于自我封闭，隔绝于国际贸易市场之外。中国的负面形象开始进入欧洲万国博览会的展示中（Stefan Koppelkamm，1987：140）。欧洲以流血暴力方式，侵略各大洲，以压迫、不合法手段进行贸易交流，与此同时，也把各大洲殖民地区的宝物与文物，带回欧洲（Felix Bohr and Ulrike Knöfel，2023：110-112），部分文物与宝物陆续出现在各地博览会的展览会场。启蒙时代，中国在欧洲的美好文化大国形象，启发了欧洲的改革运动，形塑了西方在各个方面的开明改革与自由思想发展，成就主导优势的西方现代文明；到了1889年巴黎万国博览会，被翻转的中国形象，就出现在展示会场中，清朝的人力车夫（图7-18），成为游园节目活动行程。东方人力车夫与西方工业机械交通产业，形成强烈对比；落后、非现代化的东方中国，是打开帘幕后的现实面貌，它与18世纪挂毯中的美好形象，已经脱钩。在这场东西竞赛的过程中，西方借学习东方，转化成更现代化的新样貌，以钱伯斯为例，可看出欧洲以开放态度向外学习，促成内部改革；东方中国则在东西方接触的过程中，未如欧洲，体认到借用异地优点，启蒙在地发展，成就改革与进步的动力。但中国园林中世界一家的理念与空间展示的方法，却因为中国风园林在欧洲的盛行与钱伯斯的传播，至今仍被沿用到世界博览会与公共露天绿地的场域中，甚或被借用到现在线上游戏、云端元宇宙的视觉文化设计中。

全球化发展下，欧洲与亚洲或是中国与国际的关系，仍是至今

图7-18　1889年巴黎万国博览会,"中国人力车夫与欧洲仕女图",图片摘自: Stefan Koppelkamm, *Exotische Architekturen im 18. und 19. Jahrhundert* (Berlin: Wilhelm Ernst & Sohn Verlag für Architektur und technische Wissenschaften,1987),p. 150.

最迫切要面对的议题,18世纪欧洲启蒙时代的园林交流方案,正为我们提供一个可以供启发的典范。

## 参考书目

杜顺宝:《中国园林》,台北:淑馨出版社,1988年。

耿刘同:《中国古代园林》,台北:台湾商务印书馆,2000年。

威廉·钱伯斯爵士(Sir William Chambers)著,邱博舜译注:《东方造园论(*A Dissertation on Oriental Gardening*)》,台北:联经出版公司,2012年。

张省卿:《新视界:全球化下东西艺术交流史》,台北:时报文化出版社,2022年。

张省卿：《东方启蒙西方——十八世纪德国沃里兹（Wörlitz）风景园林之中国元素》，台北：辅仁大学出版社，2015年。

黄时鉴、龚缨晏：《利玛窦世界地图研究》，上海：上海古籍出版社，2004年。

桥爪绅也：《日本の博覽會》，东京：平凡社，2005年。

楼西庆：《中国园林》，台北，2006年。

Adolf Max Vogt, *Kunst 19. Jahrhunderts – Malerei, Plastik, Architektur.* Stuttgart und Zürich: Chr. Belser AG für Verlagsgeschäfte & Co. KG., 1991.

Garbriel Thouin, *Plans raisonnés de toutes les espèces de jardins.* Paris: Chez Madame Huzard ( née Vallat la Chapelle ) imprimeur-libraire, 1838.

Felix Bohr and Ulrike Knöfel, "Die geklaute Geschichte," *Der Spiegel*, 3. Juni 2023, Nr. 23.

Geoffrey Barraclough, "Das Europäische Gleichgewicht und Der Neue Imperialismus", in: Golo Mann, ed. *Propyläen Weltgeschichte – Eine Universalgeschichte, Band 8, Das neunzehnte Jahrhundert.* Berlin and Frankfurt am Main: Propyläen Verlag, 199.

Georg Laue ( ed. ), *Kunstkammer. Georg Laue-exotica.* München: Eigenverlag, 2012.

Hermann Kinder and Werner Hilgemann, *dtv-Atlas zur Weltgeschichte.* München: Deutscher Taschenbuch Verlag GmbH & Co. KG, 1987 ), Band 1&2.

Jean Denis Attiret ( translated from the French, by Sir Harry Beaumont ), *A Particular Account of the Emperor of China's Gardens near Pekin.* London: R Dodsley, 1752.

Jeffrey Auerbach, *The Great Exhibition of 1851: A Nation on Display.* Yale University Press, 1999.

John Harris, *Sir William Chambers: Knight of the Polar Star.* London: University Park, Pennsylvania State University Press, 1970.

Jurgis Baltrušaitis, "Jardins et pays d'illusion", in: André Chastel, ed. : *Aberrations: quatre essais sur la légende des formes*, from "Collection Jeu

Savant"（Paris 1957, pp. 99-131）.

Jürgen Osterhammel and Niels P. Petersson, *Geschichte der Globalisierung – Dimensionen, Prozesse, Epochen*. München: ©Verlag C. H. Beck ohG, 2019.

Lothar Bucher, *Die Londoner Industrieausstellung von 1862*. Berlin: Verlag von Louis Gerschel, 1863.

Louis Carrogis Carmontelle, *Jardin de Monceau, près de Paris*. Paris 1779.

Madeleine Jarry, *China und Europa*. Stuttgart: Klett-Cotta, 1981.

Stefan Koppelkamm, *Exotische Architekturen im 18. und 19. Jahrhundert*. Berlin: Wilhelm Ernst & Sohn Verlag für Architektur und technische Wissenschaften, 1987.

Terry Comito, "The Humanist Garden" in Monique Mosser and Georges Teyssot, eds. *The History of Garden Design – The Western Tradition from the Renaissance to the Present Day*. New York: Thames & Hudson Inc., 2000.

Osvald Sirén, *China and Gardens of Europe of the Eighteenth Century*. Washington, D.C: Dumbartom Oaks Research Library & Collection, 1990.

William Chambers, *A Dissertation on Oriental Gardening; by Sir William Chambers, Kent: Comptroller General of his Majesty's Works*. London: W. Griffin, 1772.

William Chambers, *Design of Chinese Buildings, Dresses, Machines, and Utensils*. New York: A New York Times Company, 1980; First published London, 1757.

William Chambers, *Plans, Elevations Sections, and Perspective Views of The Gardens and Buildings at Kew in Surrey*. London: Haberkorn, in Grafton Street, St. Anne's Soho, 1763.

Wilfried Hansmann and Kerstin Walter, *DuMont Geschichte der Gartenkunst – Von der Renaissance bis zum Landschaftsgarten*. Köln: DuMont Literatur und Kunst Verlag, 2006.

# 八、英国画派发展的关键年代：
# 雷诺兹与其艺术世界

谢佳娟

## 前言

1723年7月16日，英格兰西南部德文郡小镇普林普顿（Plympton）的牧师塞缪尔·雷诺兹（Samuel Reynolds，1681—1746）与其妻生下了他们的第七个孩子，也是第三个儿子，乔舒亚·雷诺兹（Joshua Reynolds，1723—1792）。这并不是一个艺术世家，塞缪尔·雷诺兹毕业于牛津大学，除了是位牧师，也是普林普顿当地文法学校的校长，妻子也出身神职人员家庭。他们大概万万没想到，这个儿子在未来会成为"英国画派"建立国际名声的关键舵手。

对读者而言，"英国艺术"或许显得模糊、陌生。18世纪的英国，有知名的画家吗？这几乎是可以让人合理怀疑的问题。对当时即将崛起而为世界强国的英国来说，艺术重要吗？这则是今日都仍值得让我们深思的问题。确实，英国既没有如意大利文艺复兴时期大名鼎鼎的达·芬奇、拉斐尔、米开朗基罗，亦无如荷兰黄金时代名声响亮的伦勃朗、维米尔，更无如19世纪末众星云集的巴黎那样，造就出马奈、莫奈、塞尚、梵高、高更等一连串家喻户晓的现代艺术家。在艺术史入门畅销书《艺术的故事》的作者贡布里希（E. H. Gombrich，1909—2001）眼里，"英国艺术"似乎对欧洲艺术的发展无足轻重。这样的史观虽然一定程度上反映了这位著名艺术史学者及其继承之学术传统的"偏见"，但"英国艺术"在欧洲艺术发展主流中的"落后"，确实也曾是英国艺术文化界倍感忧虑的议题。

自从16世纪起，英国王室贵族往往重用欧陆画家，著名者如亨利八世时期的荷尔拜因（Hans Holbein the Younger，约1497—1543）、查尔斯一世时期的凡·戴克（Anthony van Dyck，1599—1641）、查尔斯二世时期的莱利（Sir Peter Lely，1618—1680），以及接续的内勒（Sir Godfrey Kneller，1646—1723）。这些外来的画家为英国王室成员与朝臣绘制肖像，也协助英国建立肖像画传统。不过，自文艺复兴起，意大利、西班牙与后起之法国画家，除了绘制王室贵族肖像外，更重要的工作则是以宗教、神话、政治主题装饰宫殿及教堂，以视觉图像传达政治、宗教理念。这些所谓的"历史画"，被认为是更高级、更能展现画家能力的画种。相较之下，英国的宫殿与教堂（因新教信仰与偶像破坏因素）则相对黯淡失色。英国本土画家鲜少受到委托制作展现历史、政治与宗教主题的大型公共艺术或宫殿壁画；桑希尔（James Thornhill，1675—1734）为旧皇家海军学院彩绘大厅（Painted Hall，Old Royal Naval College，1707—1726）以及伦敦圣保罗大教堂圆顶（1715—1717）制作的壁画实为罕见的早期案例。事实上，英国本土画家多半仅能借由绘制肖像谋生。雪上加霜的是，对18世纪英国美学发展影响深远的沙夫茨伯里伯爵

（Anthony Ashley-Cooper，3rd Earl of Shaftesbury，1671—1713）
还曾说过，肖像画"不是博雅艺术，不值得推崇，因为它不需要
博雅学识、天赋、教育、社交、礼仪、道德学、数学、光学，它
只是实用、庸俗的技艺"。直到1720年代，从事肖像画绘制工作
的英国本土画家，还没有"艺术家"的荣称，其社会地位如同
工匠。

　　乔舒亚·雷诺兹便是在这样不利于本土画家的环境下诞生的，
不过困境或许也是转机。结合天时、地利、人和，雷诺兹不仅为
自己创造成功的艺术家生涯，更担任了1768年创立的英国皇家美
术研究院（Royal Academy of Arts）首任院长，成为英国画派建立
国际名声的关键舵手。


## 从乡镇到艺术世界中心：立志成为博学的画家

　　十七岁之前，雷诺兹生长在地方小镇，与广袤世界的联结，可
说非常有限。他在父亲任校长的文法学校毕业后，原受父亲安排
要学习当药剂师，但由于对艺术展现出高度兴趣，父亲也认可他
在素描方面的天赋，因此同意让他改走学习绘画之路。当时家乡
有一位名叫沃维尔（John Warwell，卒于1767）的地方画家，愿
意免费招收雷诺兹为学徒，然而心怀壮志的雷诺兹表示他"宁可
当药剂师，也不愿成为一位'普通'画家"。最后，他们找到了同
样出身德文郡但在伦敦执业的肖像画家哈德森（Thomas Hudson，
1701—1779），于是雷诺兹在他十七岁那年来到伦敦，进入哈德
森门下当学徒。比一般学徒时间还短，仅仅三年之后，1743年，
二十岁的雷诺兹便提早结束学徒生活，开始独立在普利茅斯港区

与伦敦两地从事肖像画工作，其中不少顾客是驻扎在普利茅斯的海军军官。

雷诺兹不甘于工匠阶级的生涯——不管是药剂师或是以肖像维生的地方画家——其实有迹可循。雷诺兹与其兄弟虽然没有一位如父亲一样上大学，但牧师家庭毕竟充满书香，父亲的图书与些许的版画收藏，成为雷诺兹年少时的滋养。他的笔记本里留下了许多他阅读古希腊罗马哲学和文学家、近代英国作家以及欧陆艺术理论著作的节录。其中，哈德森的老师，肖像画家兼理论家理查森（Jonathan Richardson，1667—1745）的著作，包括1715年的《论绘画理论》以及1719年的《论艺术批评》及《论鉴赏家之科学》，对他影响深远。理查森在《论绘画理论》中主张：

> 绘画是令人愉悦的、天真无邪的娱乐。但它还不只如此，绘画极有用处，因为它是我们借以彼此传达思想的媒介之一，且就某些方面来说，优于其他所有的媒介。因此，绘画应当与这些媒介同列，不只被视为一种享乐，而更是一种语言，通过绘画语言我们沟通思想的技巧得以完善。

对于想在绘画上伸展抱负的雷诺兹而言，"绘画是一种沟通思想的语言"这样的观点，势必深具吸引力与说服力。这或许也是造就他不同于其他工匠阶级出身的画家而有能力跻身"博雅艺术"家之列的重要因素。此外，不管是他同代人的近身观察体会，或是后世传记作者的描述，都强调雷诺兹有着和蔼可亲、平易近人、善于社交的性情，这也让他在肖像画家生涯中，深受贵族士绅阶级欢迎。

然而，光是饱读诗书与善于社交，对于成就一位"艺术家"

声名，在当时的环境中仍不充足。英国贵族对于欧陆绘画、雕刻的喜爱与品味，身为这些贵族的肖像画家如果不能体会、无法洞察，如何能和这些赞主平起平坐，获得他们的重视与尊敬？18世纪贵族间兴盛的壮游（Grand Tour），不仅有着增广历史与国际政治局势见识、建立人际网络的目的，也是进行艺术文化巡礼、培养品味的良机，然而这对于画家这样的阶级而言，却是难以独立企及的梦想。所幸，1749年，曾向雷诺兹订制肖像的舰长埃吉肯姆（George Edgecombe, 1st Earl of Mount Edgcumbe, 1720—1795），将他引介给另一位军官凯佩尔提督（Commodore Augustus Keppel, 1725—1786），当时凯佩尔正准备前往地中海执行外交任务，在他的邀请下，雷诺兹高兴地于1749年5月11日搭上百夫长号战舰（HMS Centurion），一同启程。在里斯本、直布罗陀、阿尔及尔及梅诺卡岛上度过数月后，雷诺兹终于在1750年4月抵达罗马，在罗马住了两年后，又前往那不勒斯、佛罗伦萨、博洛尼亚与威尼斯，然后途经巴黎，于1752年10月回到伦敦。

依现存的数本雷诺兹速写簿来看，在意大利的两年多时间，雷诺兹勤奋地四处观看文艺复兴大师杰作，并且勤做临摹与笔记。对他个人而言，这不啻是学习绘画技法的最佳途径，也是训练眼力与品味的不二法门，甚至也是未来创作的养分与素材。相对于早他一辈的荷加斯（William Hogarth, 1697—1764）力抗贵族崇尚欧陆品味，而主张以针砭社会时事的"现代道德主题"来为英国绘画独创一格，雷诺兹则更对欧陆古典传统有所向往，并将英国画派的愿景建立在对欧陆传统的掌握与传承上。从意大利回来后，当时年近三十岁的雷诺兹，终于真正准备好成为一位画家，大展长才。

## "宏伟的"肖像画

对展开画业的雷诺兹而言，肖像画依旧是谋生之途。然而，肖像画真如沙夫茨伯里伯爵所说"不是博雅艺术，不值得推崇"？为了推翻这样的偏见，雷诺兹力图让英国肖像画挣脱传统模式，而他所凭借的，正是他从壮游中所获得的见识。以雷诺兹在壮游之前与之后为凯佩尔提督所作的肖像画为例，便可清楚看出这趟意大利艺术巡礼所带来的影响。图8-1是雷诺兹为凯佩尔提督绘制的第一幅肖像画，约莫是他们在梅诺卡岛上暂停期间所作。此画基本上承袭了哈德森肖像画模式，主人翁右手插入背心的这种藏手礼（hand-in-waistcoat）姿势常见于18世纪中叶的肖像画中，用以表现沉稳谦逊的男子气概。画面右后方则描绘了以百夫长号为首的舰艇中队，暗示出主人翁的身份地位。

图8-1　Joshua Reynolds, *Commodore the Honourable Augustus Keppel*, 1749. Oil on canvas, 127 x 101.5 cm National Maritime Museum, Greenwich.

图片来源: Joshua Reynolds, Public domain, via Wikimedia Commons.

为了感谢凯佩尔的款待，回
伦敦后雷诺兹创作了图8-2这幅
全身肖像画。画中雷诺兹援用了
古典雕像的姿势来描绘凯佩尔，
为肖像画注入了庄严感与超脱特
定时空的永恒性。更特别的是，
主人公立身于岩石峭壁与飞溅着
白浪的大海之间，仿佛正迈步穿
过暴风雨肆虐的海岸，充满了动
势。这种动态感与叙事感，向来
是历史画的特色，但在当时的肖
像画中则是极为创新的手法，宣
示了雷诺兹的绘画理念：他将致
力于提升肖像画的位阶，将肖像
画"历史画化"。雷诺兹将这幅
展现"宏伟风格"（grand style）
的肖像画放置在他伦敦的工作室
数年，成为展现他新画艺的最佳
宣传。短短几年间，雷诺兹的

图8-2　Joshua Reynolds, *Captain the Honourable Augustus Keppel*, 1752–1753. Oil on canvas, 239x147.5 cm. National Maritime Museum, Greenwich.

图片来源: Joshua Reynolds, Public domain, via Wikimedia Commons.

肖像画家名声很快超越了他昔日的老师哈德森以及其他肖像画家，
上门前来委托作画的人络绎不绝。依据难得幸存的雷诺兹日账本，
我们可以得知雷诺兹不仅工作勤奋，也相当有效率，以1758年为
例，一年中他便接受了150件肖像画订单。学者的研究显示，雷诺
兹一生直至1792年为止，共创作超过1 500幅的肖像画。1760年，
雷诺兹在现今莱斯特广场旁购置了新家，其中不仅有展示画作的
画廊，还有接待宾客的宽敞工作室。到了1764年，雷诺兹的年收

入增高到6 000英镑，远远超出了一般工匠的平均收入。不过，从历史的角度来看，此时雷诺兹在市场上的成功，仍不是他艺术生涯的高峰。

## 学院首任院长与艺术论述

雷诺兹纵然有着个人卓著的肖像画家名声，得以过着优渥的生活，然而就英国艺术整体而言，依旧未在上流社会中获得肯定与重视。身为画家群体中的一员，雷诺兹势必深感其中的困境。究竟要如何让画家这个行业获得尊严以及上层社会的重视？究竟要如何让英国也可以拥有令国际正视甚至赏识的画派？

自从18世纪初起，促进"英国画派"发展之声便不断传出，而通过设立素描学院以培育人才，则为主要诉求。尤其在英、法长期以来的较劲下，法国自1648年即成立的皇家绘画与雕塑学院（Académie royale de peinture et de sculpture）常常成为英国论者的比较标的。设立学院的诉求虽然历经多次失败，不过画家团体确实也在18世纪中叶凝聚出更大力量，谋求更高的社会能见度。其中一个契机，是1754年通过私人募捐方式成立的"艺术、制造业、商业励进会"（The Society for the Encouragement of Arts, Manufactures, and Commerce，今日之Royal Society of Arts，简称RSA），其不仅在奖励项目上设置"文雅艺术"，积极奖励素描、版画、油画等，亦于1760年举办首届英国当代艺术展览。在此展览之后，部分参展艺术家们组成了"大英艺术家协会"（Society of Artists of Great Britain），另行举办每年展览，1765年时会员多达200多人。不过会员之间争议不断，最后于1768年底一批艺术家从中脱离，在获得英王乔治三世支持后，组成只有34位院士的"皇家艺术学院"。

雷诺兹便是这群少数的艺术家之一，凭借学识与声望，被推选为首任院长。翌年，雷诺兹更获得乔治三世赐予的爵士称号。这样的学院体制，在欧洲最早出现于16世纪中叶的佛罗伦萨，17、18世纪逐渐在欧洲各国一一成立。比法国晚了120年才成立的英国皇家艺术学院，虽然后起，却也在英国艺术发展上施展了无可替代的影响力量，直至今日。

对当时的英国艺术家（画家、雕塑家、建筑师）而言，皇家艺术学院的成立至少有三点意义：第一，形塑集体认同与社会地位；第二，通过每年举办夏季展览，提高英国画家作品能见度，并形成艺术方面的"公共领域"；第三，通过学院下属学校，培育年轻艺术家人才。即便"学院派"在19世纪中后期以来往往被刻画为现代艺术前进所需挣脱的枷锁、推翻的权威，在18世纪下半叶，学院的设立与存在，却是艺术家们千呼万唤始出现的新希望。甚至，在雷诺兹上任院长的首次年度演讲中，将之委婉归结为文明进展不得不然的轨迹。

从1769至1790年底，雷诺兹总共做了十五次的学院公开演讲。在其中，他阐明了他的艺术理念，以及对欧陆绘画理论与实践的洞察，并对年轻学子提出谆谆教诲。当时，每次的演讲内容都会独立出版，日后再版时，雷诺兹也常再次修订，显见其对此论述的重视。雷诺兹在世期间，有些内容已被翻译成法文、德文、意大利文流通，因而可说是英国艺术家首次向外"输出"艺术论述。1797年，在雷诺兹逝世五年后，十五次的演讲完整集结，并同雷诺兹其他的书写首度出版，且多次再版直至今日，这在欧洲古典艺术论述中，堪称最重要的著述之一。今日读来，其优美的文体，仍生动显示出雷诺兹的深思熟虑。

事实上，除了上述三点意义，雷诺兹对于艺术学院显然还有更高的期许，希望艺术学院能够带领英国整体艺术以及工艺、制造业的提升。18世纪正是英国制造业、海内外贸易与重商思想大幅发展之际，各种物质文化消费促使了居家生活与社会生活更加舒适与精致，但面对法国以及亚洲舶来品等的竞争，英国内部也不断兴起要提升国家竞争力与财富的呼声。不过，相对于实用论点，雷诺兹显然有不同的想法。他曾在笔记中驳斥英国教会牧师暨经济学家塔克（Josiah Tucker，1713—1799）所谓"大头针制造商比拉斐尔在社会上更有用"的论点，认为这样的重商思想太过狭隘。雷诺兹深信艺术提供了智性愉悦及教诲的契机，是理性的生活享受，因此有助于社会健全与提升，绝非无用。他在1769年1月2日的首次公开演讲中更清楚申明：

> 人们通常只基于商业（mercantile）考量来设置这样的机构，然而，以这种原则建立的学院，甚至连它自己狭隘的目的也将无法达成。如果没有更高的源头，在制造业中将永远无法形成品味。但是如果更高层的设计艺术（按：即美术）繁盛的话，那么这些较低阶的目标也将会获得回应。

换言之，雷诺兹认为，艺术学院的重点并非在振兴绘画、雕刻行业，而更在品味标准的提升与培养，从而作为"更高的源头"带动制造业的提升。这样的看法，尤其字里行间透露出艺术家与工匠地位高低的意识形态，在今日或许难以得到认同。然而，这在当时除了反映出一定程度的社会现实外，也是要造就"艺术家"崇高意象不得不然的论述手段。这是因为，直到18世纪中叶，英国画家在社会上的地位并不高，而是如同手工劳作的艺匠。因此，若要提升其社会声望，势必需要手工劳作之外的另一套论述相助。通过这个品味论述，不但让绘画的价值得以在中上阶层的文化塑造中获得认同，亦让画家得以打造其专业的身份地位，成为文雅社会的一分子。更重要的是，雷诺兹的品味论点，也反映了他所秉持的文明观。他曾于1780年第九场演讲中明白指出，一国强盛与否，往往取决于智识上卓越发展的程度，而贸易及其随之而来的财富，则是促进智识上卓越发展的凭借；然而如果一国之人民全都仅专注于致富的手段上，而忘却了目的，那么则比野蛮民族好不到哪里去。

基于此理念，雷诺兹在学院演讲中，不断重申心智能力的重要性，希望学生们努力提升心智，而非只勤练手的技巧。他在1771年的演讲中就曾说道：

> 艺术的价值与等级就看其运用了多少程度的心智能力，或者引发了多大程度的心智愉悦。遵守或忽视这项原则，将导致我们画家的职业成为一项博雅艺术（liberal art），或者仅是一项技工行业（mechanical trade）。在前者手中，绘画因诉诸最高贵的官能而展现了最崇高的抱负；在后者手中，绘画降低为仅关乎装饰，其能力所及顶多只是优雅地装饰我们的住所。

换言之，既然"绘画是一种沟通思想的语言"，那么思想内涵与绘画语言，画家皆不可偏废；甚至，绘画要沟通什么样的思想内容，更是决定画家地位的关键。雷诺兹这样的信念与观点，基本上继承了意大利文艺复兴人文主义绘画论述，通过强调艺术所需的心智能力，来提升艺术在社会上的价值与定位。不过，在这样的绘画论述中，不同种类的绘画，也因其被认为所需心智能力高低不同，而也有了高低层级：历史画最高，肖像画其次，风俗画与风景画再其次，静物画最低。这样的意识形态，在17、18世纪的欧洲艺术学院里，被视为理所当然，急欲迎头赶上欧陆艺术发展的英国，势必无法忽视。

然而，"历史画"作为最高层级画种，这样的理想在英国社会现实环境中却难以伸张。和法国皇家绘画与雕塑学院在王室直接支持下，大力推动与赞助历史画不同，在英国，即便皇家艺术学院成立后，英国画家——包括雷诺兹自身——依旧难有历史画委托案。这并非说雷诺兹与18世纪英国没有历史画，事实上，雷诺兹留下了约莫十幅有历史画规模的画作。现今主要以历史画留世的18世纪英国画家，其中一位和雷诺兹同样诞生于1723年，然而后世声名却远较雷诺兹黯淡。出生于苏格兰的汉弥尔顿（Gavin Hamilton，1723—1798），二十出头就前往罗马，1751年至1756年短暂回到伦敦以肖像画维生之后，又回到罗马定居，不像雷诺兹毅然决然投身肖像画事业。倾心古典文化与国际交游网络的汉弥尔顿，在罗马除了作画，后来大部分时间从事艺术经销与考古挖掘，直至1798年去世。他于1760年代以荷马史诗《伊利亚特》创作了系列大幅油画，成为他现今最为知名的传世画作，当时也通过复制版画广为流传，成为18世纪下半叶"新古典主义"（Neo-classicism）风潮的先驱，包括大概最为读者所知的法国新古典主义画家大卫（Jacques-Louis David，1748—1825），也多少受其画作启发。然而，汉弥尔顿虽在当时罗马国际文化圈中受到赏识，却未在英国本土引领画坛走向，而这或许也和当时英国历史画发展的处境以及后世评断"英国画派"的重点有关。

"英国有没有历史画"，是个相当有趣的研究课题。追踪18世纪英国历史画的案例，可以看出历史画概念在此世纪下半叶面临了新的挑战与演变。特别值得注意的是，历史画开始纳入当代的政治、军事事件等，并且也开始从中世纪与近代英国历史和文学中取材。这一部分归功于公益团体如前述"艺术、制造业、商业励进会"的提倡，其于1759年便开始提供历史画竞赛奖项，并规定参赛画家必须从"英国历史"中自选主题。另外，则获助于民间人士的推动，最有名的例子，就是版画商博伊德尔（John Boydell，1720—1804）于1786年起策动的"莎士比亚画廊"（Shakespeare Gallery）计划，邀请了包括雷诺兹等多位英国画家以莎剧题材绘制油画，举行展览，并以复制版画集发行，希望借此促进英国历史画发展。这些英国历史画的新方向，都有别于欧陆画派以《圣经》、古希腊罗马神话、古代历史为题的历史画传统。其中，以当代军事事件为题材的历史画，在现今又往往特别会被举为阐述英国历史画"现代发展"的重要例证。

韦斯特（Benjamin West，1738—1820）绘于1770年的《沃尔夫将军之死》（*The Death of General Wolfe*），是最著名的案例，画中瘫倒在地上被众人环绕扶持的沃尔夫将军，于1759年9月13日在英法两军魁北克战役中殉难。这场战役是英法两军在北美殖民地势力消长的关键，成功带领英军获胜的沃尔夫，却在战役末声中枪殉难，也因此成为举国悼念的英雄。1771年《沃尔夫将军之死》在皇家艺术学院展出之际，引来观画人潮。小雷诺兹十岁的韦斯特，出生于当时英国在北美的殖民地费城，在意大利大旅行精进画艺之后，原本预计途经英国再回北美，却于1763年抵达伦敦后从此定居下来，很快打入艺术圈，不仅成为皇家艺术学院创立院士之一，也受到王室与贵族赏识，被乔治三世聘任为王室历史画家，更在雷诺兹去世后，继任为学院院长。韦斯特也从事肖像画，但不同于雷诺兹，韦斯特有更多的历史画创作，题材一方面包括了古代历史、神话甚至宗教，符合了欧陆传统以及新古典主义潮流的特色，另一方面也成功开拓出《沃尔夫将军之死》这样纪念当代军事英雄的新主题。

事实上，过往并非没有描绘当代英雄的画作，不过韦斯特的创举，在于并没有依照历史画常规将主人公"古人化"，而是让沃尔夫穿着当代军服入画，如此来表达韦斯特认为历史画所应该表达的"历史真确性"。也正是针对这点，雷诺兹坚持了和韦斯特相对的立场。雷诺兹在学院演讲中，一贯主张历史画应该表达一般性概念，泯除特定的时空性，如此才能呈现出"宏伟风格"。也因此，雷诺兹认为不宜让沃尔夫穿着当时服饰入画，而应让其身着古装，如同描绘古代英雄般。以后见之明来看，雷诺兹在历史画方面的主张，并未主导未来的发展方向，相反地，18世纪后期至19世纪，随着欧洲战事更迭与国族历史意识的兴盛，彰显特殊性的历史画作反而成为发展趋势。换言之，相较于雷诺兹主张的历史画传统在于追求超越时空的普遍人性价值，18世纪后期起，人们更乐于见到历史画作为时代特殊性的见证。

18世纪下半叶的英国，除了汉弥尔顿与韦斯特这两位几乎可说是特例的历史画家外，大部分英国画家赖以为生的，仍旧是肖像画，此外则是描绘贵族庄园与各地景观的风景画。换言之，雷诺兹在学院论述中推崇的"历史画"理想，对年轻学子而言却难在英国社会现实中找到对应出路。事实上，这或许可说是"英国画派"的最大挑战之一：如何在援用欧陆学院体制下，仍能走出一条"英国画派"的独特道路？对于几乎不从事风景画创作的雷诺兹，或许超出他的预期，后世对"英国画派"的认识，往往推举风景画为代表。早在19世纪初，1810年7月《每月杂志》

（*Monthly Magazine*）中的一篇评论就说道："英国画派的进展估计会是如此：在宏伟的历史与诗意题材构图上呈现退化，在正确的素描与纯洁的用色上有进步，在肖像画上表现杰出，在风景画上无可匹敌。"至今，一般提起18至19世纪中叶的英国绘画，也常以风景画与肖像画为代表。然而，即便如此，雷诺兹所宣扬的理念并非全无作用与影响，至少在他自身，已为肖像画与历史画的结合，或者说，将肖像画"历史画化"做出了杰出的示范。可以说，"历史画"的理想，已渗透入肖像画乃至风景画等其他画种。

## 跨领域交流与跨文化视野

雷诺兹并非蛰居于学院象牙塔内的博学画家。事实上，他还善于社交，而这个能力除了有助于他身为肖像画家结识上层社会名流，开拓人脉，也是18世纪英国文雅社会（polite society）的缩影。雷诺兹所怀抱的艺术理念与勤奋工作的态度，以及悠游上流社会的社交能力，为英国画家建立了焕然一新的社会形象。

18世纪的英国社会，是个喜于"交谈"的时代，甚至也因应这样的社会风潮，出现了新兴的"交谈画"（conversation piece），结合了肖像画与风俗画，描绘着一群家人或好友轻松地聚会聊天。此际中上阶层社交生活蓬勃发展，伦敦市里咖啡馆成为文人雅士聚会畅谈之所——当然也可以想像，酒馆成为欢饮嬉闹之处，甚至在志于针砭社会的霍加斯眼中，酒馆成为堕落之渊。

除了日常的谈天说地外，18世纪也见证了众多知识性、专业性的社团群体的建立，包括1707年成立的古物研究学会（Society of Antiquaries）、1734年组成的文艺同好会（Society of

Dilettanti），以及前述的艺术家专业团体。文艺同好会成员皆为壮游过意大利的贵族士绅，他们特别鼓励研究古希腊罗马艺术，譬如曾经赞助建筑师斯图尔特（James Stuart，1713—1788）与瑞维特（Nicholas Revett，1720—1804）前往希腊研究建筑遗迹，并将成果于1762年出版为《雅典古迹》（*The Antiquities of Athens*）。此著作成为古希腊建筑研究的重要里程碑，并带动新古典主义建筑与装饰风潮。雷诺兹最初于1755年便曾和同好会成员交涉，希望获得支持成立艺术学院。1766年，雷诺兹进而成为文艺同好会会员，同时也获聘为文艺同好会画家，为同好会成员留下群体肖像。除此之外，当时还有不计其数的俱乐部。这些各种形式、属性的聚会群体，伴随着报刊杂志等印刷出版的快速发展，以及都市公共空间的设立，构成了18世纪公共舆论与知识推展的重要网络。

雷诺兹可说是俱乐部达人，他经常参加的俱乐部包括德文郡（Devonshire）俱乐部、尤米利安（Eumelian）俱乐部、星期四夜总会（Thursday Night Club）、阿尔马克俱乐部（Almack's）。更重要的是，他在1764年向友人约翰逊博士（Dr. Samuel Johnson，1709—1784）提议成立了"俱乐部"（The Club），这个俱乐部以"文学俱乐部"闻名，其成员包括当时英国一群才华横溢的知识分子：政治理论暨哲学家埃德蒙·伯克（Edmund Burk，1729—1797）、传记作家詹姆斯·鲍斯威尔（James Boswell，1740—1795）、戏剧演员大卫·加里克（David Garrick，1717—1779）、剧作家奥利弗·哥尔德斯密斯（Oliver Goldsmith，1728—1774）、历史学家爱德华·吉本（Edward Gibbon，1737—1794）、经济学家亚当·斯密（Adam Smith，1723—1790）、植物学家约瑟夫·班克斯爵士（Sir Joseph Banks，1743—1820）等各个专业领域人士，成员最多时达33人。

雷诺兹早在1756年即认识了长他十四岁的著名文人约翰逊博士，当时他刚耗时十年编纂完让他享誉后世的巨作《英语词典》。随后于1758年，雷诺兹也认识了柏克，而柏克刚于前一年出版了《崇高与秀美观念起源之哲学探究》这部影响深远的美学论著。换言之，雷诺兹在三四十来岁开创绘画事业时，不忘结交当时同样在文雅社会中力争上游的其他文人知识分子。甚至在1763年冬，雷诺兹为了缓解友人约翰逊博士因病痛带来的困扰，提出创立俱乐部的想法。自1764年起，这群友人每周五于伦敦市内土耳其人头酒馆（Turk's Head Tavern）聚会，一同用餐、欢饮、畅聊直到深夜。多亏俱乐部中有鲍斯威尔这位勤于写日记的作家——他同时也是著名传记《约翰逊博士传》的作者，俱乐部中的谈话与论辩，被生动地捕捉记录下来，使后世得以知道当时这些知识分子议论之认真激烈与话题之广阔。

雷诺兹相当珍惜与这些有着各领域丰富学识的友人畅谈的时光，这是他借以增长见识的方法，也是他作为学院院长给予学生的忠告。在1776年底第七次学院演讲中，雷诺兹就主张画家应该要多少熟悉诗人的语言，这样他才能够吸收诗意灵感，扩大他的想像；同时，画家也需要认识那些洞察人性的哲学，了解人类心灵以及身体运作。养成阅读习惯是最好的，但是画家不可能因此潜心阅读而荒废勤练技艺，而最好的解决之道，就是借由和有学问、有才情的人谈话来弥补阅读上之不足，"对那些缺乏深入研究门道或机会的人来说，这是最好的替代手段。这个时代有很多有学问和才情的人，只要艺术家虚心请教，他们会很乐意和艺术家沟通想法"。雷诺兹认为，通过长期和有学问、才识的人谈话，年轻的艺术家将能够耳濡目染，逐渐形成理性与系统性的思考方法与判断能力，得以辨别是非对错。而将这样的能力运用到自己的绘画专业上，便能形成独到的品味。雷诺兹有充分体会来说出这样的话，从1764年起至1776年演讲之际，他在俱乐部和这些才华横溢的友人谈天说地，必定获得了深刻的滋养与体悟。换言之，雷诺兹深信，绘画艺术之所以能赢得世人尊重，甚至能追求真理，画家绝非只靠勤练手的技艺，而是需要开敞的心灵，通过"跨领域"的请教与吸收，从而锻炼艺术家的心智与视野，才能真正达到此目标。

　　雷诺兹一生除了年轻时去过意大利与巴黎，以及晚年时（1781年）去过法兰德斯（现比利时）与荷兰，和绝大多数的英国人一样，终生并未踏出欧洲。然而，即便寓居于伦敦，雷诺兹并非隔绝于正在变动中的外在世界。他的肖像画中，有些主人公去过世界其他角落，甚至是来自遥远的亚洲与大洋洲。雷诺兹为这些人物所画的肖像，同时也为英国公众——以及今日的我们——展示了日益频繁的跨文化交流以及正在扩展的大英帝国。

　　前述"俱乐部"成员之一的班克斯爵士，小雷诺兹二十岁。在他进入"俱乐部"之前，雷诺兹就先为他创作了肖像画，这幅画（图8-3）于1987年由英国国家肖像艺廊从私人藏家手中购入。与台湾观众有缘的是，这幅画曾于2022年8月至2023年2月随着英国

图8-3　Joshua Reynolds, *Sir Joseph Banks, Bt.* 1771-1773. Oil on canvas, 127 x 101.5 cm. National Portrait Gallery, London.

图片来源: Joshua Reynolds, Public domain, via Wikimedia Commons.

国家肖像艺廊的其他一批画作，来到台南奇美博物馆"时代的脸孔：从莎士比亚到红发艾德"特展展出。画中的班克斯直视着画外观者，嘴角微微扬起一抹微笑，仿佛正要从座椅上起身迎接我们。他的左手后方显著的地球仪，显示着他和远洋航行的关系，拳头压着的纸上有一行引自古罗马诗人贺拉斯（Horace，65 BC-8 BC）的拉丁文，"明日我们将再度扬帆浩瀚的深海"（Cras Ingens Iterabimus aequor./ Tomorrow we'll sail the vast deep again）。

班克斯曾就读牛津大学，发展出对自然史与植物研究的兴趣，结识了伦敦的自然科学家，并与对现代生物分类学发展影响深远的瑞典植物学家卡尔·林奈（Carl Linnaeus，1707—1778）通信交往。1766年，二十三岁的班克斯获选皇家科学院（Royal Society）院士，并在同年前往纽芬兰和拉布拉多（今日加拿大东端省份）进行自然史调查，随后他出版了以林奈双命名法对当地动植物的研究成果而初获名声。1768年，班克斯加入库克船长（James Cook，1728—1779）首次前往南太平洋的探险队，途中行经南非、巴西、南美、大溪地，最后抵达新西兰与澳大利亚。沿途班克斯与其植物学家团队竭力搜集当地物种标本，并交由随行的画家帕金森（Sydney Parkinson，c.1745—1771）在航行中绘制了近700张精细的素描稿以及200多张的水彩图鉴，虽然帕金森后来不幸因痢疾病死于回程船上。

1771年7月班克斯回到英国，同年11月与12月班克斯开始到雷诺兹的工作室让其绘制肖像，直到1773年肖像画完成，其间，班克斯原想要再次参加库克船长的第二次探险队，但因故改前往冰岛等地。南太平洋的探险成果让班克斯一举成名，1773年他获选为皇家瑞典科学院院士，1774年加入文艺同好会，更在1778年获选为皇家科学院院长，在任直到1820年逝世为止。雷诺兹的日账本记录了多次班克斯到其工作室的日期，加上1778年班克斯也成为"俱乐部"会员，共享周五的聚会畅聊，想必雷诺兹不可能不知道班克斯远洋探险的经历以及其植物学的成就。雷诺兹创作的这幅肖像画，正适切地见证了这位自然史探险家意气风发的生命时刻，也委婉诉说了18世纪下半叶英国与欧洲知识分子通过航海探险建构世界秩序的宏大企图。

雷诺兹描绘"外来者"的肖像画中，大抵以1776年完成的

《欧麦，麦的肖像》（*Omai, The Portrait of Mai*）最为著名（图8-4）。这幅画于1776年学院夏季展览展出时即广获好评，自18世纪末起即收藏于霍华德城堡（Castle Howard），为卡莱尔伯爵家族所有，直到21世纪初转售到一位爱尔兰商人藏家手中。2022年初，藏家决定出售此画之消息传出，英国国家肖像馆深恐此画若落入海外私人手中未来将难以见世，因此发动集资5 000万英镑巨款活动，希望将画作留在英国。这个事件俨然成为英国艺文界重大新闻，激起诸多议论。直到2023年3月，在未能筹足巨款之下，英国国家肖像馆转向与美国盖蒂基金会协

图8-4 Joshua Reynolds, *Omai, The Portrait of Mai*, 1776. Oil on canvas, 236 x 145.5 cm.National Portrait Gallery, London.

图片来源: Joshua Reynolds, Public domain, via Wikimedia Commons.

商，最后于4月底成功确认，将由两方跨国合作分担巨款，终于让这件被认为是"英国艺术史上最重要、最具影响力的肖像画之一"，能够留在英国国家肖像艺廊，从此公开展示。这个事件发生在雷诺兹诞辰三百周年时，饶富意义。

画中主人翁，名为"麦"（Mai，ca. 1753—1779）的男子，是第一位踏上英国的波利尼西亚人，出生于现今法属波利尼西亚的赖阿特阿岛（Raiatea），从大溪地跟着库克船长来到英国，1774年至1776年在伦敦旅居了两年后返回家乡。在伦敦的两年期间，广受王室与知识精英欢迎，雷诺兹也出于自身兴趣创作了这幅气宇非凡的真人尺寸全身肖像。雷诺兹让画中的麦采取了仿如古代将领或演说家的站姿，构图上和凯佩尔肖像（图8-2）有着异曲同工之妙。然而麦身后的背景，则是热带地景，暗示着主人翁从何而来。且细看之下，麦手上的文身图案依稀可见，立刻揭示出他来自与欧洲截然不同的文化。但与其让麦身着家乡服饰，雷诺兹选择让麦穿着想象的白色长袍，包着白色头巾，因而带点了"东方"的韵味，甚至体现了18世纪后期"高尚的野蛮人"（noble savage）的流行观点。也因为如此的部署，此幅肖像成为充满了文化符码的图像。

相较于《欧麦，麦的肖像》的响亮名气，长久以来属私人收藏的《黄亚东肖像》则较少为人知（图8-5）。这幅肖像画同样创作于1776年，画中主人翁很明显是位中国人，穿着暗红色衣袍，头戴斗笠，右手握着开启的折扇，盘腿坐在一张竹椅上。和麦一样，黄亚东（约1753—?）脸朝斜侧，目光并未与观者有所交集，而是任观者凝视。然而又不同于挺拔而立、展现宏伟气势的麦，雷诺兹画中的黄亚东，则以居家般的闲逸之情面世。

事实上，黄亚东并非雷诺兹认识的第一位中国人。由佐法

图8-5　Joshua Reynolds，*Portrait of Huang Ya Dong*，1776. Oil on canvas，130 x 107 cm. Knole，Kent.

图片来源：Joshua Reynolds，Public domain，via Wikimedia Commons.

尼（Johan Joseph Zoffany，1733—1810）于1771至1772年所绘、极具宣示意味的《皇家艺术学院院士》（*The Academicians of the Royal Academy*）画作中，在齐聚一堂的院士群左侧，可见一位中国面孔，那是来自广州的泥塑家谭其奎（Tan-Che-Qua或Tan Chitqua，约1728—1796）。1769至1772年，中年的谭其奎来到伦敦，不仅其泥塑肖像一时成为风尚，他也获英王乔治三世接见，并参与皇家艺术学院聚会与展览。

　　过去黄亚东与谭其奎曾被混淆，但黄亚东并非艺匠出身，事实上我们对他的生平所知甚少。在近年几位学者的追查下，大抵知道黄亚东是生长在广州的平凡百姓，仅十来岁时，结识了当时在广州担任英国东印度公司常驻押运员的布莱德比·布莱克（John Bradby Blake，1745—1773）。布莱德比·布莱克本身是植物学家，在广州时热衷研究中国的植物，并聘请当地画师绘制植物图鉴，此外也将当地种子送到英国和美国殖民地繁殖。年轻的布莱德比·布莱克不幸于二十八岁因病去世，留下许多研究手稿与植物图绘。约莫1774年，二十出头的黄亚东搭上商船，带着布莱德比·布莱克的遗稿来到伦敦，受到布莱德比·布莱克的父亲（Captain John Blake，1713—1790）接待。布莱德比·布莱克的父亲亦曾任职于英国东印度公司，自1758年起便是"艺术、制造业、商业励进会"会员，并担任殖民地与贸易委员会以及制造业委员会的主席，人脉广阔。他在1775年1月12日将黄亚东介绍给艺术、制造业、商业励进会的成员。有趣的是，在同一场合，麦则是另一位远道而来的宾客。黄亚东因此顺利打入社交圈，与不少英国人士交流，协助解决英国人对中国语言文化的好奇与疑惑。1790年代当他回到广州后，甚至仍和时任皇家科学院院长的班克斯爵士有通信来往，回应班克斯希望他寄送有关中国历史书籍与植物的请求。

黄亚东在英期间一度担任多赛特三任公爵（John Sackville，3rd Duke of Dorset，1745—1799）情妇的僮仆，住在肯特郡的乡间别墅诺尔（Knole），雷诺兹的这幅肖像画，就是在多赛特公爵委托下所作，并从此至今悬挂在诺尔别墅里，与其他诸多英国名人肖像画并列。或许这幅"不知名"的中国年轻人肖像，在其中显得多少有些突兀，更或许也很容易就沦为18世纪英国"中国热"（Chinoiserie）叙事中的一个样本，仿佛展示着当时英国人对遥远国度的好奇想望。然而，对身为肖像画家的雷诺兹而言，最关键的问题或许是：究竟要怎么描绘一位来自迥异文化的个人？肖像画毕竟不只是像不像的问题，不只是"实用、庸俗的技艺"，而是一层层的文化符码。

除了上述两个"外来者"案例，雷诺兹创作的肖像画中也可见来自印度与非洲的人物，不过这些往往作为僮仆或女仆的角色出现在英国主人翁的身侧。这些肖像画，不仅让我们可以探知雷诺兹的一生如何与世界交织，也为18世纪后期英国与世界相遇的故事，提供了饶富兴味的谜一样的线索，有待观者——拆解。

## 结语

18世纪英国在政治、经济、社会文化上历经重大变动，崛起为欧洲主要势力之一，甚至深深影响后来世界的发展。18世纪也是"英国画派"崛起的关键年代，雷诺兹则是其中重要舵手。皇家艺术学院的成立，以及雷诺兹的艺术论述，为英国艺术家的专业形象与社会地位建立根基。雷诺兹对欧陆绘画传统的熟稔，除了帮助他自己开创出新的肖像画模式，也借此提升了肖像画的位阶，为"英国画派"找出一条活路。通过肖像画创作，雷诺兹得以为当时的贵族名流、文人知识分子留下见证，让我们可以在今日一览18世纪英国重要人物的面貌，进而探查他们的社会文化处境、价值观与世界观。当然，当今对于"英国艺术"的认识，已远远超过这个"英国画派"崛起的故事，然而雷诺兹毕生的努力与影响力，依旧是不可遗漏的重点。

或许相较于本书其他主人公——文人思想家——对于后世政治、经济、学术上有既广且深的影响力，以画笔维生的雷诺兹，尽管毕生倾力通过论述提升绘画的价值与社会地位，似乎注定最终仍只能有限地为亟欲打造文雅社会的英国上流人士"优雅地装饰生活"。这样的优雅装饰或品味享受，对一般老百姓来说，要么离现实生活太遥远，要么即使缺乏，也不至于如挨饿受冻般难以承受。尤其对于远在300年后的中国读者而言，认识这样一位英国画家，有什么益处？或许，我们可以转换个提问方式：艺术创造与欣赏活动，在社会上究竟有什么价值与意义？这不只是雷诺兹一生通过实践与论述所努力解答的问题。事实上，这应该也是个具有普遍性意义的提问，对现今社会同样有效。经济的考量固然重要，也是当今政策制定时大抵关注的重点，然而雷诺兹一生所坚持与展现的信念——就算艺术世界已今非昔比——或许依旧提供了一条思路。

# 参考书目

Ashley-Cooper，Anthony，3rd Earl of Shaftesbury. *Second Characters，or the Language of Forms*，ed. Benjamin Rand（Cambridge：Cambridge University Press，1914）.

Ching，May-bo. "The 'English Experience' among the Humblest Chinese in the Canton Trade Era（1700s-1842），" *Curtis's Botanical Magazine* 34：4（December 2017），pp. 298-313.

Clarke，David. "Chinese Visitors to 18th Century Britain and Their Contribution to Its Cultural and Intellectual Life，" *Curtis's Botanical Magazine* 34：4（December 2017），pp. 498-521.

Damrosch，Leo. *The Club: Johnson，Boswell，and the Friends Who shaped an Age*（New Haven：Yale University Press，2019）.

Dias，Rosemarie. *Exhibiting Englishness：John Boydell's Shakespeare Gallery and the Formation of a National Aesthetic*（New Haven：Yale University Press，2013）.

Errington，Lindsay. "Gavin Hamilton's Sentimental Iliad，" *The Burlington Magazine* 120：898（Jan. 1978），pp. 10-13.

Fenton, James. *School of Genius: A History of the Royal Academy of Arts* ( London: Royal Academy of Arts, 2006 ).

Goodman, Jordan and Peter Crane. "The Life and Work of John Bradby Blake," *Curtis's Botanical Magazine* 34: 4 ( December 2017 ), pp. 231–250.

Grossman, Loyd. *Benjamin West and the Struggle to be Modern* ( London: Merrell, 2015 ).

Hallett, Mark. *Reynolds: Portraiture in Action* ( New Haven: Yale University Press, 2014 ).

Hamilton, Gavin and Brendan Cassidy. *The Life & Letters of Gavin Hamilton ( 1723–1798 ): Artist & Art Dealer in Eighteenth-Century Rome* ( London: Harvey Miller, 2011 ).

Mannings, David. *Sir Joshua Reynolds: A Complete Catalogue of His Paintings*, 2 vols. ( New Haven: Yale University Press, 2000 ).

Northcote, James. *The Life of Sir Joshua Reynolds*, second edition ( London: Henry Colburn, 1818 ).

Postle, Martin ed. *Joshua Reynolds: The Creation of Celebrity* ( London: Tate Publishing 2005 ).

Reynolds, Joshua, *The Works of Sir Joshua Reynolds: Knt. Late President of the Royal Academy of Arts. Containing His Discourses, Idlers, A Journey to Flanders and Holland, ( now First Published, ) and His Commentary on Du Fresnoy's Art of Painting; Printed from His Revised Copies, ( with His Last Corrections and Additions, ) in Two Volumes* ( London: T. Cadell, Jun. and W. Davies, 1797 ).

Reynolds, Joshua. *Discourses on Art*, ed. Robert R. Wark ( New Haven and. London: Yale University Press, 1997 ).

Richardson, Jonathan. *An Essay on the Theory of Painting* ( London, 1715 ).

Smiles, Sam ed. *Sir Joshua Reynolds: The Acquisition of Genius* ( Bristol: Sansom & Company, 2009 ).

Wendorf, Richard. *Sir Joshua Reynolds: The Painter in Society* ( Cambridge:

Harvard University Press，1996）.

利奥·达姆罗施著，叶丽贤译:《重返昨日世界：从塞缪尔·约翰逊到亚当·斯密，一群塑造时代的人》，桂林：广西师范大学出版社，2022年。

宫布利希著，雨云译:《艺术的故事》，三版，台北：联经出版事业公司，1997年。

陈国栋:《雪爪留痕——十八世纪的访欧华人》，《故宫学术季刊》第21卷第2期（2003年冬），第233—263页。

程美宝:《遇见黄东：18—19世纪珠江口的小人物与大世界》，香港：中华书局，2022年。

谢佳娟:《十八世纪英国"宗教艺术"重建的契机：从对拉斐尔图稿及二则宗教图像的论辩谈起》，《欧美研究》第42卷第3期，第535—590页。

谢佳娟:《十八世纪英国有什么样的风景画？》，漫游艺术史博客。https://arthistorystrolls.com/2019/11/14/十八世纪英国有什么样的风景画？（上）/（撷取日期：2023.6.9）。

谢佳娟:《英国有艺术吗！（上篇）》:https://arthistorystrolls.com/2019/10/24/英国有艺术吗！（上篇）/（撷取日期：2023.5.31）。

谢佳娟:《"自然之美与艺术经典的国家品味"：十八至十九世纪初印刷文化对英国贵族乡间别墅形象的塑造》，《艺术学研究》第25期，2019年12月，第1—91页。

谢佳娟:《设计的化身、绘画的文法：十七至十八世纪中叶英国素描概念的演变与意义》，《新史学》第21卷第4期，2010年12月，第57—139页。

谢佳娟:《艺术的进程：十八世纪下半叶英国艺术、制造业、商业励进会对文雅艺术的提倡》，《艺术学研究》第26期，2020年6月，第57—142页。

# 九、宪政自由的开创：
## 布莱克斯通与普通法

陈禹仲

## 前言

这是另一个与1723年息息相关的故事。但故事却要从与1723年间隔300年的今天开始说起。

当我们提到影响美国宪政民主制度深远的启蒙文人时，我们的心中会浮现哪些名字？对许多美国人来说，第一个浮现的名字也许是17世纪的英格兰政治思想家约翰·洛克（John Locke），以及他的《政府论（下篇）》（*The Second Treatise of Government*）。在这本书里，洛克指出任何一个维系政治自由的政体，都必须符合一个充要条件：立法权与行政权分立。除了这个原则之外，洛克在书里还强调，如果一个政府无法善尽政府对公民应尽的职责，公民有正当权利解散政府，并且解散政府的行为将不会危及国家的存亡。在许多美国人看来，这两个原则深深影响了美国建国先贤（the Founding Figures）。是这两个原则，赋予了北美十三州殖民地反抗大英帝国统治、寻求独立的行动正当性的法理基础。除了洛克之外，也有不少美国人会指出，影响美国宪政最深远的启蒙哲士应该是18世纪的法国哲人孟德斯鸠（Montesquieu），尤其是他的不朽名著《论法的精神》（L'Ésprit du Loi）。

在这本连伏尔泰（Voltaire）都不禁望其宏博复杂而兴叹的著作里，孟德斯鸠为一个政治难题提出了影响后世（尤其是美国）深远的解方。那个难题的内容约莫是这样的，在所有的政体当中，唯有幅员有限因此得以落实公民参政的共和国，能够从宪政制度上保障公民的政治自由。然而也正因幅员有限，共和国不可避免地将会在地缘政治上，面临着周边大国的挑战与威胁。共和国要如何能在确保政治自由的政体的同时，又能有效对抗邻近大国的侵略野心呢？这是一个从15世纪开始，便困扰着不少思想家的难题。举例来说，因为写下《君主论》（Il Principe）而恶名昭彰的佛罗伦萨人文学者马基雅维利（Machiavelli），便曾经断定这个难题注定了共和国悲剧的宿命。在马基雅维利看来，渺小的共和国如果想要维系政治自由，唯一的方式便是通过全民皆兵的征兵制度，确立共和国能够在战场上阻挡邻近大国的侵略。然而，战争毕竟所费不赀。共和国每一次成功地在战场上获得胜利、捍卫自由，就会需要更多的经济资源来修复战争造成的民生困境。这使得共和国最终也必须走上扩张一途，如此才能获得更充沛的土地、经济与人力资源。然而，随着共和国的领土开始扩张，确保全民参政的宪政制度也势必将无法有效率地运作。久而久之，共和国必然会逐渐转型成另一种政体，原本全民参政共同议事的制度，将会被更有效率的单人或少数集团统治负责行政决策的制度所取代。共和国成功地在军事上捍卫了自由，免于被邻近大国吞并，却也走上了内部制度转型、取消全民参政，这使得共和国走上明存实亡的道路。马基雅维利说，被吞并还是扩张转型，这是"共和国的难题"（the dilemma of republics）。而他指出，罗马从共和国开始转向帝制，从一个政治自由的城市国家转向仰赖奴隶与佣兵的帝国，血淋淋地体现了这个两难。

但为什么这个难题，以及孟德斯鸠对这个难题的解方，会与美国息息相关呢？从独立战争伊始，北美十三州殖民地便不约而同地强调，十三个殖民地在独立之后所要创建的，是与大英帝国的压迫与独裁截然相反，是十三个保障公民参政与宪政自由的共和国。而这也意味着这十三个新生的共和国，也面对着其他共和国所经历过的威胁。大英帝国依旧盘踞在加拿大，也有着与北美印第安部落的策略同盟。绝对君主专制的法国盘踞在今天的纽奥良（新奥尔良）一带，虎视眈眈地想趁机介入并侵占南方共和国的政治与经济利益。在海路上，北方共和国的贸易船线除了面对英法的威胁外，也要担心依然雄踞中南美洲的西班牙帝国的攻击。尽管远离了欧洲大陆，北美十三个共和国依旧被欧洲的帝国威胁着。在如此恶劣的地缘政治环境里，新生的共和国要如何自处，才能免于陷入"共和国的难题"，确保政治自由既不会从外被扑灭，也不会自内消亡？在《论法的精神》里，孟德斯鸠为此难题提出了一个独具洞见的观点。他说，如果共和国彼此缔结契约，共同组成一个既能保持彼此独立，却又有着强大中央政府效能的联邦政体呢？

联邦政体的独特性在于，联邦既不是单纯因为共同利益或因为共同敌人而组成的同盟，也不是消解自身主权独立性，构成一个更大的国家的整合过程。联邦政体一方面强调了联邦宪政与联邦政府对邦国有着一定的规范效力，同时也强调了各个邦国尽管身为联邦政体的一员，依旧保有一定的行政、立法与司法独立性。孟德斯鸠认为共和国能够组成联邦政体，从而对内保有各个共和国的独立主权，对外能够构成在规模上足以与帝国相匹敌的政治单位，进而消化"共和国的难题"。这个创见对美国宪政的影响，自是不消多言。在美国立宪辩论中，立场坚定拥护联邦宪法以及联邦体制的三位文人，亚历山大·汉密尔顿（Alexander Hamilton）、詹姆斯·麦迪逊（James Madison）与约翰·杰伊（John Jay），便是大量援引了孟德斯鸠，以他在《论法的精神》里对"共和国的难题"提出的解方为基础支援他们的观点，强调北美十三州必须建立一个以联邦宪政为框架的联邦共和国。直到今天，我们仍可见到联邦宪政在美国政治的运作轨迹。即便在今天，美国的政体除了联邦宪法与联邦最高法院以外，各州也具备相对独立的宪法与最高法庭。例如在COVID-19的疫情期间，威斯康星州的最高法院便曾通过释宪，强调该州州长响应联邦政府对美国公民必须在公共场合戴口罩的呼吁所实行的行政命令，违反了该州宪法所保障的基本权益，因此在威斯康星州并不具备合法效力。

孟德斯鸠对美国联邦宪政的影响固然深远，但如果要说到18世纪对现今美国宪政运作依然密切相关的人物，或许是另一名在1723年出生，在18世纪声名远播，如今却已逐渐被人们所淡忘的人物。那就是出生于伦敦中产阶级家庭的法学家，在18世纪因为撰写了《英国法释义》（Commentaries on the Laws of England）而享誉大西洋两岸的威廉·布莱克斯通（William Blackstone）。尽管在今天，布莱克斯通的名字不若孟德斯鸠或洛克如此为人耳熟能详，但他对美国宪政如何实际运作的影响，却远超乎两人，且时不时便会被重新烙印在美国宪政的体制中。最晚进的实例，也是美国宪政近几十年来最深具争议的时刻：联邦最高法院在2022年，以6∶3的多数，裁示自1963年起《罗诉韦德案》（Roe v. Wade）

以来便确立的妇女受联邦宪政保障堕胎权的决议，实属违宪。在判决书里，主笔的联邦大法官塞谬尔·阿利托（Samuel Alito）多次引用了布莱克斯通的《英国法释义》，强调美国联邦宪政具备了英格兰法的普通法（common law）特质，因此必须仰赖判例的合法性。并在此基础上，进一步引用布莱克斯通，指出即使是在胎动前堕胎，也构成谋杀事实。联邦最高法院在2022年如此裁示，引起了轩然大波。其中最为人争论之处就在于，在2022年的今天，援引18世纪对堕胎与谋杀的法理论据作为判决基础，是否合宜。但无论争议如何，至少可以肯定的一点是，直到今天，布莱克斯通对普通法的诠释与宪政自由的论述，依然是笼罩着美国宪政运作的幽影。事实上，不只是推翻堕胎权的《多布斯诉杰克逊女性健康组织案》（*Dobbs v. Jackson Women's Health Organization*），在美国的宪政史上，布莱克斯通多次被联邦法院大法官援引作为判决依据。其中尤其值得注意的是，在几次关乎女性权益的诉讼案里，布莱克斯通的观点常被一些保守倾向的联邦大法官引用，作为反对通过最高法院判决促进女性权利（如私有财产权）的依据。

这样的结果，让布莱克斯通开始具备两种形象：要么是淡出大众的记忆，不为人知地作为重要宪政权威影响着美国联邦最高法院的诠释与裁决；要么就是在法律人眼中，作为反对进步价值、拥护男性权威与现代政治脱节无关的古人。然而，这却不是在18世纪，在布莱克斯通所撰写的《英国法释义》里的形象。事实上，布莱克斯通之所以对美国联邦宪政有着这么深刻的影响力，与美国建国先贤自独立开始以至立宪，便不断将他视为最重要的宪政权威脱离不了关系。而之所以如此，则是因为布莱克斯通在四册的《英国法释义》中所表述的，作为宪政政体最为核心的价值：以宪政保障的隐私权为基础的宪政自由。《罗诉韦德案》所确立的宪政保障的堕胎权，就是最直接的事例。《罗诉韦德案》所决定的，并不是直接保障女性有堕胎的权利，而是宪法必须保障女性有不受干涉为自己的身体做决定的隐私权。

这章要讲述的，就是布莱克斯通，以及他如何试图为不成文宪法树立科学典范，以此保障宪政自由的故事。

## 布莱克斯通与法学教育

威廉·布莱克斯通出生于1723年7月10日，他的父亲是一名专营丝绸贸易的商人。布莱克斯通一家绝非显贵，但父亲的生意足以让一家子过上相对安稳的生活。根据18世纪的税收记录，布莱克斯通一家是他们教区里数一数二富庶的家庭。可惜的是，威廉·布莱克斯通的父亲，查尔斯·布莱克斯通（Charles Blackstone）并没能活着见到幼子的诞生，母亲也在威廉十二岁时过世。母亲辞世的那年，布莱克斯通正在英格兰萨里郡的切特豪斯公学（Charterhouse School）学习。在学期间突然失去了母亲，让布莱克斯通险些失学。在18世纪的英格兰，双亲骤逝，对许多中产阶级的孩子来说，只是噩梦的开始。原本能享受相对舒适的物质生活与家庭温暖的他们，因为失去父母与监护人的缘故，往往不得不进驻工房成为学徒以利谋生，从此失去受教育的机会。但幸好，威廉·布莱克斯通的叔叔托马斯·比格（Thomas Bigg）在其家破人亡之际接济了他。托马斯是一名在伦敦从业的外科医生，也深明有着良好的教育背景对18世纪中产阶级小孩的生涯发展而言，有着多么重要的意义。事实上，自从威廉出生以来，托马斯一直扮演着父亲的角色，积极地规划着威廉学龄前的教育，更慷慨地资助了威廉，让他得以在母亲过世后，延续切特豪斯公学的学业。当然，威廉的学业足以持续，并不只是托马斯的支持。更至关重要的，是威廉自己杰出的表现，让他在1735年（也是威廉失去母亲的那一年）得到了当时就任第一位英国首相的罗伯特·沃波尔（Sir Robert Walpole，1676—1745）引荐，得以以所谓"清寒学士"（Poor Scholar）的身份，获得学费减免资格，在耗费不赀的公学里延续课业。在1738年10月，威廉争取到了牛津大学彭布罗克学院新设立的奖学金，负笈前往牛津就读。以18世纪的标准来说，牛津大学所能提供的，并不是最新颖的训练。事实上，从17世纪开始，后世不少著名的数学家、自然哲学家（今天的科学家）、人文学者便曾一一在书信、日记甚至回忆录里，批评他们在牛津大学所受的教育是迂腐过时的。但所谓的"迂腐过时"，最主要是因为与当时已经开始进行学制改革的大学（例如位处苏格兰的爱丁堡大学与格拉斯哥大学）相比，牛津大学的学制依然谨守着文艺复兴以降的人文学训练传统。而这也反映在威廉·布莱克斯通于牛津所接受的训练。威廉必须研读希腊文与拉丁文，修习逻辑学、修辞学、几何学、算数、道德哲学、形而上学等欧洲经典的人文学。他优异的表现，则让他在1740年，以入学一年半的初学之姿，完成人文学的初阶训练，开始进阶的修业。威廉所选择的进阶课程，是市民法学士（Bachelor of Civil Law）的学位。

在当时，市民法学士的训练耗时七年。在完成前两年的基础人文学训练之后，接续的五年才是兼顾法学训练与参与实务法律诉讼，几乎是某种产学合作胚型的训练模式。然而，在威廉求学期间，这样的训练模式却存在着长年来困扰学生的根本难处。如前所述，牛津大学的学业训练延续着文艺复兴以降欧陆大学的人文训练传统，而这也体现在法学课程上。不只是牛津大学，当时不列颠岛上所有大学的法学课程所教授的，皆是欧洲大陆罗马法体系的法学规范。事实上，将法律区分成自然法、市民法与万民法这样的系统，便是罗马法体系独特的分类方式。在欧洲大陆，这样的训练再自然不过。因为在欧洲大陆各个国家运作的法律体系，与它们曾经受罗马帝国统辖，接受并逐渐转化了罗马帝国法典与法律制度的历史息息相关。然而，这样的情形，却不适用于英格兰与苏格兰。英格兰与苏格兰实行的法律系统，是所谓的"普通法"（common law）。这样的法律系统并不像罗马法一般，仰赖着一本巨细靡遗记述法律条文的法典，作为法官判决与律师诉讼的依据。相反地，作为法律判断标准的，是散落于各个法院经年累月积累而成的个案判决书。换句话说，在普通法的系统下，诉讼的关键争辩以及判决依据，往往取决于诉讼人能否有效找到最具说服力的判例（precedents），进而指出依据先前的判例裁刑结果，眼前的案件应该如何处置。

普通法与罗马法的差异，意味着在威廉求学期间，法学的训练中存在着学业与实务上的断裂。学生们一方面在学校修习的，是欧陆的罗马法体系，另一方面却又发现，这些学业训练在他们的法律实务实习中全然派不上用场。学生们只能在被称为律师学院（Inns of Court）的大律师训练机关中，独自摸索着普通法的法律实务该如何进行，以及普通法规范原则的相关知识。与威廉同样在1723年出生，也曾经在牛津大学就读过的亚当·斯密（Adam Smith，1723—1790）便曾不只一次在书信里抱怨如此断裂的训练。只是，在学期间的威廉还不知道，普通法与罗马法差异，以及法学实务与学业的断裂，将会成为他往后人生的主调。

威廉从1741年11月20日开始，在伦敦四大律师学院之一的中殿律师学院（Middle Temple）展开实务训练，并在1746年11月28日取得律师资格。威廉早期的律师生涯并不顺遂，他没有足够的人脉，也不怎么适应繁忙琐碎的伦敦律师生活。与都会的喧嚣相比，威廉·布莱克斯通更喜爱牛津的学院风光与学术氛围。事实上，即便取得了律师资格，威廉依旧不曾定居于伦敦。从1743年11月获选为学院院士开始，威廉就长住在牛津的万灵学院（All Souls College）里，通勤于伦敦与牛津两地。只有在业务繁忙、无法立即返回牛津的季节，威廉才会不情愿地短租于伦敦。就算是律师职务，比起实际参与诉讼，威廉更喜欢的工作显然是研究判例与撰写报告。要等到1748年，他取得律师资格已近整整两年，才迎来第一桩由他主诉的诉讼案。威廉自己也察觉他对诉讼的兴趣缺失，对伦敦的步调不甚喜爱。在牛津，威廉开始积极地寻求参与大学管理的职缺，并在1746年得到了万灵学院的总务职位。这让威廉开始有机会参与规划学院的修缮整建，而他也负责修筑了万灵学院的图书馆。直到今天，可灵顿图书馆（Codrington Library）依然是牛津大学图书馆群中最具特色、蕴藏最多法律判例的图书馆之一。与此同时，威廉也持续进修，并在1750年4月取得了市民法博士的学位。法学博士的学位，让他取得进入牛津大学理事会的资格，而威廉也成功获选，得以更进一步规划牛津大学的改革。也是在这段时间，威廉在书信里写下了他的自白。他不想继续伦敦的律师工作，而想全心投注于牛津大学的管理职务。除此之外，他也想在大学里开设普通法的法学训练课程。

1753年，牛津大学的钦定市民法讲座教授（The Regius Professors of Civil Law）有了空缺，但威廉的申请最终以失败告终。申请失利并没有妨碍他想讲授普通法课程的意图，最终，威廉开始在万灵学院的支持下，展开一系列的私授讲座，讲座的内容正是分析英格兰普通法的传统、本质与规范原则。在牛津大学的制度里，私授讲座是在学校制定的教程之外，由学者自己开立的讲座系列。参与授课的学生，也因此必须要在正规学费之外，缴纳额外的讲座学费。这意味着私授讲座往往听者有限。然而，威廉·布莱克斯通的私授讲座很快地便在口耳相传间，逐渐在牛津大学与伦敦的律师圈为人所熟知。讲座的成功，让威廉·布莱克斯通声名鹊起。尤其在伦敦、牛津与剑桥三地，威廉·布莱克斯通开始逐渐被视为普通法的法学权威。最终，在1758年3月8日，威廉如愿以偿，被牛津大学理事会聘任为维纳英格兰法讲座教授（The Vinerian Professor of English Law）。这是英国所有大学中，第一个专门讲授普通法的讲座教授职位，也是正式确立普通法与罗马法并立，共同成为英国大学法学训练的专业科目。而威廉·布莱克斯通则成为英国大学有史以来第一位专任普通法的教授。

威廉的私授讲座，于1756年以《英国法分析》（An Analysis of the Law of England）为名出版。首刷的1 000册在问世不久便即售罄。这让他更加坚决地投入到普通法的研究工作，最终，于1765年，威廉卸下维纳英格兰法讲座教授的职务后，将近十年的研究与授业成果整理成册，出版成时至今日依旧被美国联邦最高法院大法官援引的重要著作——《英国法释义》。

威廉最终还是重新参与了伦敦的律政事务，只是不再是以诉讼律师的身份参与实务，而是以普通法权威的名誉，于1770年2月9日，在国王乔治三世的亲自关切下，被任命为民事诉讼法院的法官，并在1774年成为王座法院法官。

威廉·布莱克斯通的生平见证了普通法如何逐渐成为一个

被制度认可的学科。然而，真正让这位诞生于1723年的法学家与世界接轨的，却不是他屡有际遇的人生，而是他一生教研的结晶。

## 普通法与联邦政治

在今天，当人们提到英国的法律体系时，往往会以"不成文法"来形容英国的宪政制度。"不成文法"（Lex Non Scripta）正是威廉·布莱克斯通用来形容普通法这个制度的代称。事实上，正如威廉在《英国法释义》里所指出的，"不成文法"是一个不甚精确的称呼。根据《英国法释义》，英国的法律可以被大致区分为两大类：其一是具备明确条文规范的国会立法，其二则是法院判决书所构成的判例。以这些判例为主体的法律类别，即是普通法。普通法有别于国会立法之处在于，它并没有明确的条文规范什么行为违法，而是必须通过分析具体的判决书论述内容，才能明白什么样的行为，在什么样的情境下，构成什么样的伤害，可以被判处什么样的罚责。普通法之所以"不成文"，并不是因为它真的是不被文字记录下来的法律，恰恰相反，每一份法院的判决书都是明文具载，存在明确文本证据、具备法律效力的书写文件。普通法的"不成文"之处在于，普通法的规范内容，并不是被法典以条列式的方式汇整记载。

这使得普通法具备了一个成文法典难以具备的深刻含义。如威廉在《英国法释义》里所宣告的，普通法的法律并不存在于法典之中，而是存在于法庭的判决书里。法律存在于法庭的判决书则更进一步意味着，普通法的法律是活生生地活在社会的法治文化

（legal custom）之中。这是因为，法官的判决往往直接影响到与案件相关的人们的生活。如果法官的判决是完全以法典为本，这样的判决很可能会使法官过度纠结于法典内文法规则的诠释，而忽略了实际上法律所关系到的人们的生活习惯。然而，如果法官的判决一直以来所仰赖的都是当地人们生活习惯中所呈现的规范，并通过判决的方式将这些规范具体化作具备法律效力的规则，那么后世法官以这些判决为先例所裁示的结果，将很可能会比全然仰赖一本法典的裁决更将贴近人们的生活与社会的风俗。在《英国法释义》里，威廉·布莱克斯通就是在这样的基础上强调，英格兰与欧陆最大的差别就在于，欧陆的法政体系所仰赖的，是一本巨细靡遗的法典，但英格兰所仰赖的，是深植于当地生活的法治文化。

在区别了罗马法与普通法在本质上的差异之后，威廉·布莱克斯通进而指出，为什么普通法的特质，使得英格兰得以确立一个以自由为核心的政体。这固然是威廉挟带一定的偏好所做出的判断，但他对英格兰之所以能仰赖普通法，塑造一个自由的宪政，甚至于塑造出一个自由的帝国的观点，正好也是影响大西洋彼端的世界最为深远的地方。

英格兰是一个以政治自由为核心的国度。这是18世纪欧洲普遍的共识。这并不表示其他欧陆国家的人们就不享有政治自由，也不表示其他欧陆国家以英格兰为鉴，批判或反思自己的国度为什么没有那么自由。在18世纪欧洲，政治自由并不是人们眼中一个政体最为重要的价值。在当时的人们眼中，有更多价值，可能远比自由值得重视。例如慈爱精神（benevolence）、美德（virtue）、荣誉（honour）等等。也正因如此，英格兰这么一个以政治自由为傲的国家，反而有些反常。在当时的文人眼中，英格

兰更为反常的地方在于，与当时其他欧陆国家视政体存在的目的
是为了国家富强相比，英格兰视政体的存在是为了服务政治自由。
这一章初始提到的孟德斯鸠，正是因为英格兰如斯反常，在《论
法的精神》里甚至耗费了整整一个章节，试图分析英格兰的政体
结构，并解释为什么这样的政体结构得以为政治自由服务。

　　前面曾经提到，《论法的精神》是一本影响极深、极广的著作。
威廉・布莱克斯通的《英国法释义》，便深深地受到孟德斯鸠的启
发。首先，威廉延续了孟德斯鸠的观点，指出法律是一种普遍存
在的现象。但凡有人类社会组织的地方，就会有法律体系的存在。
其次，他同样延续了孟德斯鸠的观点，强调尽管法律是一种普遍
现象，但各个社会组织所具备的法律体系，却会有着彼此截然不
同的样貌。威廉与孟德斯鸠都认为，这是因为各个社会的法律体
系会随着历史推演，自然发展出最适合当地风土民情的法律系统
与法治文化。但是，就是在这一个基础上，威廉・布莱克斯通比
孟德斯鸠更进一步，指出了英格兰为什么有别于其他欧陆国家成
为唯一一个开展出自由政体的社会。

　　这之中的关键，就在于普通法的发展。前面提到，英格兰的宪
政制度是依循普通法发展而来的，而普通法又是英格兰当地的风
俗规范，通过当地法院判决成为具备法律效力的规则，逐渐丰富
起来的法律系统。普通法因此完全符合了孟德斯鸠与威廉对良好
法律体系的定义：这是一个当地文化自身演化而出的法律制度。在
威廉・布莱克斯通眼里，欧陆其他国家并没有能够如英格兰一般，
发展出属于自身文化的法政体；这些国家所拥有的，是以罗马帝国
时期的《查士丁尼法典》为核心发展而成的罗马法体系。在威廉
看来，这表示这些国家的人民的生活，始终受到不属于他们自身
生活经验的法律条文的约束。很可能因为法官为了尽可能作出更

贴近法典条文的判决，而忽略了人们真实的生活经验。

英格兰之所以能够保有自由，除了因为普通法独立于罗马法之外有属于英格兰人自身的法治秩序，更重要的是，普通法仰赖对于判例诠释的特质，使得法院诉讼必然仰赖特定的程序，使得与案件有关的人们得以依循程序，指陈对自己有利的判例后才诉诸仲裁。威廉认为，这间接地确立了法治程序的重要性。英格兰人因此受到自身法治文化与着重法制程序的法律体系所保护，而这也确立了他们被法律秩序所认可的权利。威廉指出，早从17世纪开始，英格兰的法律体系就已经发展出成熟的无罪推定程序，并且也确立了人民受审必须要符合公开审判程序，否则任何外在权威皆不能独断判罪这种以隐私权为核心的机制。

这样的法律秩序，至多只能确保英格兰是一个受自身法治文化保障，且该法治文化保障了人民隐私权的国度。但威廉显然认为，普通法所确立的宪政自由，不仅仅让英格兰成为一个自由的国度，更让大英帝国成为一个与法国、西班牙、罗马等帝国有别，以法治与自由立国的帝国。是什么样的原因，让威廉得以如此论说呢？答案同样地，就是普通法。

如果英格兰的宪政秩序是由普通法所确立，而普通法又是以英格兰各地法院判决的前例作为法律规范，这同时也将意味着大英帝国将会是存在着多元法体的帝国。原因就在于，英格兰帝国的扩张只是政治与军事上的扩张，但普通法本身作为英格兰的法治规范，并不会随着大英帝国的版图扩展而跟着扩展普通法的权限。普通法终究只是英格兰当地的法治文化。而以普通法立足的宪政也意味着，大英帝国境内不同统治疆域会有着各自独立、在英格兰统治之前就存在的法治文化，而英格兰的法律体系并无权干涉当地法治文化的前例。

威廉·布莱克斯通以英格兰、威尔士、苏格兰、爱尔兰与北美十三州殖民地的法律关系为例，指出英格兰的普通法终究只是英格兰地区的法律，这些属于大英帝国疆域的地域也都在一定程度上，维持着它们政治与法律的独立。这之中，威尔士也许是例外。威尔士从亨利八世起，通过国会立法确立了威尔士地区的人们完全适用英格兰的法律规范。从那之后，威尔士彻底在政治与法律体系上皆与英格兰接轨。但如果我们还记得，威廉·布莱克斯通曾对英格兰法作出基本的二类区分，则我们可以发现，这样的结果，其实是议会与君王立法确立威尔士与英格兰关系的结果，并不是普通法运作的模式。威廉指出，若非亨利八世如此干涉，威尔士一直到16世纪都还保有法政的独立性，哪怕其实从13世纪开始，威尔士便实质上成为英格兰君王统治下的行政区域。

除威尔士之外，爱尔兰与苏格兰都具体表现了英格兰的普通法宪政秩序，如何使得大英帝国在维持帝国的框架之余，其实在帝国内部仍旧保有多元的法律体系并存的事实。以苏格兰来说，在1707年确立联合王国的联合法案中就明确表明，英格兰与苏格兰将以两个独立的王国的形式并存。威廉指出，苏格兰与英格兰就行政机构与法律体系来说，有着极高的相似性；苏格兰也是依循普通法的传统立国。他认为，这种法政体系的相似性，使得两个王国必然将结合成一个联合王国。但即便如此，即便英格兰与苏格兰议会整并成一，苏格兰仍旧维持着它自身独立的司法传统。甚至苏格兰比英格兰更为严格的教会组织，也依然保持其独立于英格兰国教之外的政治正当性。威廉因此强调，联合法案所创造的并不是一个新的统一王国，而是恰如其名的，是一个保持两个独立宪政体制独立运作的联合政体。

同时，爱尔兰与苏格兰的例子截然相反。威廉通过法制史的爬梳，强调尽管从13世纪开始，爱尔兰在法理上就是一个臣属于英格兰的王国，因此英格兰的普通法应当适用于爱尔兰，并且爱尔兰应该要全然以英格兰的普通法作为它主要的法律系统，但实际上，爱尔兰的法政体系在运作过程中，依然保有极高的独立性。英格兰国会立法与普通法的裁判机制仅具参考效力，甚至英格兰普通法唯一适用的情况，是爱尔兰当地法院无法解决纷争，将案件上呈至英格兰法院裁决时，才会确立普通法适用于爱尔兰的情境。

《英国法释义》所呈现的大英帝国，是一个法治多元的帝国。威尔士、爱尔兰与苏格兰分别在政治与法律上，与英格兰有着纠缠难解的历史渊源。但即便如此，这三个王国（除了晚近的威尔士之外）依然在一定程度上，都有着独立于英格兰普通法之外的法政秩序，更不用提新近被纳入大英帝国领土的北美殖民地了。威廉在《英国法释义》里明确直言，普通法的权威完全无法涉足北美殖民地。北美殖民地有着它独立的法政系统，而英格兰的宪政秩序只是作为一个最高法院一般，作为当地人无法自行裁决纠纷而上诉的最终受理机制。

威廉因此呈现了一个自由的帝国的样貌。一个自由的帝国，如大英帝国，应该是一个允许各地独立的法秩序多元存在的联合帝国。

## 结语

这听起来很耳熟，不是吗？

《英国法释义》里的大英帝国，允许了多元法秩序，以相对独立的姿态，存在于一个联合的宪政框架底下。这与孟德斯鸠所论述的联邦政体，似乎有那么一点相似。事实上，当美国第二任总统约翰·亚当斯（John Adams，1735—1826）在独立战争爆发初期，强调北美殖民地得以谋求独立的正当性时，便曾经援用了威廉·布莱克斯通对大英帝国法治多元的论点，强调北美殖民地本身就具备了宪政独立的特质，也因此具备为自身是否立国的正当性基础。在1787年的联邦立宪会议里，也正是威廉·布莱克斯通的《英国法释义》，指出美国是一个以普通法传统立国的联邦共和国，也正因为普通法的传统，使得联邦宪法虽然是统合美国各州的最高宪政框架，但在那之下，各州都具备相对独立的宪政机制与行政、立法、司法机构。

正因美国以普通法的传统立国是这样的原则，让时至今日，1723年出生于伦敦的威廉·布莱克斯通，因为他对普通法足以保障自由的信念，与对普通法原则的分析与解释，仍然时不时地出现在美国联邦最高法院的判决书里，成为形塑美国公民生活最重要的历史人物之一。

## 参考书目

Alison L. LaCroix，2011. *The Ideological Origins of American Federalism*. Harvard University Press.

Wilfrid Prest，2008. *William Blackstone: Law and Letters in the Eighteenth Century*. Oxford University Press.

# 十、威瑟斯庞、斯密、弗格森：
# 苏格兰、北美殖民地、大英帝国

陈正国

## 前言（1723）

1644年4月，崛起于欧亚大陆东北角的女真铁骑长驱直入北京，崇祯皇帝自缢于煤山。五个月后，六岁的顺治，爱新觉罗·福临被带到当时全世界最富有的明朝帝都北京即位，大清国正式统领中国本土。

1722年底，顺治的儿子康熙皇帝在统治中华帝国六十一年后过世。同年十二月二十日康熙四子胤禛在凶险的宫廷斗争中继承大统，为雍正帝。1723年，雍正下令除在京师的外国传教士，其余外国人士一律驱赶至澳门，并禁止人民信奉天主教。原本在康熙皇帝时期所进行的中西科学知识交流至此几乎完全丧断。从1723年天朝北京的角度看，驱赶几个传教士，不可能对幅员广阔的清帝国有任何影响。事情的确似乎也是如此。1739年，雍正的儿子乾隆即位后不久开始加强对周边部落的军事控制，至1776年平定大小金川，清朝已经制伏了从蒙古、回疆到川藏的所有相邻外族。1759 年，对江南念念不忘的乾隆命画家徐扬作《盛世滋生图》，后称《姑苏繁华图》。画中街道游人如织，商旅布满江面，山石与林木为盛世添加自然的美感。乾隆每隔一段时间就会将此画取出赏玩，无论是题为盛世或是繁华，都说明乾隆对自己政治武功的自信。

1723 年，在欧亚大陆最边陲的西北角，贫困的苏格兰正从受到部落政治与地形气候条件限制的中世纪农牧经济，转型成现代的手工业社会。这一年，几百位苏格兰贵族与士绅成立"农业知识促进会"（Society of Improvers in the Knowledge of Agriculture of Scotland），这是苏格兰第一个由中上层阶级联手创立的社会组织，旨在促进社会的改善。在遥远的欧亚东北的北京皇帝如果知道苏格兰的情况，应该会直接以蛮夷状态视之。就在这一年，有三位即将影响苏格兰甚至是人类历史的小孩相继诞生。

1723 年 2 月 5 日，位于苏格兰低地东罗斯恩郡的基佛（Gifford）镇，长老会牧师詹姆斯·亚历山大·威瑟斯庞（James Alexander Witherspoon）与太太安妮·沃克（Anne Walker）生下他们第一个婴儿。小孩与长老教开宗长老约翰·诺克斯（John Knox，1514—1572）以及诺克斯的老师、来自瑞士的重量级新教神学家约翰·加尔文（John Calvin，1509—1564）同名。1776 年，五十三年过后，这个名为约翰·威瑟斯庞（John Witherspoon，1723—1794）的婴儿成了北美新泽西学院（The College of New Jersey），也就是后来的普林斯顿大学的校长，他在《美国独立宣言》上签下自己的名字，支持北美十三州与母国英格兰和苏格兰完全脱离政治关系。威瑟斯庞与其他署名者如华盛顿、富兰克林、杰斐逊、约翰·亚当斯等共十三人被称为美国建国之父。

1723 年 6 月 5 日，也就是威瑟斯庞出生整整四个月后，在基佛北边约二十英里的福斯湾（Firth of Forth）的对面小渔港科卡尔迪（Kirkcaldy），担任税务监的老亚当·斯密（Adam Smith，？—1723）与第二任妻子玛格丽特·道格拉斯（Margaret Douglas，？—1787）生下一名小男婴，同样取名为亚当·斯密。1776年，五十三岁的斯密出版了对后世影响深远的《国富论》（*The Wealth of Nations*），也因此被人们称为经济学之父。

斯密出生后十五天，1723年6月20日，从科卡尔迪北上大约62英里（约100公里），伯斯地区的罗济瑞特（Logierait）长老教会牧师老亚当·弗格森（Adam Ferguson）生下一子，同样取名亚当·弗格森。1767年，四十四岁担任爱丁堡道德哲学教授的弗格森出版了《文明社会史论》（*An Essay on the History of Civil Society*），后世学者因此称他为英语世界的社会学之父。这三位苏格兰之子生日前后相距不到半年，出生地的直线距离不到150公里，其生命轨迹时有相随，时有交错，共同谱出英国与北美殖民地初期历史的重要音节。

## 童年、求学与国难（1729—1745）

1729年，威瑟斯庞六岁时到离家约5英里（约8公里）的哈丁顿文法中小学（Haddington Grammar School）就读，1737年毕业后进入爱丁堡大学。而小时就读于伯斯文法中小学（Perth Grammar School）的弗格森，也于此同时进入爱丁堡大学就读，但在大学里两人的交集并不多。

弗格森与长他几岁的学长例如布莱尔（Hugh Blair，1718—？）、卡莱尔（Alexander Carlyle，1722—1803）、罗伯逊（William Robertson，

1721—1794）、霍姆（John Home，1722—1808）等人比较熟稔，经常一起参加学生社团——"母鸡社"——活动，社团的座右铭为"没有学习的生命是死亡"（vita sine literis mors est），预示着这群学生以及未来的牧师们在知识兴趣上的杂食特性。慢慢地，这群年轻学生形成一种对文艺、世俗文化的注重与爱好。在他们稍长进入教会工作之后，形成被称为"温和派"（the Moderates）的长老教内部团体，其影响力从1750年代开始逐渐扩大。大学毕业之后，弗格森耽搁了一下才去了圣安德鲁斯（St. Andrews）学习神学，准备担任长老教牧师。一般神学修业年限是六年，结束后方可受命为牧师（Minister）。不过弗格森尚未完成正规训练之前的1745年，受伯斯郡的阿陀（Atholl）女公爵举荐，去了公爵的儿子所率领的高地军团"黑卫士兵团"（Black Watch）担任随军牧师。最主要原因是弗格森懂得凯尔特语（Celtic，当地称为Ersh语）。

威瑟斯庞大学毕业后留在爱丁堡大学继续神学课程，顺利完成六年的神学课程。1745年一结业就受命担任位于格拉斯哥西南方，距离东边的爱丁堡城68英里（约110公里）的比思（Beith）小镇的牧师。但就在上任前不久遇上了影响苏格兰与爱丁堡城市剧烈的"詹姆士党人叛变"（Jacobite's Risings），又称为"四五年叛变"。

1688年，英格兰兼苏格兰国王詹姆士二世同情天主教，使得已经接受英格兰国教或加尔文教义的英格兰贵族、士绅、专业技术城民都非常不满，于是许多国会议员联合起来推翻詹姆士二世的统治。詹姆士二世害怕当年叔父查理一世的故事重演。1641年至1649年英格兰爆发内战，主要原因是当时的英格兰国王兼领苏格兰国王查理信奉天主教，使得许多英格兰新教徒，尤其是国会议员对他没有好感，缺乏信任，双方几次发生龃龉。查理一世索性停止召开国会，自行其是，许多征税措施被认为是以行政权凌驾于下议院的立法咨议权。在克伦威尔等人的号召下，以加尔文教派信奉者为主的国会议员与士绅组成反抗兵与国王派作战，最终国王派失利，查理一世被捕入狱。经过审判，临时法庭判国王有罪，处以绞刑。鉴于以国王之尊而遭斫杀的故事，詹姆士二世于是逃到法国，接受他表哥法王路易十四的保护。

　　虽然到1745年詹姆士二世墓木已拱，詹姆士的后代与随从们依旧认为詹姆士二世的子嗣才是英国王位的正统继承人，于是多次谋划以军事行动夺回政权。1745年叛变是詹姆士党人最后一次的复辟计划，也是最凶险的一次。这一次的主角是詹姆士二世的孙子查理·斯图亚特（Charles Edward Stuart，1720—1788），他的年纪与威瑟斯庞等人相差无几。维护现任汉诺威王室的英国人称他为"年轻的觊觎者"（The Young Pretender），而詹姆士党人则昵称他为"美丽的查理王子"（Bonnie Prince Charlie）。1745年7月23日，已经在海上与英国政府军战斗过的查理·斯图亚特在苏格兰西北岸埃里斯凯（Eriskay）登陆。一些高地氏族闻风赶来"勤王"，同年8月一支800人的詹姆士党军从高地出发，经过伯斯等地，号召了更多的"义军"加入，一路没有遇到任何阻挡地挺进爱丁堡城外。此时，许多爱丁堡城民与学生组成民防兵，企图阻挡詹姆士党人进城，威瑟斯庞就是其中一位。但无论是英国将领所率领的苏格兰民兵，还是城民与学生组成的民兵，都没有接受过正规训练，完全不是习惯战斗的高地氏族的对手。叛军很快攻进爱丁堡，只剩爱丁堡城堡闭门死守。威瑟斯庞与其他许多民兵一起被俘虏到苏格兰中部斯特灵郡（Stirlingshire）的杜恩城堡（Doune Castle）拘禁。

　　叛军作乱之时，二十二岁的弗格森正在伯斯担任政府军的随军牧师。战事最紧急的时候，他以凯尔特语发表一席布道，用年轻牧师的激情说道："国家的灾难正是人民道德堕落的结果。"或许为了避免刺激军团里同情詹姆士党人的士兵，弗格森小心翼翼地说明，为何镇压詹姆士党是正确的举措。弗格森向士兵们说，英国是国王与议会的平衡政治，因此拥有世界上最好的宪政体制，法律保障每一个人的自由。他以反问的口吻说，难道"一个教宗的国王不会带来自由与宗教的腐败吗？"所谓教宗的国王，就是指当时的法国国王路易十五，因为法国信奉天主教且对待新教教徒相当严酷。弗格森从国内的政治稳定与国外的敌对势力两方面来说明詹姆士党人的造反不应该得到同情与支持。

叛变发生时，斯密正在牛津大学。斯密六岁时进入"科卡尔迪文法中小学"。十四岁毕业之后，他选择进入格拉斯哥大学。因在校成绩优异，十七岁大学毕业时被选为"斯内尔奖学金得主"（Snell Exhibitioner），进入牛津大学继续求学。奖学金是由斯内尔家族捐赠，目的是要遴选优秀的苏格兰子弟到英格兰求学，准备将来进入英国国教会（圣公会）担任牧师。依照当时一般人生规划，许多优秀的中产之家子弟都可能以牧师为首要职业选择；这原因可能不只是物质报酬相对高，也因为时代风气与当时的知识结构仍以神学为知识树的主干，这让牧师与各种神职人员的语言听起来更接近真理，更能振奋人心，更能领引人群的道德与心思。斯密在牛津大学巴里奥尔（Balliol）学院前后待了六年。1745年叛变时，他人还在牛津。因受到时局的震撼，他与前后期的斯内尔奖学金得主不免被其他英格兰学生投以异样、怀疑、不屑的眼光。多年以后，斯密的好友哲学家与历史学家大卫·休谟（David Hume，1711—1776）写信问斯密，到底该选择住在法国还是伦敦。休谟还特别哀叹地说，英格兰虽是"自己的国家"，但是住在其中"仿佛身在外国"。斯密写信回复他的好友说道，回来苏格兰吧，回到朋友中间。斯密自己显然也感到与英格兰社会格格不入，或许与此经验有密切的关系。

1745年底，詹姆士党人一度挥军到英格兰中部城市德比（Derby）。反叛军的快速前进固然令人震惊，却也表示他们缺乏重辎与装备，不经久战。1746年，政府军开始由出身于英格兰的贵族坎伯兰公爵（Duke of Cumberland）以及高地氏族出身的劳顿伯爵（John Campbell，Earl of Loudoun）分别在英格兰与苏格兰督军对叛军进行反击。隔年4月16日，英国政府军在苏格兰低地与高地接界处卡洛登（Culloden）大败詹姆士党人，决定性地终结了这场军事叛变。查理·斯图亚特在弗洛拉（Flora MacDonald，1722—1790）的协助下逃离卡洛登。弗洛拉后来被政府军逮捕。但在几位知名人士的奔走下，她与其他一些人获得国王大赦。1773年，她与夫婿一起移民至北美北卡罗来纳（North Carolina），在北美独立运动中支持政府军对抗独立军。北美独立后，她的田产被没收，返回苏格兰。

随着查理·斯图亚特这位年轻的王位觊觎者逃回法国，被关在杜恩城堡的威瑟斯庞重新获得了自由。弗格森继续在军队中担任牧师一直到1752年被辞退。斯密继续待在牛津直到1747年返回苏格兰。

## 社会的中坚与价值冲突（1746—1768）

1746年詹姆士党人叛乱平定后，苏格兰获得政治与社会的平静。弗格森在军队中担任牧师直到1752年被辞退，随后到意大利等处游历。威瑟斯庞复员，到贝斯小镇述职，担任牧师。隔年，斯密结束牛津岁月返回苏格兰，在有力人士的推荐下担任爱丁堡大学的兼任收费教师（听课学生不限于爱丁堡大学注册学生，还包括社会人士，教师的收入来自学生的课程付费），讲授"美文理论"（belles lettres）。也就是在此时（1748—1749），斯密向"斯内尔奖学金"提出除名请求，这意味着他决定终生放弃神职。

以当时的标准来说，这三位1723年出生的知识人在1746年后都已到了成熟的年纪，准备在各自领域独当一面。在未来的五到十年，他们将在而立之年奠定一生的思想与事业的最坚固的基础与核心，这决定他们会是什么样的人物。斯密放弃担任英国国教牧师的机会，1750年出任格拉斯哥大学教职，1763年底辞职，陪巴克鲁公爵的儿子到法国游历，1766年返国。斯密于牛津时期的广泛阅读、格拉斯哥教学时期的思考、法国时期的观察、返国后的安静生活让他的知识与写作有了极为深刻的酝酿，最终迸发成《国富论》（1776）以及《道德情操论》（*The Theory of Moral Sentiments*，1790）第六版，也就是最终版。

同为长老教会牧师的威瑟斯庞与弗格森则因为分属不同的教会阵营，加上生命际遇的相错，而渐行渐远，终至成为宿敌。苏格兰长老会（Presbyterianism）是新教神学家约翰·诺克斯在16世纪中叶所创的苏格兰加尔文主义教派，源出瑞士新教神学家加尔文对《圣经》以及基督教教义的理解，希望排除天主教的繁文缛节，排除早期人类宗教神秘性的仪式与信仰，排除神父作为信仰者与上帝之间的沟通者的角色，甚至要排除《圣经》以外的文化产物作为信仰的中介，相信信仰（faith）是判别是否为正直基督徒的根本，确立《圣经》条文与教训为基督徒生活与行为的唯一依归。长老会在16世纪晚期在苏格兰低地获得广大回响，18世纪中叶，苏格兰全境已有超过600所长老会。但也就在长老会获得空前成功之后，教会政治也愈形复杂，例如各地牧师的筛选应该是由各地的长老（Prebysters）与宗教会议（Synods）决定，还是由城市的管理人或市议会决定，就成了重要且富争议性的问题。

更严肃的问题是神学教义。威瑟斯庞在爱丁堡的神学老师是高第（John Gowdie），而高第所使用的主要教材是日内瓦神学家，谨守正统加尔文教义的否特（Benedict Pictet，1655—1724）所著《基督徒的神学》（*Theologia Christiana*，1696）。威瑟斯庞后来到北美新泽西州担任新泽西学院，也就是后来的普林斯顿大学校长时，就以此书的法文本（*Théologie Chrétienne*）作为教材。除了坚持正统加尔文教派的神学教育，威瑟斯庞也同情福音主义。相对于神学院注重对《圣经》文字的理解，福音主义更注重情感或灵（spirit）与上帝的沟通，以及用比较自由的方式宣道；有些福音主义者甚至不在屋内或教会内，而在旷野中传道，允许信徒狂呼唱歌。威瑟斯庞驻在贝斯教会之前，格拉斯哥地区东南方的坎布斯朗（Cambuslang）就曾在1742年发生著名的户外宣讲大会，时人称为"坎布斯朗工作"（Cambuslang Work）。当地牧师马库洛赫（William McCulloch）邀请来自英格兰的卫斯理教派牧师怀菲尔德（George Whitefield，1714—1770）举行户外宣讲，同场信徒或听众竟达三万人之多。这事件日后在苏格兰长老会中持续被讨论，究竟福音主义的讲道方式是否合适。威瑟斯庞在爱丁堡神学院的学长厄斯金（John Erskine，1721—1803）与威廉·罗伯森（William Robertson，1721—1794）分别代表了支持与反对的阵营。厄斯金这一派则称为"大众派"（Popular party），而罗伯森这一派的牧师们被称为"温和派"（the Moderates）；威瑟斯庞本人明显较为同情厄斯金一派，弗格森则同情温和派。

1752年，从欧陆游历回到爱丁堡的弗格森在凯姆斯子爵（Lord Kames，Henry Home）的推荐下，接下大卫·休谟的遗缺，成为苏格兰律师公会图书馆馆长，他也因此与大学时代"母鸡社"的学长们重新取得联系。1754年，爱丁堡大学道德哲学教授克莱格豪恩（William Cleghorn，1718—1754）英年早逝，弗格森因缘际会得到爱丁堡市政府青睐，被任命为该校道德哲学教授，从此有更多机会与温和派牧师唱和，一起参加文人雅集与辩论社。温和派牧师如卡莱尔、布莱尔、罗伯逊、霍姆等人虽然坚信加尔文的核心教义，但他们在两个方面与大众派的宗教和文化理念有所不同：第一，他们对于积极传教，不计代价将福音传给异教徒这样的传教热情与福音主义有所疑虑；第二，他们认为参与（世俗）文化无碍于信仰，也因此都积极参与艺文活动，并且着墨甚深。

这群温和派牧师对于世俗文化和物质发展的正面态度与当时商业社会与市民社会的发展有着密不可分的关系。18世纪的欧洲，尤其是英格兰城市开始出现许多文人社团、咖啡馆、茶馆等场所，适合中下层出入，听取新知。当苏格兰经济逐渐改善之后，城市生活与文化也日渐与英格兰同流，18世纪中期，苏格兰最重要的文人社团或许是"精英社"（Select Society）。这是个具有多重使命的世俗社团，着重于文人间的知性交流、辩论，以及鼓励城市中产阶级自主参与城市与苏格兰社会、产业等各方面的进展。温和派许多牧师如布莱尔、罗伯逊、亚当·弗格森，以及本文另一位主角亚当·斯密都是精英社的发起者或首批入会者。

原本物质生活贫困落后的苏格兰在18世纪之后逐渐与英格兰和西欧一样，见证文化思想随着物质环境的改善而欣欣向荣，各种结社与民间社团如雨后春笋冒出。除了"精英社"，"火钳社"

（The Poker Club）也值得一提。1757年英法战争爆发，为了守护英国本土，英国议会通过民兵法（*Militia Act 1757*），同意让英格兰人拥有武器，自组民兵团体。但因为苏格兰高地叛变的阴影仍在，所以苏格兰不在此法所允许之列。这引起弗格森的极大不满，他因此成立"火钳社"，倡议民兵，鼓吹共和精神的重要。有趣的是，他们推派信奉和平主义的休谟长期担任火钳社的秘书，弗格森开玩笑说，因为这样可以确保火钳社不会造反。北美独立运动时期，民兵是抵抗英军的重要力量，甚至在美国宪法第二修正案中，与民兵息息相关的携带武器自卫，成为宪法保障的对象。才短短十多年，这些历史发展或许远远超出了1757年时期弗格森的想像。

就在城市与世俗生活逐渐多彩且重要的时候，威瑟斯庞与弗格森各自所属的大众派与温和派由于对于神学与教会政治的不同态度，而开始发生尖锐的冲突。1756年，只比威瑟斯庞大一岁的霍姆正在威瑟斯庞故乡哈丁顿附近一个小村庄担任教会牧师。霍姆还有另外一个身份，是业余剧作家。这一年他发表了戏剧作品《道格拉斯》（*Douglas*）。这是一出以苏格兰高地为背景的希腊悲剧。1756年秋天，《道格拉斯》在爱丁堡与伦敦的柯芬园上演，获得众多回响与好评，霍姆与弗格森的好友亚历山大·卡莱尔，也是一位同情温和主义的牧师，他本人甚至在爱丁堡场次中粉墨登场，友情客串。这事件引起大众派，也就是正统加尔文主义牧师们极大反感，卡莱尔与霍姆都受到警告。1757年初，爱丁堡长老会印发传单，通令各教会宣读，严敕"戏剧对于宗教与道德没有助益"。长老会最后更祭出了严厉的惩罚，取消了霍姆的牧师资格。

《道格拉斯》争议一起，弗格森便以长老会牧师及文人的身份为霍姆辩护。弗格森是小霍姆一岁的学弟，他之所以能担任律师公会图书馆主任以及爱丁堡教授职位，应该与霍姆的远房叔父，前文提到的凯姆斯子爵（本名亨利·霍姆）密切相关。但这些个人因素应该还不是弗格森执笔参战的最主要原因。作为一名由神职人员转任大学教授并且经常出入世俗社团的知识人，弗格森很容易发现戏剧与其他世俗活动之间只是样态不同，本质无所谓善恶可言。在一篇即时的论辩小册中，弗格森从三个角度来为《道格拉斯》辩护。第一，只要防范滥用、腐败，戏剧有益于人，正如宗教有益于人但也应该防止腐败。基督新教之所以兴，正是因为天主教腐败。弗格森特别指出，在反对罗马公教腐败的宗教改革过程中，戏剧其实扮演了重要的角色。第二，看过《道格拉斯》的观众不难发现，此剧所挑起的情思是对德性的赞赏、对受苦者的同情、对邪恶的憎恶，换句话说，是道德教化。第三，神意（providence）让人形成社会阶层，表示人需要通过分工与合作才能令下层人民通过手工与服务业换取生活所需。戏剧造就了许多各行各业的城市居民的生活。

　　《道格拉斯》争议出现时，弗格森的大学同学威瑟斯庞正在教会政治中崛起，多次作为代表出席长老会全国大会（general assembly）。在弗格森发表支持戏剧的言论后，威瑟斯庞非常针对性地发表了批评戏剧演出的意见。霍姆其实是高他一级的爱丁堡大学学长，他们两人甚至在1745年同时被叛军俘虏，一起关在杜恩城堡。但威瑟斯庞对这位学长、牧友、同事、牢友的戏剧创作提出了严厉的批评。在《对戏剧本质与影响的严肃探讨》（*A Serious Enquiry into the Nature and Effects of the Stage*）中，威瑟斯庞提醒读者与教众，由牧师撰写戏剧出版，是"新奇且极为出格"的事。他认为，无论是悲剧还是喜剧，公众演出的戏剧，其本质与纯洁的宗教相违背；演戏、看戏、写剧都与基督徒的调性（character）不符。支持戏剧的人说，喜剧可以暴露人性的愚蠢之恶，悲剧可以教导德性，但威瑟斯庞坚称，只有《圣经》才能提供道德的指引。即便只是作为娱乐，戏剧依旧不符合基督徒的本质，因为戏剧容易挑起人们暴烈的情绪。威瑟斯庞的严格加尔文主义相信人性早已经堕落，只有不断通过神的恩典（divine grace），人才可以抵挡诱惑与罪恶。人从事戏剧写作与观赏，不啻持续给自己诱惑，脱离恩典。威瑟斯庞最后将戏剧所引发的道德议题导向对"无神论者"大卫·休谟道德哲学的批评。严格加尔文主义者的生命观认为人的责任就是担任神的服侍者，因此需要"自我压抑、谦卑、忍辱"的美德。可是休谟却将这些基督徒的美德排除在他道德哲学的美德范围之外。

对威瑟斯庞而言，这场戏剧争辩中后面其实躲着影武者，就是道德怀疑主义者与无神论者休谟。大卫·休谟（David Hume，1711—1776）本姓霍姆（Home），与剧作家霍姆、凯姆斯子爵是远亲。温和派牧师与凯姆斯虽然不同意休谟对灵魂的否定，但他们与休谟长相唱和，过从甚密，都相信世俗历史与文化发展对人性的理解有重要的帮助，都同属"精英社"以及其他文人社团。威瑟斯庞在小册论中同时批评霍姆、弗格森、休谟，俨然是对温和派（的文化态度）所发出的一道檄文。

威瑟斯庞将此次戏剧之争升高为文化之争，其实是相当敏感而精确的观察。如果说温和派牧师有意识地参与文化创造与文雅文化的建立，休谟不只是他们的重要盟友，更是背后理论的重要依据。因为感受到休谟的经验主义、怀疑论以及无神论的暗示所造成的威胁，大众派计划在1756年的长老教会全国大会上，提议将休谟逐出教会（Excommunication）。如果议案通过，凡是信徒就不能再与休谟交流，谈话，这等于是宣判休谟有道德上的麻风或黑死病，判处休谟社会生命的死亡。为了不让议案通过，温和派的牧师代表们在议会中进行程序杯葛，让议案无法及时讨论。严格说来，温和派们并不接受休谟的极端怀疑论或无神论观点，但是他们积极认同文化、物质进步对于基督徒生活的重要性。

根据经验主义，人们的知识来源都是感官，也就是主观的世界经验。换言之，不同的物理环境、文化传统都会对知识的吸收与认定、道德判断的基础产生决定性影响。既然上帝不是通过经验而是通过想像得来的知识，相信上帝或灵魂之存在，就只是信仰（faith）而不是知识。相对而言，大众派，尤其是威瑟斯庞接受托马斯·里德（Thomas Reid，1712—?）的"常识哲学"（common sense philosophy）。常识哲学的基本论点认为，真理是来自人们的共同认可，也就是所有人的感官都可以感知并进而承认的对象。一面黑板之所以是黑，是块板，是因为大家都会认知到其为黑，其为板，所以黑板的存在就是大家公认的真理。既然如此，怀疑论是过度精巧的哲学假设，其实无助于真理的追求。大众派与威瑟斯庞就是依据里德的常识哲学以及严格加尔文主义来认识教徒的责任与生活。

大众派与温和派几次的正面交锋，都以温和派居于优势告终。温和派的罗伯逊后来出任爱丁堡大学校长以及长老会全国大会主席，代表温和派势力的壮大。此后，威瑟斯庞再也没有担任过全国代表出席大会。

正当温和主义在苏格兰社会展现全面影响力的时候，严格加尔文主义者的影响力却在隔着大西洋的北美社会持续扩大。北美一直是许多英格兰或后来的英国宗教抗议者逃离或向往的新土、新世界。贵格教派、卫斯理教派团体在北美社会早有一定的影响力。在马萨诸塞州斯托克布里奇（Stockbridge）传教的爱德华兹

（Jonathan Edwards，1708—1758）是当时北美极富影响力的新教神学家与学者。虽然他接受牛顿的科学观，相信宇宙的和谐，但他坚信人得救与否，全凭上帝的恩典与意志。此外，他坚持小孩就可以受洗，并亲自为青少年举行福音宣教。他的种种做法在1733年至1734年掀起北美的第一波大觉醒（The Great Awakening）。

　　1742年在格拉斯哥造成户外宣讲热潮的怀特菲尔德早在1739年至1740年就到北美传教，接续了爱德华兹的宗教觉醒运动。1758年，因多年生病而使身体已经不复健朗的爱德华兹勉强接任普林斯顿大学的前身新泽西学院的校长。1758年爱德华兹过世，继任者芬利（Samuel Finley，1715—1766）创办北美第一所寄宿高中西诺丁汉学院（West Nottingham Academy，1744），同时也是亲近福音主义的长老会牧师。1766年芬利过世，学校董事会邀请同样接受福音主义与严格加尔文教义的威瑟斯庞到北美出任学院校长，因威瑟斯庞的太太不愿意离开苏格兰而作罢。但不久，事情有了戏剧性的变化。同一年，毕业于西诺丁汉学院以及新泽西学院的本杰明·拉什（Benjamin Rush，1745—1813）来到爱丁堡大学继续攻读医学。他认识了威瑟斯庞的女儿，两人坠入爱河。隔年，同样是毕业于西诺丁汉学院与新泽西学院，同时是学院董事会董事（trustee）的斯托克顿（Richard Stockton，1730—1781）也来到英国游历，他曾经在伦敦当面向英王乔治三世指陈印花税的不义。斯托克顿在爱丁堡与拉什会面一同游说威瑟斯庞夫妇前往北美。1768年，威瑟斯庞夫妇决定离开故乡，移民美洲。威瑟斯庞成为新泽西学院校长后，以苏格兰大学为蓝图，改革了学院的教程。1776年，当北美独立运动白热化时，威瑟斯庞、拉什、斯托克顿三人都在《独立宣言》上署名，一起成了"建国之父"（Founding fathers）。

弗格森1754年起担任爱丁堡大学道德哲学教授。1767年他出版《文明社会史论》，隔年便被翻译成德文出版，题为《市民社会史论》(Versuchüber die Geschichite der bürgelichen Gesellschaft )，使得原文中强调文明的civil，多了bürgelichen强调城市居民、中产阶级的涵义，自此开启欧洲论"市民社会"的学术传统。德国哲学家黑格尔（Frederick Hegel）据此受到启发，进一步发展他的法哲学理论。

在苏格兰的文学圈中，弗格森此作并没有获得极大的赞誉。休谟虽然表面上向弗格森道贺，谓他出版了佳作，但私下却写信给其他温和派的牧师如布莱尔，认为这本书根本不应该出版。休谟不满意弗格森的地方在于后者分享了卢梭"高贵野蛮人"的想法；《文明社会史论》虽然描述文类如何从草昧走到文明时代，但弗格森用了更多的篇幅来批评文明社会，提醒人们在文明中，物质日渐容易取得，人人变得汲汲营营于私利的社会让公民失去勇气、德性和对社会的关注。相较于休谟这样的世俗作家，努力想将欧洲或英国社会从宗教教义与教会教化的条件中彻底解放出来，抬高个人的认同、幸福与享受，温和派牧师们对于世俗与个人幸福、享乐是否应该成为追求的目标，显然还是有很大的疑虑。

斯密大约在1750年前后于爱丁堡担任收费讲师时认识了休谟。直到休谟于1776年过世为止，两人始终维持极好的友谊，斯密的思想也与休谟的哲学形成相当亲密的对话关系。1751年斯密被聘为格拉斯哥大学的逻辑学教授，隔年转为道德哲学教授，一直到1763年底辞去教授职，陪年仅十六岁的巴克勒公爵到法国游历。这段时间，斯密出版了他的第一本书《道德情操论》。仔细分析，这本书在许多方面与休谟的道德哲学有一定的距离，但它与威瑟斯庞以及弗格森的道德哲学的差距显然更形巨大。首先，斯密不相信有放诸四海皆准的道德原则。所谓道德，是指对人的行为进行对错善恶的评断。作为情感论者，斯密认为，人的道德判断起于情感或情思：我们对某一行为产生憎恶感，表示此一行为违反正义，对某一行为发出赞赏或赞叹，表示此行为属于有德之行；若对一行为产生不悦，表示它不合社会期待或不合宜。而什么样的行为会让人愉悦或不悦，与社会或地方习惯有关。弗格森与威瑟斯庞都认为将是非对错的起源归诸情感有违基督教的原则，因为如此一来，《圣经》中的教诲就不再是普遍的准则。

休谟曾在法国拉弗莱什（Le Flèche）的耶稣会学院待过两年，读过耶稣会的中国古代经典翻译，所以对中国，尤其是孔孟的道德哲学深感兴趣。他认为中国实用道德哲学可以帮助西方人从神学中解放出来。尽管他应该知道斯密的道德哲学与己仍有一段距离，但因为斯密同样不认为有四海皆准的、既定的道德原则，所以休谟像是找到知音一般，以诙谐戏谑的口吻，向斯密报告这本书在伦敦书市受欢迎的程度。

> 我要告诉你一件悲伤的消息，你的书出师不利：因为大众似乎不假思索地极力称赞它，愚蠢的人没耐心地等候阅读，文人暴徒们已经开始大声嚷着赞誉之词，三名主教昨天出现在出版商那儿想要购书，还不忘打听作者的来历，彼得伯勒（Peterborough）主教告诉我，他昨晚与一群人见面，他们将这本书捧过世上其他任何一本书。

因为这本书的出版，斯密被后来的财政大臣唐森德（Charles Townshend，1725—1767）所赏识，聘他担任自己的继子、年轻的巴克勒公爵的家庭老师，陪公爵出游法国两年。

如果要讨论弗格森、威瑟斯庞、斯密的思想差异，或许以神意论（Providence）作为切入点是方便有效的做法。弗格森相信"普遍神意论"，这意思是说上帝创造宇宙后不会干预世上人类的行为，其隐含的意思是，上帝创造了足够好或甚至已经是最好的世界给予人类，人有责任创造对自己最好的生活与秩序。例如世界上有各种不同的气候土壤、动植物矿物，人会有感性与理性等等，这些都是普遍神意下的计划，人的责任就是好好利用这些条件打造此世。威瑟斯庞不只相信普遍神意，同时相信特殊神意。意思是说，除了上述状况，上帝会以自己无上的权柄与意志对人的世界进行干预，例如拣选某一民族或对某一群人进行惩罚；所以某一个人或某一民族的灾难与幸运，就可能用上帝的旨意来解释。因此，人与上帝之间的沟通特别重要，而且要经常地、不间断地沟通。显然，特殊神意论与福音主义有非常密切的关系。当威瑟斯庞愈来愈相信北美应该脱离英国时，他的特殊神意论会帮助他更相信北美新世界是个恩典。至于斯密的基督教色彩则相当淡，尽管母亲是一位虔诚的长老会信徒。斯密早年的著作中具有普遍神意的观念，所以才会相信人作为自然的一部分，人的行为背后一定有如物理世界一般的原则。但这种物理世界与普遍神意的关系，在古罗马的斯多葛主义中也存在过，未必需要援引基督教教义来张目。尤其是到了晚年，斯密几乎不再以基督教的眼光解释这个世界，而是比较注重人在命运中如何面对世界。

## 意见的分裂与帝国的分裂（1768—1784）

1768年，当威瑟斯庞踏上北美土地时，反抗英国政府的税收与商业限制政策的声音已在各地，尤其是费城、纽约、波士顿传开，只是还没有转为武装冲突。他很快加入同情反抗者的阵营，并成为新泽西州第一位呼吁北美利益优先、反抗英国政府的知名人士。因为他的介入才使得原本态度温和的州长利文斯顿（William Livingston，1723—1790）转趋积极。后来的美国总统麦迪逊（James Madison，1751—1836）在修完新泽西学院的大学课程后（1769—1771）继续留下来由威瑟斯庞亲自教授政治思想（1771—1772）。威瑟斯庞的反抗哲学基本上是洛克的自由主义与加尔文主义的合体。1776年，他陆续发表了几篇有名的抗议宣道词，如《神意对人类激情的主宰》（*The Dominion of Providence over the Passions of Men*）、《神意的普世临在》（*Universal Presence of Divine Providence*），论道美洲是上帝所拣选出来的民族，批评英国在波士顿茶党事件中的决议与行为是"毁坏他们的财富，破坏法律批准的证照，给予士兵谋杀的执照"。1776年7月4日，威瑟斯庞在《独立宣言》上签字同意，并担任新泽西的美洲大陆会议的代表，会中他坚持北美十三州必须行动一致地对抗英国。1777年10月4日，他的儿子詹姆士·威瑟斯庞在费城的日耳曼敦（Germantown）战役中身亡。

1778年北美战事因为法国正式加入而有了决定性的改变，这一部分要归因于富兰克林出使法国游说之功。此后，英国开始在几处战役中节节败退，在萨拉托加（Saratoga）战役，殖民地军大胜英军，可以看作双方军事胜负的转捩点。加上法国在英国其他地区的殖民地也蠢蠢欲动，在盱衡局势后，英国同意让北美完全自治，只保留主权之名。乔治三世指派卡莱尔伯爵（Earl of Carlisle）担任和平委员会（Peace Commission）的主席，弗格森担任卡莱尔的秘书，前往北美与华盛顿等人谈判。

弗格森对于北美的军事独立运动始终抱持反对态度。1776年2月，普莱斯（Richard Price，1723—1794）发表小册论《对公民自由本质的观察》（*Observations on the Nature of Civil Liberty, the Principle of Government, and the War with America*），支持北美抗英动运。弗格森随即发表批评意见《评普莱斯博士新近发表的册论》（*Remarks of a Pamphlet Lately Published by Dr. Price*）。弗格森的主要论点是，政府与法律才是保障人民幸福的无上理由与条件。幸福存在于生命财产的安全，而不是参与政治的权利。各种政体都有其优缺点，相较之下，英国的政体可能是最平衡、最优良的实存政体。北美作为殖民地，其立法当然来自英国主权，也就是伦敦议会，而立法的不完善，只能通过法律来解决，而非以武力对抗主权者。

弗格森始终认为武力不是解决英国与美洲殖民地问题的好方法，这或许是他被挑选为和平委员会成员的原因。萨拉托加战役之后，和平委员会成员渡海到达北美。1778年5月，委员会推派弗格森为代表，欲进入费城与华盛顿以及大陆会议代表进行谈判。但包括弗格森的同学威瑟斯庞在内的大陆会议拒绝签发通行证给弗格森进入费城，隔月一行人狼狈退回纽约，12月回到伦敦。悲愤交加的弗格森私下写信给一贯支持以武力镇压北美抗税与独立运动的温和派长老会牧师亚历山大·卡莱尔，认为或许只有"适当的方法"，才能有效减少"强尼威瑟斯庞们"（Johnny Witherspoons）的不良影响。

北美的问题起于1756年至1763年英法七年战争。这是英法为了殖民地利益而触发的战争，主要战场发生在北美，印度半岛也有零星战事。战争以英国获胜告终。但是英法两国都因此而饱受财政困窘之苦，于是1765年英国通过法案，向北美开征印花税、茶税、

238

盐税等，用以支应殖民政府的开销。北美人民认为，伦敦议会无权单方面制定征税法案，限制北美的贸易对象，于是各地开始发生各类抗税、抗英运动。就在七年战争结束后，英法两国恢复交通，这才使得斯密可以到法国游历。1766年返国后，斯密开始全力撰写《国富论》。就在北美事件最白热化时期，斯密决定立即将稿子杀青出版。1775年底，斯密前往伦敦出版商处亲自校稿，1776年4月《国富论》出版。

《国富论》共约40万字。前面五分之二讲述经济现象背后的原理。斯密的基本想法是，人类社会的基本现象是物质生活的改善与进步，这是确定而无可怀疑之事。人类同时也会组成公共社会，建立政府，制定法律；这些政治制度的设计，目的无非是要确定人民财产的安全。人民有义务遵守法律，帮助国家建设基础的软硬件设施，但国家应该秉持公正原则，不对特定族群或团体开方便或优惠之门，损及其他国民的权利与相对利益。在讨论国家责任、花费与人民纳税义务时，斯密花了相当长的篇幅讨论北美殖民地的问题。他强调，人民有纳税帮助公共事务以及国防的义务，不过人民应该有适当的代表来制定有关税收的法案。形格势禁，北美的代表如何在千里以外的殖民地来伦敦出席会议，是困难的实务问题。在此一看似无解的问题上，斯密提供了一个连他自己都认为希望渺茫的解决之道。斯密说，希望英国人在国会中决议自动放弃北美殖民地应是非常不切实际的想法，或许某种联邦制度是唯一可行的制度方案。只是按当时北美经济的发展速度来看，不久的将来，北美的人口与经济实力应该会超过英国，届时联邦首都就会从伦敦转移到纽约。斯密预测，在最坏的政治情况下，就是北美完全独立，英、美两国的贸易将在不久之后恢复，而英、美两国都会因为相对自由开放的贸易而受益更大。

## 生命之暮与新世界之曦（1784—1790、1794、1816）

　　随着弗格森抱憾且狼狈地从纽约返回伦敦，新的世界秩序已经浮现在大西洋的海面。1784年，大陆会议认可《巴黎条约》（*Treaty of Paris*），美利坚合众国获得国际社会的认可。1778年，拒绝了大学同学与温和派对手弗格森进入大陆会议谈判不久，威瑟斯庞发表《告苏格兰同胞书》（*An Address to the Natives of Scotland Residing in America*），高昂地宣称北美事件具有全人类历史的意义。他说："有人认为当前时局是美洲非常重要的时期。我们其实不妨说，当前是对全人类历史而言重要的时期。"他非常可能看过他的同庚同乡斯密的《国富论》。《国富论》说，北美之所以发展快速，主要是因为北美有大量便宜的土地，所以吸引了资金完全投入在农业发展上，而且不像英国大贵族们拥有广大土地却疏于照顾，不思改良，北美殖民地都是自耕农，所以会倾心照顾农地，以求增加产量。总之，北美在短短二十五年就让整体人口增加一倍。威瑟斯庞一贯地讨厌这种从物质或经济视角来理解世界的方法，他轻蔑地说，除了有关实证或数据，英国人对于美洲的观察都是臆测（conjecture），而"当人们说美洲在十五或二十年内让人口倍增时，他们只是猜想，而且他们其实什么也都没说"。威瑟斯庞说，美洲之所以进步快速，是因为北美有英国的自由传统。显然，威瑟斯庞的世界与美洲，是建立在理念、心灵、精神层次之上，与斯密的物质论、温和派的调和论针锋相对。

　　被威瑟斯庞"不具名点名"的斯密在1778年突然接到政府的任命，担任苏格兰总税务司长。于是他与母亲从科卡尔迪搬到爱丁堡居住。从担任公职到1790年过世为止，斯密依旧过着规律而平静的生活，偶尔与相交多年、纷纷老去的文人朋友聚面（图10-1），即便是1789年法国发生惊天动地的大革命，似乎也不能在他平静的心情湖面掀起任何波澜。

1789年，受到七年战争、出兵北美抵抗英国，以及其他各种军事支出影响的法国波旁王朝同样为了征税问题而召开久未举行的三级会议。受到美国独立运动的鼓舞，法国第三阶级也就是中产阶级趁机向国王要求与贵族教士们平等的权利，此后一连串

图10-1　此图为查尔斯·哈迪（Charles Hardie）于1893年依据文献所作，描绘苏格兰浪漫主义小说家司各特（Walter Scott，中立者）十三岁时在弗格森（坐在火炉边）家中初遇苏格兰民族诗人彭斯（Robert Burns，着黑衣者）的历史性场景。右边圆桌上几位人士都是当时著名的知识精英，最右边只露出侧面的背对者是斯密。
图片来源：Charles Martin Hardie，Public domain，via Wikimedia Commons.

的事件，最终导致法国大革命的爆发。革命后期，军事强人拿破仑趁着时势率领扛着红白蓝三色旗的炮兵，攻陷许多欧洲古老王国，摧毁欧洲的封建秩序，旧欧洲与旧政体从此一去不返。从政治革命的意义上说，北美独立运动与法国大革命其实可以看作是场"双胞胎革命"，它们都是以平民或公民的自由权利为号召，向国王争取政治权利，最终都以放弃以君主作为主权、建立共和告终。

只不过当法国大革命进行到高峰的1790年至1792年时期，斯密与威瑟斯庞都已经无法对此重大事件发表意见。斯密于1790年7月与世长辞。或许是受到公务以及身体状况的影响，直到1790年过世前，斯密仍没有完成令他自己满意的书稿。他原本要完成的法哲学史以及美学理论最终没能完成。在临终的病榻上，斯密请他的遗嘱执行者当面将所有的手稿烧毁。随着病榻前的灰烬，斯密生前最后的工作就只剩下同年出版的《道德情操论》第六版，他在此书的最后版本中对德性有了更多细致的演绎，这是否说明他想从物质主义的阵地往德性主义偏移呢？对当时许多英国人而言，法国大革命就是《百科全书》派所代表的物质主义、机械论、无神论思想的结果，所以他们可以接受摧毁教会组织、弑杀君主等激进的作为。受到这种意见氛围的影响，爱尔兰出身的英国重要的哲学家，曾经支持北美抗英运动的自由拥护者埃德蒙·伯克（Edmund Burke，1729—1797）撰写了著名的《法国革命论》（*Reflections on the Revolution in France*，1790）。斯密是否会对他这位同属伦敦著名社团"文学社"（The Literary Club）的辉格朋友表示赞同？

无论斯密对法国大革命的看法如何，这位《国富论》的作者的历史地位已经毋庸置疑。1787年，斯密最后一次造访伦敦。时任首相的皮特（William Pitt the Younger）向他举杯致敬说："先生，在座的我们每个人都是你的学生。"斯密的自由经济理念，在北美独立后，反而更显示其意义与价值，深刻地影响了19世纪的历史。

　　美国独立后，威瑟斯庞继续代表新泽西州担任"众议院议员"以及新泽西学院校长。法国大革命爆发后，许多支持北美独立运动的激进人士例如潘恩（Thomas Paine，1737—1809）兴致勃勃地前往巴黎襄赞革命事业。他此时在法国出版的《理性时代》（*The Age of Reason*）虽不如他在美国独立运动时期的《常识》（*Common Sense*）与《人权论》（*The Right of Man*）那样洛阳纸贵，但也远远比伯克的保守主义更受欢迎。1794年前后，法国和英国的许多激进观念与对宗教的批评涌入了北美出版中心如费城与耶鲁，例如伏尔泰的《老实人》（*Candide, ou l'Optimisme*）对宗教与自然神论的批评，葛德文（William Godwin，1756—1836）《政治正义论》（*Enquiry Concerning Political Justice*）的激进平权观与无神论，以及霍尔巴赫（Baron d'Holbach，1723—1789）《揭穿了的基督教》（*Le christianisme devoile, ou examination of principes et des effets de la religion chrétienne*）的无神论都开始在北美书肆展售。以至于耶鲁学院的校长德怀特四世（Timothy Dwight Ⅳ，1752—1817）怨怼地抱怨道，法、英、德三地都将亵渎宗教的文学吐在美洲土地上。圣梅里（Moreau de Saint-Mery）在他的游记中说道，受到大革命的不良影响，北美高等教育中心如麻州剑桥与普林斯顿的学生已经束书不观，成天以淫乐为业。虽然都是追求政治平权，但美国革命与法国大革命的文化和宗教背景似乎有天壤之别。

　　幸或不幸，威瑟斯庞已经在1792双目失明，法国大革命对北美宗教情操的撼动，他已经无法预闻。他此时的生活完全仰赖两名黑奴的协助。蓄奴这件事让威瑟斯庞在21世纪政治正确中留下历史污名。过了两年，1794年他在喧嚣的世局下的安静府宅中过世。

唯一活到19世纪的弗格森出人意表的是，并未对法国大革命提出任何长篇评论。他于1787年从爱丁堡大学退休。在此之前不久，他出版了《罗马共和兴起与终结的历史》（*The History of the Progress and Termination of Roman Republic*）。退休后又出版了《道德与政治科学原则》（*Principles of Moral and Political Science*，1992）。这表示他在法国大革命期间依旧有着旺盛的写作精力。但与斯密以及他的温和派朋友如罗伯逊、霍姆这些人一样，对法国大革命保持着谜一般的安静。尽管如此，人们不难从他的温和主义与接受社会阶级存在的神意观，得知他对法国大革命会有极为深刻的疑虑。

不过，作为苏格兰民兵运动的终生支持者，弗格森倒是对法国的对外征战提出了自己的观察。1808年，就在拿破仑铁蹄四处征伐欧洲的时候，弗格森评论道，欧洲各国不应该向法国挑衅，因为各国军事力量无法与之抗衡，只有在被法国侵犯时才需要起身捍卫。他庆幸英国的地理位置，但也对欧洲联军的形成感到忧心。他抱怨那些支持拿破仑铁骑的国家道："如果法国统治者的海上力量与其陆地力量一样强大，那么整个世界从加州到日本没有一处会是安全的。但现在这些国家震于法国的力量，却联合起来对付英国，浑不知他们之所以能有今日，纯粹是因为英国限制了它（法国）的帝国（扩张）。如果法国扩张完成，这些人的土地财产与生命就只能任它摆布了。"所幸，长于陆军与火炮战事的拿破仑最终于1814年被英国海军击退并俘虏，隔年死于被拘禁的圣赫勒拿岛。再过一年，1816年，弗格森以九十三岁高龄过世。

# 结语

德国大文豪歌德（Johann Wolfgang von Goethe，1749—1832）曾经说，自小在家庭聚会中就会听大人们讨论一些重大历史事件。对他们家而言，18世纪有四件事影响了世界的发展，分别是里斯本大地震（1755）、英法七年战争（1756—1763）、美国独立运动（1774—1778）以及法国大革命（1789）。表面上看，威瑟斯庞、亚当·斯密、弗格森三人只有在北美独立运动上展现交错复杂的态度，也积极表达了他们各自的看法。反之，他们对于里斯本大地震与法国大革命缺乏积极的关注。这种对欧陆的冷淡，既反映一种英国中心态度，也反照出德国的欧陆主义态度。

但话说回来，三位苏格兰小孩走过内战、国际战争、殖民战争的历史，在大环境下执着且针锋相对的意见表述，体现了大英帝国崛起过程中，民间社会人士的情思与作为。相较于大英帝国，他们本身或许微不足道，但没有他们，英国的历史，甚至是世界的历史都很可能大不相同……

## 参考书目

**Ferguson，Adam.**

*A Sermon Preached in the Ersh Language to his Majesty's Highland Rigment of Foot*（London：1746）.

*The Morality of Stage-Plays Seriously Considered*（Edinburgh，1757）.

*Remarks of a Pamphlet Lately Published by Dr. Price*，p. 7.

"Of the French Revolution with its Actual and Still Impending Consequences in Europe," in Vincenzo Merolle ( ed. ), *The Manuscripts of Adam Ferguson*, ( London: Pickering & Chatto, 2006 )

## Hopfl, H. M.

"From Savage to Scotsman: Conjectural History in the Scottish Enlightenment," *Journal of British Studies* 17: 2 ( 1978 ), pp. 19–40.

## Mailer, Gideon.

*John Witherspoon's American Revolution* ( Chapel Hill: North Carolina University Press, 2017 ).

## Medic, Hans.

"Civil Society", "bürgelichen Gesellschaft", "Zivilgesellschaft" Adam Ferguson, An Essay on the History of Civil Society, in Uffa Jensen et. al. ( eds. ), Gewalt und Gesellschaft: Klassiker modernen Denkens neu gelesen ( Leipzig: Walstein Verlag, 2011 ), pp. 47–58

## Jeffry H. Morrison, Jeffry H.

*John Witherspoon and the Founding of the American Republic* ( Notre Dame, Indiana: University of Notre Dame Press, 2005 ), p. 72.

## Gary B. Nash, Gary B.

"The American Clergy and the French Revolution", *William and Mary Quarterly*, 22: 3 ( 1965 ), pp. 392–412.

## Sher, Ricjard.

*Church and University in the Scottish Enlightenment*, p. 78.

## Smith，Adam.

*Correspondence of Adam Smith*（Indianapolis，Liberty Fund，1987）.

*Theory of Moral Sentiments*（Indianapolis：Liberty Fund，1982）.

## Witherspoon，John.

*A Serious Enquiry into the Nature and Effects of the Stage*（Glasgow：printed for
J. Bryce and D. Paterson，1757），p. 6.

*An Address to the Natives of Scotland*，p. 7.

# 大事年表

1600年　英国东印度公司建立。

1602年　意大利耶稣会传教士利玛窦与明朝李之藻共同绘制《坤舆万国全图》。

　　　　荷兰东印度公司成立。

1633年　日本德川幕府发布第一次锁国令，禁止"奉书船"以外船只渡航。

1635年　日本第三次锁国令，禁止一切日本船只出海。

1644年　明朝灭亡，顺治在北京即位，开启大清帝国。

1685年　法王路易十四废除《南特敕令》，规定法国境内新教徒改宗罗马公教，否则必须离开法国。最终有将近80万法国新教徒移居荷兰、英格兰等地。

1687年　牛顿出版《自然哲学的数学原理》。

1688年　英格兰光荣革命。

1689年　英格兰哲学家洛克出版《论宽容》。

1690年　洛克出版《人类理解论》。洛克匿名出版《政府论》（上篇）。

1694年　法国思想家、哲学家伏尔泰诞生。

1697年　培尔（Pierre Bayle）出版《历史的和批判的词典》。

1704年　牛顿出版《光学》。

1706年　培尔过世。

1707年　苏格兰与英格兰合并为大不列颠。

1711年　英国哲学家与历史学家大卫·休谟诞生于苏格兰爱丁堡。

1712年　法国作家与哲学家卢梭诞生于日内瓦。

1715年　法王路易十四过世（在位72年），路易十五即位。

1716年　莱布尼茨完成《论中国人的自然神学》，同年逝世于汉诺威。

1720年　英国发生金融南海泡沫。

1722年　清帝国康熙皇帝驾崩，隔年年初雍正帝即位。

1723年　三浦梅园诞生于日本。

前野良泽（兰学开创者）诞生于日本。

陆燿诞生于中国。

梁国治诞生于中国。

阮浃诞生于越南。

威廉·钱伯斯诞生于瑞典。

保尔·霍尔巴赫诞生于德国。

晁俊秀（法籍耶稣会士）诞生于法国。

乔舒亚·雷诺兹诞生于英国。

威廉·布莱克斯通诞生于英国。

理查·普莱斯诞生于英国威尔士。

亚当·斯密诞生于英国苏格兰。

亚当·弗格森诞生于英国苏格兰。

约翰·威瑟斯庞诞生于英国苏格兰。

1724年　清朝考据学泰斗戴震诞生于中国。

《四库全书》总纂官纪昀诞生于中国。

哲学家伊曼努尔·康德诞生于普鲁士王国哥尼斯堡。

1725年　俄皇彼得大帝过世，女皇凯瑟琳即位。

1727年　中俄签订《恰克图条约》。

英王乔治二世即位。

1929年　雍正成立军机处。

1730年　由西川正休训点的《天经或问》和刻本出版。

1734年　英国"文艺同好会"成立，成员为壮游过意大利的贵族士绅，特别鼓励研究古希腊罗马艺术。

1737年　清帝国雍正帝驾崩，乾隆帝即位。

威瑟斯庞进入爱丁堡神学院就读。

斯密进入格拉斯哥大学学习。

1738年　越南顺化阮福阔即位，称武王。

1740年　钱伯斯随瑞典东印度公司经商船到达中国广州。

雷诺兹在伦敦肖像画家哈德森门下当学徒。

奥地利王位继承战爆发。

1743年　钱伯斯二度到达中国广州。

阮浃科举中乡解（乡贡）。

雷诺兹结束学徒生活，开始从事肖像画业。

耶稣会教士王致诚出版《邻北京中国皇家园林之特别报道》（法文版），1752年英文版出版。

1744年　阮浃二十一岁，弃科举之学，专心研读"《性理四书》《五经大全》书"。

普莱斯开始以不服从国教会的新教牧师身份，活跃于伦敦社会。

1745年　三浦梅园首次到外地出游，到长崎、太宰府、熊本旅行。

弗格森担任苏格兰高地政府军团牧师。同年，苏格兰高地詹姆士党人军事叛变。

1747年　斯密结束牛津大学的学习，回到爱丁堡担任收费讲师。

1748年　钱伯斯第三度前去中国广州。

孟德斯鸠匿名出版《论法的精神》。

奥地利王位继承战争参战国签订《亚琛和约》，结束战争。

1749年　中国山东连年歉收，商人陈世元将番薯引进山东。

钱伯斯弃商，前往巴黎艺术学院学习建筑。

霍尔巴赫继承舅舅的贵族头衔后，搬入巴黎皇家路宅邸，定期举办沙龙。

德国大文豪歌德出生。

1750年　三浦梅园参访伊势神宫。

雷诺兹开始为期两年的意大利壮游，行经罗马、那不勒斯、佛罗伦萨、博洛尼亚与威尼斯。1752年途经巴黎，最后回到伦敦。

卢梭出版《论科学与艺术》。

1751年　法国狄德罗开始编纂《百科全书》，直至1772年完成整套著作。

1752年　陆燿在北京考中举人。

弗格森卸下牧师工作至欧洲游历，回到爱丁堡担任律师公会图书馆主任。

1753年　阮惠（光中帝）出生于越南归仁府西山邑。

雷诺兹完成《凯佩尔提督全身肖像画》，此画成为"宏伟"肖像画的宣言。同年，大英博物馆成立。

布莱克斯通在牛津开私授讲座，讲授英国普通法。

1754年　陆燿考授内阁中书，父丧，后入军机处章京处任职，随后擢户部郎中等职。

英国艺术、制造、商业励进会成立，便是今日通称的皇家艺术励进会（RSA）。雷诺兹亦为早期会员。

1755年　11月1日，葡萄牙里斯本发生八级以上大地震。

卢梭出版《论人类不平等的起源和基础》。

1756年　欧洲国家经历"外交革命"，政治现实主义成为外交准则。

七年战争爆发。

1757年　钱伯斯主持英国皇室邱园的修园工程。

1758年　布莱克斯通被牛津大学理事会聘任为维纳英格兰法讲座教授，此举正式确立普通法与罗马法并立。布莱克斯通成为英国大学有史以来第一位专任普通法的教授。

普莱斯出版著作《道德主要问题评论》。

1759年　亚当·斯密出版《道德情操论》。

1760年　英王乔治三世即位。

1761年　大英艺术家协会正式成立，雷诺兹亦为其成员。

1762年　卢梭出版《社会契约论》。

1763年　钱伯斯完成邱园工程，同年出版《位于萨雷的邱园园林和建筑之平面图、立面图、剖面图与透视图》一书。

七年战争结束，普奥签订《胡贝图斯堡条约》，英法西签订《巴黎条约》，英国取得法国在北美洲大部分殖民地。

1764年　雷诺兹向友人约翰逊博士提议在伦敦成立文人社团"俱乐部"，成员包括众多才华横溢的知识分子，如经济学家斯密、哲学家柏克、外交家马戛尔尼、小说家哥尔德斯密斯等等。

意大利拿坡里思想家切萨雷·贝卡里亚出版名著《论犯

罪与刑罚》。

1765年　越南顺化武王薨，权臣张福峦擅改遗诏立阮福淳继位，张氏专擅朝政，引致归仁西山兄弟阮岳、阮侣和阮惠聚众起事。

布莱克斯通出版《英国法释义》第一卷，第四卷也是最后一卷于1769年出版。

普莱斯以数学和哲学成就获选皇家学会会士，其中签名支持的有本杰明·富兰克林和坎顿等人。

1766年　雷诺兹进入文艺同好会，同时也获聘为文艺同好会画家。

1767年　弗格森出版《文明社会史论》。

1768年　阮浃辞官，归隐笠峰山。

英国库克船长南太平洋探险队首次启程。

英国皇家艺术学院设立，雷诺兹获选为首任院长。

威瑟斯庞移民北美，担任新泽西学院校长。

1769年　雷诺兹受封为爵士。

瓦特改良的蒸汽机获得专利，该蒸汽机具有独立的冷凝机，在工业革命期间被广泛运用。

1770年　陆燿选任云南大理府知府，以亲老改任山东登州府知府，隔年调任济南府知府。

霍尔巴赫匿名出版了《自然的体系》。

布莱克斯通被任命为民事诉讼法院法官。

德国哲学家黑格尔出生。

1771年　杉田玄白与前野良泽等人在江户一同见学解剖罪犯尸体现场，将《解体新书》（Ontleedkundige Tafelen）带到现场，且约定将该书译为日文。

越南混战，西山阮氏三兄弟、北方郑主与南方阮福淳、阮福映展开世纪争斗。

韦斯特创作的画作《沃尔夫将军之死》在学院展览中展出，引发雷诺兹和韦斯特对历史画的争论。

普莱斯出版《养老金支付的观察》，并开始了为了撤销限制宗教自由的《宣誓法》与《市政法》而奔走，普莱斯一生都在为宗教自由而努力，不过直到1790年他最后一次策动请愿，此志仍未成功。

1772年　陆燿出任山东运河道，驻济宁州。

钱伯斯出版研究中国园林的代表作《东方造园论》。

普莱斯出版《有关国债问题的公共呼吁》。

1773年　四库馆开馆，开始编修《四库全书》。

教宗克雷芒十四世解散耶稣会，直至1814年，教宗庇护七世予以恢复。

雷诺兹完成《约瑟夫·班克斯爵士的肖像》。

北美发生波士顿茶党事件。

1774年　前野良泽与杉田玄白翻译的《解体新书》出版。

王伦在山东寿张起事，陆燿时镇守济宁，安然度过乱事，得到赞扬。

歌德小说《少年维特之烦恼》出版。

法王路易十五过世（在位58年），路易十六即位。

北美第一次大陆会议。

1775年　陆燿升任山东按察使，重刊《急救方》。

北美召开第二次大陆会议，美国独立战争爆发。

1776年　雷诺兹完成《欧麦，麦的肖像》，以及《黄亚东肖像》。

普莱斯出版《对于公民自由本质、政府原则和对美战争之正义和政策的观察》，表达对美国争取公民和宗教自由的支持。同年，潘恩《常识》、亚当·斯密《国富论》出版。

北美十三州发布《独立宣言》，威瑟斯庞是唯一一位学院人士兼神职联署人。

陆燿出版《甘薯录》推广甘薯种植。同年，由陆燿主导的《山东运河备览》纂修成书，编纂的《切问斋文钞》刊印。

吉本出版《罗马帝国衰亡史》第一卷。

哲学家大卫·休谟逝世。

瓦特蒸汽机首次应用在商业用途上，于矿井抽水。

普莱斯出版《对于公民自由本质、政府原则和对美战争之正义和政策的观察》。

富兰克林说服法国政府出兵支持北美对抗英国。

1778年　陆燿任山东布政使，因母病解任回籍奉养。

西山阮岳在归仁称帝。

卢梭、伏尔泰过世。

北美国会邀请普莱斯成为美国公民，并邀请普莱斯和他的家人移民至美国，普莱斯始终没有答应移民。

山东兴修河堤，陆燿因河工专长署任山东布政使，隔年实授。

1780年　布莱克斯通过世，享年五十七岁。

1781年　康德出版《纯粹理性批判》，与1788年出版的《实践理性批判》、1790年出版的《判断力批判》，合称三大批判。

10月，英军于约克镇战役投降，结束美国独立战争。

1782年　《四库全书》第一套书成。

阮浃《幸庵诗稿》结集。

1783年　英美签署《巴黎条约》，北美十三州独立。

1784年　陆燿升任湖南巡抚。

普莱斯出版《对于美国革命的重要性的观察》。

普莱斯获选为北美波士顿文学与科学院院士。同年，普莱斯与乔治·华盛顿一同获颁北美耶鲁大学法学博士学位。

1785年　陆燿逝世，享年六十三岁。同年，山东巡抚明兴向乾隆皇帝上呈陆燿《甘薯录》，乾隆赞赏此书，下令刊刻推广。

普莱斯获选为美国费城哲学学院会员。

1786年　阮惠占领顺化。

哈克尼新学院（New College，Hackney）成立，普莱斯成为其中一位导师。

1787年　废除奴隶贸易社团在伦敦成立。普莱斯受该组织成员邀请成为创会社员，但由于他年事已高、工作缠身而婉拒该邀请。不过，他仍持续支持废除奴隶贸易。

1788年　清朝乾隆皇帝以"扶黎"之名出兵安南。阮惠在顺化称帝改元光中，北上抗清，路经乂安，派官胁迫阮浃下山相见。

1789年　三浦梅园逝世，享年六十六岁。

越南光中帝大败清军，乾隆帝封阮惠为安南国王。

保尔·霍尔巴赫逝世，享年六十六岁。

7月14日，法国大革命爆发。8月26日，《人权与公民权宣言》公布。

普莱斯在伦敦酒馆中为"革命社"做1688年革命百年纪念演讲，并支持法国大革命理想。此演讲出版，题为《论对祖国的热爱》。

1790年　亚当·斯密出版《道德情操论》第六版，同年于爱丁堡过世。

伦敦皇冠与锚酒馆举行首次巴士底监狱纪念活动。11月1日，埃德蒙·伯克出版《法国革命论》，批评普莱斯《论对祖国的热爱》布道文和法国大革命。同年，玛丽·沃斯通克拉夫特出版《为人权辩护》，为普莱斯和法国大革命辩护。

1791年　阮浃南下顺化觐见光中帝，提出治国之法。光中帝任命阮浃为"崇正书院院长"，命其将儒学经典译释为国音（字喃）。

普莱斯2月从哈克尼的葛雷维尔比特聚会堂退休，4月在哈克尼家中逝世，享年六十八岁。

潘恩出版《人权论》第一部。

1792年　阮浃完成《小学国音演释》一书。同年，光中帝驾崩，景盛帝即位。

雷诺兹于伦敦逝世，享年六十九岁。

沃斯通克拉夫特出版《为女权辩护》。

潘恩出版《人权论》第二部。

4月，法国向奥地利宣战，法国大革命战争爆发。9月，法国君主体制被废，第一共和成立。

阮浃完成《诗经国音演释》《书经国音演释》和《易经国音演释》，献给朝廷。同年，阮福映攻打归仁。

1793年　英国马戛尔尼率领使团访北京，觐见乾隆皇帝。

1月，法王路易十六被处死；9月，法国大革命进入恐怖时期。

葛德文出版《政治正义论》。

1794年　威瑟斯庞于普林斯顿过世，享年七十一岁。

1795年 　阮浃将《小学国音演释》重新释译编纂完成。

1796年 　乾隆帝退位，嘉庆帝即位。

　　　　　钱伯斯于伦敦逝世，享年七十三岁。

1797年 　雷诺兹共十五次的《艺术演讲录》与其他著作首度集结
　　　　　为《雷诺兹作品集》出版。

1799年 　乾隆帝驾崩。

　　　　　拿破仑发动雾月政变，法国大革命结束。

1800年 　西山景盛帝派官护送阮浃来富春，阮浃建议迁都河内。

1801年 　阮福映攻入顺化，景盛帝逃至河内。

1802年 　阮福映召阮浃辅政，阮浃拒绝。同年，西山朝亡国，越
　　　　　南南北统一。

1803年 　阮浃逝世于笠峰山，享年八十岁，其演释的字喃儒学经
　　　　　典在政权转变时被焚毁。

1804年 　康德过世，享年八十岁。

1807年 　黑格尔出版《精神现象学》。

　　　　　3月，英国国会通过《废除奴隶贸易法案》。

1808年 　歌德的《浮士德》首次出版。

1811年 　江户幕府的翻译机关"蕃书和解御用挂"（"蕃书调所"
　　　　　前身）成立。

1813年 　雷诺兹弟子与助手诺思寇特出版《雷诺兹回忆录》，于
　　　　　1818年扩充出版为《乔舒亚·雷诺兹爵士传记》。

1816年 　弗格森于圣安德鲁斯过世，享年九十三岁。

1828年 　英格兰与威尔士撤销《宣誓法》与《市政法》。

1837年 　英国维多利亚女王登基。

1840年 　中英鸦片战争爆发，1842年清朝战败、签订《南京条约》。

1851年 　伦敦"世界万国博览会"开展。

# 作者介绍

## 主编

**陈正国**　英国爱丁堡大学历史学博士，"中央研究院"历史语言研究所研究员，台湾大学历史系兼任教授。主要研究兴趣为苏格兰启蒙运动以及英国商业与殖民历史。

## 作者（依姓氏笔画排序）

**王汎森**　"中央研究院"院士，研究领域以15世纪以降到近代中国的思想、文化史为主，近年来将研究触角延伸到中国的"新传统时代"，包括宋代以下理学思想的政治意涵等问题。

**李仁渊**　"中央研究院"历史语言研究所副研究员，研究领域为中华帝国晚期的社会文化史，著有专书《晚清的新式传播媒体与知识分子：以报刊出版为中心的讨论》。

**汪采烨**　英国伯明翰大学历史学博士，辅仁大学历史学系副教授。主要研究兴趣为法国大革命时期的政治思想与文化、近代英国妇女与文化史。著有《法国大革命期间英国各派对于出版自由之辩》和《法国大革命的道德反思——沃斯通克拉夫特的政治思想研究》等论文。

张存一　台湾大学历史学系硕士生。主要研究兴趣为18世纪法国思想与知识史，尤重"百科全书作者"（Encyclopédistes）知识编纂与思想发展间的关系。

张省卿　德国柏林洪堡大学艺术史博士，辅仁大学博物馆学研究所所长及历史学系暨研究所教授。研究领域为东西交流史，著有《自然与风景》（*Natur und Landschaft*）、《台北城官厅集中区》、《东方启蒙西方》、《新视界》等专书。

陈禹仲　"中央研究院"人文社会科学研究中心助研究员。研究兴趣为欧美政治思想史、近代早期欧洲史、当代政治理论等。

郑永常　新亚研究所博士，成功大学历史系兼任教授。专长明史、东南亚史、东亚海洋史。

谢佳娟　英国牛津大学艺术史博士，研究领域包括近现代欧洲艺术史、印刷文化、收藏与展示史、艺术史学史。

蓝弘岳　"中央研究院"历史语言研究所副研究员，著有《漢文圈における荻生徂徕——医学・兵学・儒学》（东京：东京大学出版会，2017年）、《"帝国"概念在汉文圈的翻译与流传：从幕末日本到清末中国》（《"中央研究院"历史语言研究所集刊》第93本第1分，2022年）等。